「춤」1984. 5 춤의 얼굴

頌曉園林鶴璇教授停年退任

효원 임학선 교수 정년퇴임을 기리며

2016. 4. 8 韶山 李相殷

高潔雅貞不染塵　고결한 성품과 아정한 자태로 세속에 물들지 않고

一念精進德藝彬　한마음으로 정진하여 덕성과 예술이 함께 빛나네

初志創舞技甚美　처음엔 창작무용에 뜻을 두어 재주가 매우 아름답더니

晩覺聖訓道尤神　나중엔 성인의 교훈을 깨달아 도가 더욱 신묘해졌네

教育弟子恒盡誠　제자를 가르칠 때는 언제나 정성을 다하였고

研鑽學問常求眞　학문을 연찬할 때는 항상 참된 것을 추구했네

尚有熱情存淸心　아직도 뜨거운 열정과 맑은 마음을 간직하고 계시니

但願樂命保潤身　다만 바라건대 천명을 즐기며 윤택한 몸을 보존하소서

〈새다림〉 호암아트홀 1996

임학선 복원, 국가무형문화재 제85호 석전대제의 문묘일무(문무) 2006

임학선 복원, 국가무형문화재 제85호 석전대제의 문묘일무(무무) 2006

문묘일무 한국유래 900주년 기념공연 〈문무꿈춤〉 2017

임학선 춤작가 대뷔 30주년 기념공연 〈위대한 스승 공자〉 2008

광복70주년 기념공연 〈영웅 이순신〉 2015

〈위대한 스승 공자〉 예술의전당 오페라극장 2004

〈위대한 스승 공자〉 예술의전당 오페라극장 2004

〈영웅 이순신〉 아르코예술극장 대극장 2015

〈영웅 이순신〉 아르코예술극장 대극장 2015

〈영웅 이순신〉 아르코예술극장 대극장 2015

임학선춤 50년, 임학선댄스위 30년 기념공연 〈버즈아이뷰〉 2014

〈버즈아이뷰〉 아르코예술극장대극장 2014

〈버즈아이뷰〉 아르코예술극장대극장 2014

임학선 춤 50년 작품집

임학선 작가론

굿에서 태극, 그리고 문묘일무

임 학 선 엮음

임학선 춤 50년 작품집

임학선 작가론

굿에서 태극, 그리고 문묘일무

임 학 선 엮음

차례

저자 서문

나에게, 춤은 수신修身이다

무용가를 꿈꾸었던 학창 시절을 지나 안무가와 춤지도자로 활동해온 지난 시간을 돌이켜보니 나에게 춤은 '수신'의 과정이었다.

나 자신의 창작세계를 펼치기 위해 지루하고 긴 시간을 일관된 신념으로 인내해야 했고, 미래의 주역이 될 제자 양성에도 긴 시간을 지켜보며 기다려야 했다. 춤작가 데뷔 20주년 공연 때 나는 "한참을 돌아 다시 제자리에 와 있다"라고 했다. 이후 늘 하던 일에 열중하며 지나간 15년 역시 또다시 한참을 지나 제자리에 와 있는 듯하다. 춤에 대한 끊임없는 탐구가 언제나 나를 그 자리를 맴돌게 만드는 것 같다.

생각해보면, 나의 안무 현장에는 늘 연구가 있었다. 작품 구상을 위해서 연구가 필요했고 그 연구는 창작의 기반이 되었다. 이렇듯 연구와 작품 창작은 나에겐 별개가 아니라 늘 하나였다. 무속의 '굿춤' 연구를 통해 춤어법과 표현기법을 찾을 수 있었고, '태극'구조로 형성되는 한국춤 연구를 통해 기본체계를 세울 수 있었으며, '문묘일무' 연구에 몰두하며 춤의 정신을 찾을 수 있었던 일, 특히 문묘일무 춤사위의 원형을 복원하는 것은 누군가 했어야 하는 일로 매우 의미 있는 일이었다. 내 자신의 춤어법과 표현기법, 기본체계, 춤철학을 구축할 수 있었던 것은 안무가로서 그저 감사할 따름이다.

'굿에서 태극, 그리고 문묘일무'는 바로 이 같은 과정에서 자연스럽게 지어진 나의 두 번째 안무론의 타이틀이다. 『여유와 극복의 춤새김질』에 발표된 첫 번째 안무론 '굿에서 태극에 이르기까지'의 연장선상에서 쓰게 된 두 번째 안무론은 문묘일무 연구와 콘텐츠 개발 프로젝트 〈위대한 스승 공자〉와 〈영웅 이순신〉의 작품 창출 과정에서 쓰게 된 글이다.

'공자'가 인간사랑仁을 '예악禮樂'으로 실천했다면, '이순신'은 인간사랑의 구현을 위해 '신독愼獨'을 실천한 위인이다. 그런 의미에서 춤은 나에게 수신修身이었음을 깨닫게 된 것이다.

임학선 춤 50년을 맞아 크고 작은 국내외 활동을 정리하면서 적지 않은 아쉬움도 있지만 내 자신의 춤인생을 반추하는 이 시간들이 소중하게 느껴진다.

모두 4권의 책으로 엮게 된 그간의 활동은 『임학선 안무론』과 『임학선 안무노트 – 마음꽃』을 비롯하여, 평론가가 본 임학선의 춤을 기록한 글을 모아 『임학선 작가론』과 『임학선 춤평론』으로, 각각 정리해보았다.

『임학선 안무론』은 춤을 만들게 한 나의 신념과 의지를 논한 글이다.

제1장에서 '굿에서 태극, 그리고 문묘일무'라는 나의 안무론과 그간의 안무 현장을 메모한 안무스케치, 제2장에서는 나의 창작 기반이 된 '굿·태극·문묘일무'의 연구 내용을, 제3장에서는 춤현장을 기반으로 한 그간의 저서를 소개하는 것으로 구성하였다.

『임학선 안무노트 – 마음꽃』은 안무 과정의 실체를 보여주는 일종의 예술노트이다. 작품을 구상하고 실제 안무에 임하기까지의 제작 과정을 기록한 것이다. 안무를 위한 춤대본을 쓰고, 각각의 장면을 디자인하고, 그것을 토대로 안무해가는 과정을 보여준다.

『임학선 작가론』은 나의 예술세계를 비평적 관점에서 다각적으로 논한 글이다. 나의 춤 활동 50년을 맞아 이상일, 김태원, 임태승, 장석용, 성기숙, 김기화, 박자은이 발표한 작가론을 비롯하여 춤작가 데뷔 30년 공연에 대한 김태원, 김경애, 이만주의 글, 그리고 김영태가 초창기 안무 활동을 꼼꼼히 기록한 춤작가 데뷔 20년의 임학선론까지 모두 한데 모아보았다.

『임학선 춤평론』은 춤문화의 역사적 현장을 사실적으로 기록한 리뷰 형식의 글이다. 무용평론가들의 글을 비롯하여 인터뷰와 대담 등을 모아 책으로 그간의 활동을 주제별로 본 임학선의 춤과 국제무대를 통해 본 임학선의 춤으로 구분하여 엮어보았다.

그 시작은 2014년 이른 봄부터인 것으로 기억된다. 나의 첫 작품집인『여유와 극복의 춤새김질』이후 쌓여 있던 자료들과 50년 세월이 압축된 사진을 정리하는 동안 지난 과거는 새록새록 현실로 되살아나기 시작했고, 소소한 흔적들은 나를 어린 아이처럼 설레고 또 웃음 짓게 했다. 그러기를 꼬박 4년이 흘렀다.

작품집 네 권의 동시발간이라는 지난한 과정에도 불구하고, 이번에도 나를 지켜준 건 역시 제자들이 아닌가싶다. 교정을 맡아준 정향숙, 연보 정리의 노한나, 스캔을 열심히 받아준 박완주, 책의 디자인을 맡아준 이승은, 그리고 총 편집에 힘써준 박자은에게 각별한 고마움을 전한다.

무엇보다도 필자의 작품집이 성균관대학교 유가예술문화콘텐츠연구소 총서로 발간되는 것에 깊이 감사한다. 오늘이 있기까지 지속적으로 지원해주신 총장님 이하 학교 관계자와 출판부 여러분, 임학선 춤 50년 작가론과 공연리뷰를 남겨주신 평론가님들, 긴 세월 함께 하며 무대를 빛내준 자랑스러운 제자들, 그리고 사랑하는 가족과 남편에게도 따뜻한 고마움을 전하고 싶다.

성균관대학교 무용학과 문행석좌교수

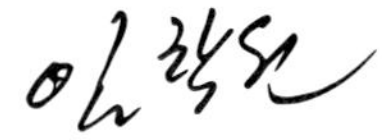

I. 임학선 춤 50년

〈위대한 스승 공자〉 예술의전당 오페라극장 2004

1. 이상일

무용작가 임학선의 위상

임학선의 현대무용
〈영웅 이순신〉과 일무 무무 양식의 활용

무용작가舞踊作家 임학선의 위상位相

이상일 / 임학선 춤 50년 학술심포지엄 2014. 12

1. 도입 – 무용작가의 범주
2. 창작무용연구회 창립시기
   –〈신무용류 창작무용〉과 실험·전위의 창무회 세대
3. 무속적 엑스터시 몰입 절차와 유사類似 엑스터시의 창작무용
4. 태극구조의 기본기와 임학선 무용세계의 원리(1)
5. 임학선 무용공연의 궤적 – 무무巫舞 계열에서 현실적 일상과 시사성의 도입, 그리고 고대 신화사회로
6. 일무佾舞의 학술연구와 현대적 부활 – 임학선 무용세계의 원리(2)
7. 한국 현대무용의 대성大成과 콜라보레이션 작업, 그리고 임학선 무용세계의 원리(3)
8. 맺는 말

1. 도입
– 무용작가의 범주

어느 나라 문학사를 막론하고 그 나라의 시인, 소설가, 극작가 등 통틀어 한 작가의 작품세계가 규명되고 사조의 흐름에서 살아남아서 시대적 평가가 정착되기는 사후 50년쯤의 시간이 걸린다. 그런 시간이 경과한 다음 비로소 한 작가의 문학사적 위상이 정착되게 마련이다.

시대의 흐름이 빨라져서 반세기라는 유장한 시간을 기다릴 수 없는 성급한 현대인의 속도생리라 하더라도 생전에 아직 한 작가의 작품세계에 대한 진가가 드러나지 않는 상태에서 작가만이 아니라 사조의 흐름을 문학사에 올리는 것은 성급하다. 적어도 사반세기 정도의 평가 유예기간쯤 갖는 것이 타당한 이성적 판단일 것이다.

그런 사리事理는 문학사만이 아니라 모든 예술 장르의 역사기록에 두루 미친다. 무용사라고 해서 다를 리 없다. 한 무용작가의 위상이라는 것은 한국무용사에 새겨질 자리매김일 것이다. 무용사에 이름이 남을 만한 작가라면 역사적인 거리를 두기 위해서 객관화를 위한 50년의 시간 경과를 마다하지 않는 기다림은 가져야 한다. 하다못해 그 반의 유예기간쯤 가져야 비로소 한 무용작가의 작품세계의 진가가 판명날 수 있다. 위악이나 위선 같은 허위의 가면 색깔이 바래져 세속적인 영합과 과장의 덧칠도 벗겨 나간 시간의 경과 속에 조사연구의 냉철한 분석이 가해졌을 때 비로소 한 작가의 평가는 객관적 잣대의 관문을 통과한다.

그러므로 대학원 석·박사과정의 「한국무용작가론」 지도를 하면서 뛰어난 전공과목 설정에 비해 과연 얼마나 제대로 된 무용작가들이 발굴될 수 있을까 나는 늘

궁금했다. 적어도 작가론 정도의 연구 대상이 되려면 그만한 무용작가의 위상이 명확해져야 될 것이며 지도하는 교수의 지적 수준이나 학구學究 경력, 연구논문 업적에 신뢰가 갈 만한지 검토가 전제되어야 한다. 석·박사 학위 주제를 천착할 석·박사 후보 대학원생들의 지적 수준은 당연하지만 선정 대상작가의 객관화 작업을 위한 시간적 경과, 역사적 격리 등도 마땅히 고려되어야 할 것이다.

아무리 천재적 작가라 할지라도 살아 있는 작가는 학문연구의 대상은 되기가 어렵다. 살아 있는 작가는 언론이나 평론비평의 세례를 받으며 객관적 자료들이 쌓일 때까지 시간을 기다려야 한다. 학술연구 분야는 그다음 작업 단계이다. 그런 까닭에 파우스트의 동반자 메피스토가 내뱉는 독설처럼 푸른 초원에서 마른 풀잎이나 뜯는 메마른 작업인 학술 조사연구 분야는 작가의 작품세계에 빠져들어 제2의 감명이나 미학을 전달하는 주관적 평론작업과 근본적으로 다를 수밖에 없다.

객관적 사리를 검증해 나가는 학술작업은 자료 수집과 조사연구, 그리고 분석작업과 체계화가 선행조건이다. 자료는 이른바 메모 전단 정도의 무의미해 보이는 정보의 단편부터 모든 기록물들이 다 포함될 것이다. 작가와 작품에 관한 일지, 단편적인 계획서, 편지, 대담, 사진 등 모든 다큐 영상이 한 무용작가의 세계를 떠올리게 하기 위해 동원되고 한 편의 작품이 완성되기까지의 모든 과정이 그려질 수 있어야 한다. 작가의 가계부터 성장 과정과 사상의 형성기, 주변의 인간관계와 그룹활동의 서투른 선언이나 성명서, 미숙한 발간사에서 신앙고백까지 작가의 정신과 예술의지를 반영하는 것들이 모두 자료로서 학술연구에 이바지한다.

그 자료들을 수집 정리해서 주요 부문을 일차로 걸러내는 조사작업이 연구의 관문이다. 자료의 분석 다음에 서술 목차의 일목요연한 작성에서 작품이나 작가 연구의 구성과 구도의 지형까지 밝혀낼 수 있고 논리적이며 반짝이는 문장력까지 구비된다면 그보다 더 우수한 논문이 나올 수가 없다. 새로운 관점에 선 독자적인 논문의 체계 정립이라는 창조적 학술논문은 일정한 시간의 조사연구라는 각고 끝에 탄생하는 것이므로 그만한 긴 호흡의 지속성과 끈기를 담보로 하는 학자적 DNA가 없으면 이 무미無味한 학문의 필드는 일반 세속사회의 권장 영역에 들지 못한다.

임학선이라는 한 무용가가 있다고 하자. 서울 소재 성균관대학교 무용학과 교수로 정년을 1년여 앞둔, 무용집단 '임학선댄스위'의 대표 정도를 컴퓨터에 입력하면 그에 대한 공적 개인정보는 박사학위 논문보다 더 상세하게 구체적으로 출력시킬 수 있을지 모른다.

그러나 그를 둘러싼 문제점이 정보사료만으로 상쇄되는 것이 아니다. 작가들의 작품이 모두 수작이거나 성공작일 수도 없다. 임학선의 무용작품들에 대한 논란도 끝난 것이 아니고 비평가나 학자들 사이의 논쟁도 지속되어야 한다. 우선 당장 한국무용 현대 편년사에 속하는 1970~1980년대 이후 현대무용 사조를 창작무용 풍조로 바꾸어 나가도록 하는 데 주도역할을 해 나온 1976년 창작무용연구회 창립 주도자들 면면에 대한 연구업적이 제대로 이루어지지 않은 한가운데 무용작가 임학선의 이름이 오르내리고 있다.

그의 좌표를 분명히 하기 위해서 몇 가지 주요 방향 설정을 해볼 수 있다. 첫째는 김매자 주도로 정착되어가는 창작무용 주도자 논란과 그의 동년배 창작무용 1세대들 연구조사, 그리고 창작무용연구회 및 창무회 대표 임학선의 활동이 그것이다. 무용작가 임학선의 초창기 작품들과 기타 주요 창작 무용가들의 무당춤과 엑스터시 몰입 절차에 대한 외형 관점과 시각에 대한 논점도 거론됨직하다. 그러나 무엇보다도 가장 중요한 시각 설정은 무용작가 임학선의 무용세계를 형성해 나온 그의 무용적 원리에 대한 추적이 아닐 수 없다.

2. 창작무용연구회 창립시기

– 신무용류 창작무용과 실험·전위의 창무회 세대

창작무용이라는 보통명사는 한국 현대무용 사조사思潮史상의 한 흐름인 창작무용과 동의어同義語일 수가 없다. 창작 하면 다 창작무용인 것이 아니다. 발레, 현대무용 교실이나 강좌에도 창작무용이 들어 있고 지금도 정책적으로 창작무용 인큐베이터 지원사업 등이 있다. 그러나 그런 창작무용은 보통명사일 뿐 한국 현대무용 사조사적으로 부침한 창작무용 운동이나 경향과는 일정한 구획선을 그어야 하는 것이다.

창작무용연구회가 창립된 것은 1976년이었고 대부분 이화여자대학교 한국무용과 졸업생이자 대학원생들이었던 창립회원들은 당시 지도교수였던 김매자의 제자들이었으므로 자연스럽게 약칭 창무회創舞會의 발의와 운영 및 조직 구성은 지도교수 의향을 반영하는 외관으로 비쳤던 것이 사실이다. 창작무용이라는 어휘는 당시 이대 무용과 커리큘럼에 발레, 현대무용, 한국무용 전공자들에게 두루 이수되던 과목명이었으므로 한국무용 양식의 고정된 창작무용이라는 사조사적인 의미를 지닌 창작무용과는 이 또한 구별되어야 할 것이다.

김매자의 무용 전용 창무소극장 개관(1985)과 이대 중도 퇴임, 그리고 그 뒤를 이은 (사)창무예술원 운영과 더 왕성해진 그의 창작무용 발표 및 무용전문지『몸』

발간 등으로 김매자와 창무회의 일신동체감一身同體感이 깊어져서 창무회, 창작무용연구회, 그리고 창작무용 이름에서 연유되는 관념상의 혼미는 무용 사가史家들의 철저한 검증을 거쳐야 할 문제로 남는다.

문제는 김매자와 동세대라 할 수 있는 문일지, 배정혜, 김현자, 정승희, 그리고 남성 무용수인 국수호, 조흥동 등의 70·80년대 창작무용 공연 형태들에 대한 양식 규정이다. 그들도 60·70년대 내내 선배들인 신무용 세대와 또 다른 계보의 무용 활동들을 해 나갔다. 그런 공연을 전통무용의 재구성이라고 말하기에는 진보적인, 말하자면 창작무용 계보의 작품 활동들을 해 나간 그들을 통틀어 창작무용 제1세대라 명명한다면, 지도교수 김매자를 제외한 창작무용연구회 세대는 창작무용 제2세대가 된다. 그렇게 되면 그 뒤 우후죽순 격으로 창작무용 형태의 작품 활동들을 해 나간 각 대학 한국무용과 지도교수 이름의 한국 현대 무용의 대국大局 판세 중심에 있는 창작무용 제2세대들과 창작무용연구회 세대들과의 차이와 구별 문제가 떠오르지 않을 수 없다.

계보를 분명하게 하기 위해 60·70년대의 한국무용사적 정치사회적 배경을 간단히 살펴보면, 당시는 군사독재의 탄압 아래 민주화 저항운동이 예각화되던 시절이었고, 관 주도의 계획경제식 현대화·산업화 시대였으며, 한편으로 민족주의적 전통문화 부활운동이 일어나고 있던 시기였다. 세계 문예사조사적으로 봐도 서구의 문예사조가 막다른 골목에 이르러 부조리연극이나 새로운 서사극형식의 미학 이론이 말/언어 중심에서 짓거리/몸 중심으로 바뀌어가고, 고전적 아리스토텔레스 이론이 탈脫 내지 비非아리스토텔레스 미학으로까지 변모되던 시기였다. 그리하여 유럽 중심에서 제3세력, 제3세계쯤으로 밀쳐졌던 아시아, 아프리카, 중남미의 전통예능에서 공연예술의 탈출구를 찾으려는 세계 문예사조 자체가 혼미를 거듭하던 시기였다. 동양 전통의 육예六藝, 제3세계의 몸 중심 예능이 자연과 우주를 대변한다는 사실을 현대미학은 뒤늦게 깨닫게 된다. 몸의 문화는 건강한 대지의 문화이며 전통과 원초原初, 자연과 우주와 소통하는 쌍방향 발·수신의 과업을 수행하는 연행演行·performance 이론을 통해 처음이 끝이자, 소박함이 바로 최첨단기술이며, 극과 극이 최단거리로 직결되는 건강한 육신이 Urdrama(원초적 드라마) 형식으로 받아들여지기 시작한 시대이기도 했다.

이런 사조적 전환 국면을 감지한 한국무용사, 특히 한국 현대무용사가 새로 쓰여지기를 요구한다. 20세기 초엽 개화기를 거치며 신극사, 신무용사를 쓰기 시작한 한국 공연예술 현대편이 전통예능의 각피殼皮를 거치며 신극 리얼리즘 사조에서 마당극의 탈놀이 같은 입담과 사회의식을 담아내고 신무용의 역사도 최승희식 신무용 일변도에서 창작무용 사조로 바뀌게 되는 계기는 필연적이었다 해도 지나칠 것이 없다.

그런 뒤끓는 사조의 흐름 가운데는 여러 유파들이 휩쓸려 흐른다. 그러므로 여기에는 선진국의 문예사조가 시대 구분도 없이 교과처럼 수용되어 낭만주의와 자연주의가 맥락을 같이하고 개화기 이후의 구극과 신극의 병행도 함께 뒤섞인다. 문학사의 사조들이 공존했듯이 무용조류도 전통적 정재가 있는가 하면 민간민속무용이 있고 기방춤이 있으며 고전발레와 모던발레의 학습에다 최승희의 신무용, 덩컨의 현대무용을 배운 한국 현대무용의 새싹도 함께 문을 연다. 이런 조류와 함께 전통 공연양식에 현대의식을 가미하는 젊은 마당극 세대와 비슷하게 창작무용 세대의 무용 표현양식 변화 의지가 소용돌이치는 혼미와 실험, 그런 활기와 현기증의 시간도 공유되고 있었던 70·80년대는 모색과 방황의 계절이었다.

그런 전환기의 창작무용 제1세대들이 전통무용의 제자들인 반면, 대학에서 신교과목에 의한 무용교육을 받고 나온 창작무용연구회 제1세대는 실험과 전위의 젊은 20대들이면서 한국 현대무용사적으로는 서로 겹치는 시기를 살며 두 계열의 현대 한국무용의 운동 방향이 마련되고 있었던 것이다. 비교적 온건하게 개별적으로 전환기의 변모 양상을 이끌어가던 창작무용 제1세대들인 문일지, 배정혜, 김현자, 정승희, 국수호, 조흥동 세대에 속하면서 동시에 창작무용연구회 제1세대의 지도교수였던 김매자는 젊은 창무회 세대들의 전통무용에 대한 교습과 젊은 저항적 실험정신 갈구라는 앰비밸런스(Ambivalence)의 양가兩價 감정에 어느 정도의 이해도가 있었을까. 유감스럽게도 그런 측면에 대한 사료는 거의 없다.

창무회가 결성된 지 7년이 지난 1983년 처음으로 창무회 기관지가 나왔을 당시 창간회지에 격려사를 보낸 김매자는 창무회 창단멤버들의 전통에 대한 저항정신과 실험, 전위성에 유의하지 못한 듯하다. 서로 간의 소식과 기억을 되새기는 정도의 회지, 그리고 창작 활동과 전통 보존의 사명감을 과제로 제시한 지도교수의 격려 한편에, 창작무용연구회 회장 자격으로 창립단원들을 대표한 임학선은 한국무용의 현대화를 표방하며 이렇게 발간사에서 주장한다—표현방법으로서의 춤사위가 현대적 감각에 맞는, 즉 이 시대를 말할 수 있는 새로운 언어가 절실히 요구되고 있다고.

한국무용예술에 있어서 무용언어의 문제가 언급된 이 중요한 표현에 유의하는 무용사가들이 없다는 것은 한국무용사의 무감각을 단적으로 드러낸다. 새로운 언어를 찾아 나선 새로운 세대 창무회의 의식화는 창작무용 제1세대와 이 점에 있어서 감각적으로, 생리적으로, 또 컬러에서 다를 수밖에 없는 것이다.

'무엇'이라는 본질보다 '어떻게'라는 표현방법을 모색하는 임학선, 윤덕경, 임현선, 최은희, 이노연, 김영희 등 젊은 창무회 멤버들은 창작무용이라는 사조적 명칭과 방향을 지키고, 지도교수는 전통무용 혹은 전통의 재구성을 지향한다. 창무회 창간호 편집인 자격으로 최은희는 공동활동 내용을 중점적으로 엮으며 메모 식으로 "우리의 얼과 숨결을 간직하려는 의식과 우리가 처해 있는 시대적, 사회적 상황 속에서 가능한(한) 우리의 살아 있는 몸짓을 보여주려 한다"고 창무회지의 취지를 적고 있다. 이 무렵의 창작무용 소품들은 그래서 〈도르래〉, 〈고시래〉, 〈춤, 그 신명〉, 〈넋들임〉 등 공동체적 신명을 포인트로 삼는 무속적 엑스터시 도입이 두드러진다.

3. 무속적 엑스터시 몰입 절차와 유사類似 엑스터시의 창작무용

신명의 폭발이 집단적 오지(orgy) 형태로 나타나는 표현수법에서 전통무용의 언어 감각적 일탈 형식을 어떻게든지 표현해내려는 창무회의 젊은 열정들도 드러내놓고 전통적 무용형식에 대해서 모를 내세울 수는 없다. 최소한도 버선을 벗은 맨발, 반쯤 저고리를 벗은 맨살의 어깻죽지, 그리고 미친 듯이 엑스터시 상태에서 도무하는 창무회 제1세대들의 육체적 몸의 표현기법은, 그 정도만 가지고서도 전통무용 기성세대들의 한탄과 비난에 직면하지 않을 수 없었다.

그 정도의 얌전한 길 찾기 지명地鳴이 거의 10년을 가면서 창작무용의 반항과 저항은 그 정도였다. 계속해서 창작무용 계보의 작품 활동을 하면서 한국무용 파트의 춤꾼이나 안무가들은 창작무용 작품 활동을 한다고 공개적으로 드러내놓고 사조의 방향을 밝히지 못한다. 그렇게 1980년대, 1990년대, 그리고 21세기 들어 10년대까지 한국무용 공연은 창작무용 공연 아닌 것이 없는데 그 차고 넘치는 공연들이 창작무용이라는 언표言表도 못한 채 두어 차례 더 사조가 생기고 바뀔 수 있는 현재까지 현대 한국무용사는 여전히 신무용입네, 창작무용입네 입방아만 찧고 있는 것이다.

처음 방관자적인 입장에서 후배들의 창무회 방향 설정을 바라보던 온건한 신무용류 창작무용 제1세대들이나 전통무용 세대들의 입장에서 보면, 이런 뜻밖의 발상과 과격한 표현양식을 찾는 창무회 제1세대들의 무용양식과 안무방식은 이해할 수 없는 돌발적 발상이며 함부로 날뛰는 근거 없는 춤사위로 보였을 것이다. 그렇다고 그런 편견이 반세기나 가는 한국의 현대무용은 어쩌면 실험성도 전위성도 없는 고식적姑息的 놀이판 이상도 이하도 아니다.

창작무용에 대한 공식적인 논평 기록 자료는 남아 있지 않은 듯하다. 창무회 취지에 동조하는 입장으로 돌아서서 지지하는 지도교수 김매자를 가운데 두고 두 계열의 성격과 색채가 '창작무용'이라는 하나의 용어로 흡수되어 나가자 무용계에, 또는 학자들이나 평론가들 사이에도 관념상의 혼란이 온다.

이 시점의 김매자와 배경이 되는 동시대 창작무용 제1세대 무용인 연구와 창작무용연구회 제1세대 연구는 별도 과제로 다루어지는 것이 옳을 것이다. 그래서 창작무용 1세대들 작품들을 나는 '신무용류 창작무용'으로 규정짓고, 창작무용연구회, 약칭 창무회 창작 작품들을 '시대저항적 창작무용'으로 구분했으면 한다.

무용작가 임학선은 그렇게 창작무용 제1세대와 구별된다. 그렇게 분리된 창무회 제1세대 계열의 창작무용 세대 초창기 동인 카테고리 안에서 그 위상이 논의된 다음 전체적인 한국 현대무용 창작무용 사조 계열 안에서 다시 그 위상과 비중을 다루는 것이 한국무용사가들의 과제가 될 것이다.

1970년대 말에 갑자기 대학 입학 정원이 늘어 전국적으로 무용학과들이 창설되면서 무용수들이 무용공연과 함께 교수 업적 쌓기로 논문도 쓰고 석·박사 학위논문 제출을 위하여 대학원 입학 추세가 두드러졌던 것은 시세를 앞서 본 교수 임용에 대비한 처세였다. 그러다가 각 대학 무용학과의 전임이 된 무용수들이 소속 대학에 대학원 무용과정을 개설하고 자기 산하의 단원들을 소속 대학원 석·박사 후보로 받아들이면서 학위논문 연구 대상의 무용작가로 지도교수를 내세우는 학문적 영합이 공공연히 이루어진 것은 적지 않은 문제점을 야기한다. 대학원 석·박사 후보들은 지도교수의 작품에 출연했던 경험을 바탕으로 자기가 출연했던 작품론을 쓰기가 손쉽다. 지도교수를 제쳐놓고 라이벌이 될 수도 있는 다른 대학의 현역 무용수나 교수를 학위논문 대상으로 내세우기는 도무지 어불성설이다. 그렇다고 해서 근대사적으로 정리된 자료가 미미한 한국의 전통 한국무용 역사는 전범典範이 될 만한 무용작가들을 예시해주지 못하기 때문에 부득이 지도교수가 살아생전에 학위논문의 대상이 되는 학문적 악순환이 이루어진다.

그런데 왜 하필이면 이 글에서 현직에 있는 무용작가 임학선이 주제가 되는가. 무용작가 임학선의 위상을 다루는 이 글은 그의 자료 집성에 이바지한다. 평가를 내리거나 비판하기보다 그의 공연작품에 대한 특정인(이상일)의 평필을 모은 자료들의 미비한 부분을 보완하는 수준에서 창무회 제1세대인 임학선의 위상을 살펴보면서 초기의 작품에서 자주 언급되는 무당춤의 엑스터시 몰입론을 보완하는 이 글은 당연히 자료 수집의 한계를 넘어서지 못한다.

1975년 「진오귀굿의 무당춤에 대한 고찰 – 이지산 씨를 중심으로」로 석사논문을 완성한 임학선의 석사학위는 아마 무무巫舞를 연구 테마로 한 최초의 석사논문이었을 것이다. 무속이 학술적 연구 테마가 되고 혹세무민의 굿에서 민족문화의 근원에 이르는 원초적 종합예술의 원형을 본 것은 1970년대 후반에 결성된 향토축제협의회(김태곤, 한만영, 이상일)의 면면들에 의해서였다. 굿에서 축제만이 아니라 전통예술의 원형을 읽어낸 협의회 구성원들은 원초적 종합예술인 축제에서 굿의 제의절차만이 아니라 음악과 연극과 무용의 원류를 분명히 추출 분석해내기 위하여 굿의 예술적 양식화를 도모하고 예술적 장르를 분담 조사하는 전진적 자세를 갖추었던 것이다.

그리하여 연극 드라마 쪽에서 내가, 음악은 당시 서울 음대 교수였던 한만영, 무속제의는 김태곤 원광대 교수와 경기대 교수였던 장수근, 무용은 이대 교수였던 김매자와 대학원 석사과정의 임학선, 미술 분야는 갓 독일에서 무대미술을 공부하고 돌아온 조영래, 그리고 민속학 분야는 관동대 교수 김선풍과 민속박물관의 하효길 등이 조사와 분석 연구에 뜻을 함께했다.

당시의 민족주의적 국수주의에 이끌어졌던 신新전통주의 바람이 대학가의 탈놀이 등 민속과 전통의식을 새롭게 해석해내고 접근하기 시작하면서 현대적 사회의식의 면모를 갖추게 하는 마당극 운동이 일어나고, 창작무용 쪽에서 전통에 바탕을 둔 도전적인 실험과 전위성을 부여한 운동이 일어난 것은 시대적 소명이었다. 전통예능과 민속예능을 신전통주의 시각에서 민족문화의 원천으로 간주하는 일단의 젊은 세력들은 굿을 혹세무민의 측면에서보다 한국 문화의 근원, 세계 문화의 위대한 유산으로 받아들인 측면이 있다.

한국 샤머니즘을 굿의 출발로 간주하면 무당춤이 당연히 한국무용의 기원에

오른다. 무당춤의 핵심인 무당이 무당 자격을 공인받는 입무入巫 과정은 크게 강신무降神巫와 세습무世襲巫로 나누어진다. 무병巫病이라는 신병神病을 앓고 나서 신을 받아 모시게 되는 '내림굿'을 할 때 가장 주목을 받는 부분이 작두 타기 절차이다. 말하자면 신이神異를 보여주는 이 부분에서 무당 후보는 앞으로 지도교수 역할을 해 줄 선배 무당 신모神母에게 이끌려 엑스터시(忘我/恍惚) 상태의 무의식 가운데 예언 형식인 공수를 내린다. 이 알아듣기 힘든 독백 같은 방언의 신이를 신모가 받아서 알아듣게 재구성한 문맥으로 제주祭主에게 전달한다. 이런 일련의 제의를 통해 신비한 신이를 증명한 무당 후보는 신딸이 되어 신모를 따라 굿의 제의절차와 무가巫歌, 춤, 재담까지 배워야 한다. 그러므로 강신무라 하더라도 결국은 세습무처럼 학습무學習巫의 과정을 겪어 나가는 법이다.

임학선 창작무용연구회 초기 작품들만이 아니라 창작무용가들의 작품에서 무당춤의 엑스터시 몰입을 특징으로 삼는다는 지적은 무당 내림굿 과정을 외형적으로 분석하는 경우 일면 타당하기도 하다. 무당춤에 황홀·망아의 입신入神 상태가 없다면 무당춤이 아니라는 견해도 일리가 있다. 그러나 무무巫舞가 엑스터시 몰입을 포인트로 삼는다 하더라도 무당춤 전체가 엑스터시로 일관되는 것은 아니다. 무당춤의 망아 상태를 지나치게 강조하는 것은 무속의 신비주의를 과대 포장하는 것이다. 더욱이 창무회 제1세대들의 초창기 작품들이 풍기는 엑스터시 몰입 표현은 어쩌면 고전적인 엘리아데(M. Eliade)의 샤먼 엑스터시 기법의 반복 현상일지도 모를 일이다.

한국 창작무용의 엑스터시 몰입 현상은 무당 개인과 그가 속해 있는 제의 공동체라는 집단 두 측면에서 분석되어야 한다. 무당 개인의 망아와 입신지경과 마을

이라는 제의 공동체와의 일체감 형성 계기로 삼는 선도적 역할 기능은 무용 공동체 형성의 길라잡이로 자신을 전이轉移시키는 무대 작품의 형상形象 조성과 표현방식에 있어서 건너뛸 수 없는 경계를 짓는다.

무당의 입신·망아 상태와 엑스터시 현상 표현에 집중하는 창작무용 안무자의 조형력 사이에는 의식의 차이가 있는 것이다. 따라서 표현되는 형상 자체가 분명히 다르다는 사실에 주목해야 한다. 그렇게 보면 중요한 포인트로서 엑스터시 몰입은 무용예술가의 집중력과 응축력을 담보하는 의식화意識化 작업의 일환으로 분석될 수 있을 것이다. 의식화는 지적 과학화 활동이며 예술화 작업이다. 그런 예술가의 지적 작업은 예술가의 과학적 활동의 일환이지 그냥 소박하고 단순한 무당의 무의식과 입신 차원과 구별됨으로써 무용기의 엑스터시 몰입 현상은 모방 흉내의 예술가적 재현일 수밖에 없다는 점이 지적될 수 있다.

따라서 창무회 창립회원들의 초기 작품들이나 여타 창작무용가 작품에서 두드러지는 엑스터시 몰입 현상의 외형은 무당의 내림굿 과정에서 묵도되던 엑스터시 상태와는 달리 어쩌면 이성과 의식으로 계산된, 예술로 과학화된 의도된 엑스터시, 곧 유사類似 엑스터시 표현일 뿐이다. 바로 인공적으로 만들어진 엑스터시, 망아 상태는 예술적 황홀의 엑스터시로 간주되는 것이 옳다. 의도적으로 계산되고 예술로 과학화된 의식적인 엑스터시는 자기 정체를 놓치기보다 자기 집중이 고도화되고 그만큼 자기 무대를 단숨에 장악할 정도로 지배력과 응축력도 확보해 있어야 할 것이다.

예술가에게는 열중과 집중은 있어도 엑스터시는 없다. 망아 상태는 점복占卜과 예언을 낳는다. 그러나 예술가는 작품을 창조한다. 무당에게는 엑스터시는 있지만 예술은 없다. '예능'이 있을 뿐이다. 그런 전통적, 민속적 예능은 원초적 종합예술인 굿과 향토축제에서는 두드러지는 민속적 현상이지만 오랜 학습과 훈련과 수련에 의하여 예능은 '예술'로 다듬어지고 격상되어간다. 창작무용 제1세대들이 그 작업을 해낸 것이다.

4. 임학선 무용공연의 궤적

– 무무巫舞 계열에서 현실적 일상과 시사성의 도입, 그리고 고대 신화사회로

창작무용연구회 창립 초기 작품들, 이른바 창작무용 초기 작품들은 지도교수였던 김매자나 연구회 대표였던 임학선으로부터 터져 나온 것이라기보다 오히려 연배로 봐서는 몇 년 아래인 최은희, 임현선이 먼저 발표한 것으로 되어 있다. 1976년 창단 다음 해 창무회는 발표회를 갖는다. 제1부 전통무용과 그 재구성 발표 다음 제2부에서 비로소 독자적인 제명題名을 들고 나온 작품들이 창작무용연구회의 창작무용 계열이리라는 추정이 가능하다. 그러나 유감스럽게도 발표 팸플릿 어디를 훑어보아도 안무자나 출연자의 의도라든지 표현양식에 대한 새로운 선언, 그리고 창작무용이라는 명칭과 양식의 특출한 측면에 대한 언급이 없다. 어떻게 보면 창립 초창기의 젊은 미숙성과 조직의 미비에다 회원 회비로 유지되는 창무회가 그런 기록을 남길 정신적, 경제적 여유가 없어서 공연 기록들도 3, 4년 지나서 겨우 1979년 창무회 창간 회지에 일부 기록으로 남게 된다.

이화여대 한국무용 전공 졸업생들의 동인단체인 창무회 창단멤버들(대표 임학선, 장푸르메, 이주경, 이민숙)의 느슨한 조직체는 1977년 임현선의 합류, 그리고

1978년 최은희, 이노연의 입단으로 제1회 창무회 무용발표회를 연다. 그러니까 창단하고 나서 만 2년이 지나 비로소 '창작무용' 연구회, 창무회가 아쉬운 대로 창작무용이라는 이름을 걸고 장르 설정에 대한 설계와 시범 그리고 종전의 신무용과 무엇이 다른가를 보여준 셈이다.

공식적인 선언문이나 취지문이 없었던 것은 사조사思潮史 성립의 문헌자료나 기록 수집에 결정적인 마이너스 요인이다. 뿐만 아니라 공연양식이나 표현기법에 대한 찬반을 막론하고 합리적 반응조차 입수할 수 없다는 사실은 기록에 무심한 민족성 그대로라 여간 유감스럽지 않다. 창무회 공연팀의 의식이 미숙했던 것도 사실이지만, 문화예술 관계 언론매스컴의 반응도 창작무용 사조의 출발에 대해서 무감각했던 것이 사실이있다. 이른바 창작무용 제1세대라고 하는 문일지, 배정혜, 김현자, 창무회 지도교수 김매자 등이 신무용의 변형, 전통의 재구성을 내세워도 의식적으로 창작무용의 이름을 내세우지 못한 탓에 창작무용이라는 명칭은 창무회 제1세대들의 무용발표로 공식적인 기록이 되었다.

임학선의 창작무용은 1975년 석사학위 논문 「진오귀굿의 무당춤에 대한 고찰 – 이지산 씨를 중심으로」 같은 무속 연구 이후 본격적인 〈도르래〉(1980), 〈새다림〉(1983), 〈인다리〉(1985) 등으로 장르 영역이 무용계 전반으로 확대되어갔다. 이 무렵 전통무용과 구별되던 최승희 신무용 사조에서 잠재적으로 새로운 변화를 모색하던 이른바 창작무용 제1세대들은 뚜렷한 사조적 명칭을 내걸지 못한 채 최승희식 신무용의 전환을 의도해서 변화를 모색해 나갔다. 그들의 의도하지 않은 일치된 무용풍조 변화 욕구는 뚜렷한 명칭이 없어서 신무용류 창작무용이라고 불릴 수도 있다. 그 단계에 창무회의 공연이 창작무용 연구모임, 곧 창작무용이라는 사조사적인 의의를 갖는 명칭을 달고 (아직 사조 운동으로까지 의식화되지 못한) 땅울림을 올린 셈이다. 그 땅울림은 급속히 한국무용 전반에 걸쳐 파급된다. 그렇게 창작무용이라는 장르와 풍조와 양식이 전반적으로 한국 현대무용으로 정착되어간 것이다.

그러므로 창작무용 사조와 명칭은 창무회에서 시작되고 한 세대 앞서간 세대들은 이름 없는 창작무용 세대로 신무용과 창작무용 사조 사이에서 부침하다가 결국은 다음 세대인 창무회 세대와 합류하게 되는 것이 현대 한국무용사의 주류 세력들이다. 신무용 20년, 그러고 나서 창작무용 20, 30년 하면 한국무용의 현대무용사는 그다음 사조에 대해서 방황의 시간을 너무 오래 가진 셈이다. 적어도 1990년대쯤, 아니면 새 밀리니엄 시대 시작 초기쯤 해서 새로운 무용세대와 사조, 그리고 또 다른 무용 표현양식쯤은 나왔어야 하는 것이 현대 한국무용사의 바람직한 궤도이다.

임학선의 창작무용 활동은 창무회 활동과 그 맥을 함께한다. '이 시대의 우리춤을 추자'는 창무회의 슬로건과 함께 우리춤의 '무용언어'를 찾는 초창기 정신이 신선한 1970년대 후반, 그리고 1980년대가 주목되어야 할 시기이다. 〈도르래〉, 〈새다림〉, 〈소리·사위〉, 〈인다리〉 등 1980년대 초기 작품들은 그의 무속연구와 흐름을 같이하여 굿제의적인 민속무용, 그래서 강신무의 내림굿 형태인 엑스터시 몰입 형태가 강하다. 그러나 무용작가로서의 임학선만이 아니라 그 무렵의 창작무용 전반에 흔해 보이는 엑스터시 몰입 형태는 앞서 지적, 분석한 대로 예술가의 의식적, 과학적, 만들어진 엑스터시, 곧 유사 엑스터시, 아니면 예술 엑스터시 형태라는 사실을 놓쳐서는 안 될 것이다. 다시 강조해 말하거니와 예술가는 강신무의 무당이 아니다. 무당은 엑스터시의 황홀경/무아 상태에서 무의식의 입신지경을 높이 치지만, 창작무용의 무용예술가들은 예언을 하는 것이 아니라 맑은 의식으로 무용예술을 창조한다.

창작무용의 미숙한 방법론을 가지고 창무회는 창단 다음 해 조직의 강화를 꾀하고 1978년 제1회 창무회 무용발표회를 통해 창작무용의 실태를 선보인다. 임학선·임현선 안무/출연의 〈거미줄〉, 이노연 안무/출연의 〈초심〉, 그리고 최은희 안무/출연의 〈이 한 송이 피어남에〉가 말하자면 창작무용의 고고성呱呱聲인 셈이었다. 제2회 발표에서는 개인안무보다 집단안무 형식을 취하여 〈도르래〉와 〈소리·사위〉를 탄생시켰으며 대한민국무용제 참가작품으로 임학선 안무의 〈고시래〉, 최은희의 〈넋들임〉(1982년 무용제 대상), 김명숙의 〈신새벽〉(1983), 이노연의 〈열림굿〉(1983), 윤덕경의 〈연에 불타올라〉(1983), 김영희의 〈나는 왜 춤을 추나〉(1983), 임학신의 〈불림소리〉(1984) 등 신작들이 발표된다. 이 시기는 말하자면 현대 한국무용사에 있어서 창작무용 탄생기라 할 수 있을 것이다.

무속굿을 소재로 한 1981년 작 〈고시래〉와 1983년〈새다림〉에 앞선 1978년의 〈거미줄〉, 1981년의 〈도르래〉와 〈소리·사위〉가 공동안무 작품이라는 의미에서 창무회 집단의식의 발로라고 한다면, 1984년 임학선무용단이 창단됨으로써 임학선은 독자적인 창작무용 활동으로 1984년의 〈불림소리〉, 그리고 1985년〈인다리〉 등의 대표작 외에 〈지혼〉(1985), 〈산 자를 위한 방황〉(1986), 〈천도〉(1995)와 〈붉은 부적〉(2000)들을 발표한다.

이러한 무속 모티브 취향에서 작품 성향이 바뀌는 것은 1986년의 〈우리, 둘〉, 1989년의 〈민들레 왕국〉 이후부터이다. 무속예능에서 빌려 쓴 모티브라든지 입신入神 망아忘我적 엑스터시는 무용예술적 엑스터시가 아니라는 나의 지적은 임학선의 무용세계가 자의식이 없는 망아나 황홀 상태에서 빚어지는 무의식의 소산이 아니라 계산된, 인공의, 과학적, 예술 정신의 의식화 작업이라는 측면에서, 또 현실적 일상으로 돌아온 사회적, 역사적 사상事象에의 접근이라는 측면에서 주목해야 할 전환점이라고 판단한다. 이 무렵에 임학선 무용세계의 원리가 태극구조의 기본기로 갖추어지기 시작한다.

1990년 〈흰 새의 검은 노래〉, 1992년 〈마음꽃〉, 그리고 1995년 〈비무장지대에 서서…〉 등이 임학선의 무용작가적 위상을 단순 위계에서 복합 위계로 바꾸는 계기가 된다. 창작무용에 일상 소재를 적용시킨 점이나 사회성에 표현기법을 원용, 확대 발전시킨 점을 주목해야 할 것이다.

서울예술단 감독과 서울시립무용단장 시절의 〈고구려의 혼〉, 〈밝산〉 등은 소품 위주의 창작무용 작품을 대형 무대에 적용시키며 동시에 소재를 역사의 시원始源인 고대사회와 신화세계로 소급시킨다는 의미에서 무속의 원초적 심성과 역사의 근원으로 맥락을 함께하며 마침내 춤의 근원으로서 동양무용의 시발이라 할 수 있는 일무佾舞 연구와 작품 〈위대한 스승 공자〉로 심화 발전되어간다. 무용 원리의 학리學理에 무용작가 임학선 무용예술의 궤적이 발전적으로 성장해 나간 것이라고 말할 수 있을 것이다.

5. 태극구조의 기본기와 임학선 무용세계의 원리(1)

최근 들어 거의 모든 한국무용가들은 자기 나름의 표현기법을 춤본, 무용기본 등의 이름으로 정리, 발표해 나가고 있다. 그런 기본기법의 정리는 무용언어의 알파벳, 혹은 닿소리, 홀소리의 한글 자모로 간주할 수 있다. 이러한 알파벳, 혹은 자모로 꾸며지는 맞춤법이 들어서 비로소 한국무용의 문법이 이루어지고 무용언어의 개발이 가능해질 것이다.

우리의 전통무용은 어쩌면 사제 간에 이심전심으로 전수되는 비의秘儀의 전달 수단을 중시하는 것처럼 보인다. 무예武藝의 각종 비법이 유파에 따라 자기들 기법의 신비함을 강조하기 위하여 학문적인 연구체계도 없이 알아들을 수도 없는 수수께끼 주문 같은 말들을 엮어 맞추어 이른바 근원을 알 수 없는 서책을 비본秘本으로 전하는 경우도 더러 있다고 한다. 그 비본을 신성시하여 글귀 하나 바꾸지 않고 달달 외워 권위를 덧칠하면 제자들은 그것만이 진리인 것처럼 자신들이 입신지경에 이르렀다고 자부한다. 따라서 극단적으로 말하면 이 세상의 기서奇書라는 것들이 사실은 별 내용도 없고 어쩌면 기술기법의 발전마저 가로막는 장애 요소로 작용할 수도 있는 것이다. 이른바 예술의 경지나 수준이라는 것도 유파에 따라 스승과 제자 사이에 그들 유파의 권위를 높이고 신비감을 더하기 위하여 근원을 알 수 없는 수수께끼 같은 주문 형식으로 전달되는 기법의 전수가 없다고 할 수 없다.

이심전심이라는 것은 학문적인 연구체계가 이루어지기 전에 이른바 직관으로 전달되는 교육방법의 일종이다. 그러나 교육방법이 과학화되고 연구체계가 갖추어지면 직관이라는 주관적 전달방법으로는 보편적인 학습 습득이 어려워진다. 그런 까닭에 문법이 없고 언어체계가 서지 않는 전통무용을 위한 학문적 연구체계가 누군가에 의해 수립되리라는 기대는 무용인들이라면 누구나 갖는 희망사항이다. 북한에서는 최승희 사후에 보상이라도 하듯 그의 무용기법이 출간되었다. 우리는 전통무용 기록으로서 무보舞譜 작성이 고작이었다. 무용가들이 자신의 무용기법을 전수하려면 저마다의 노하우에서 우러나는 방법론이 없을 수 없다. 그러나 노련한 대가들도 제대로 이론적 수련을 받지 못했기 때문에 대체로 자기가 전수받은 도제식 이심전심의 수법으로 무용교육을 대처해 나간 것이 사실이다.

한국무용의 대가들, 선배들이 이룩해내지 못한 교육적 방법론을 대학에서 제자들을 가르치던 무용학과 교수들이 조금씩 자신의 방법론에서 무용의 기본틀들을 만들어내기 시작하였다. 그렇게 발표된 것이 김매자의 〈춤본〉 같은 작품이다. 그 춤본은 한국 전통무용의 기본을 체계화시키며 한국무용의 기본문법을 만들어내려는 노력의 결실이다. 그러나 문법은 체계적으로 다듬어지면 교과서처럼 고정되어 무용문법을 통한 언어로서 '무용문장(론)'을 만들어 나가야 하기 때문에 창작 작품으로 발표되면 곤란해진다. 알파벳 맞춤법이 언어로 문법화되어 글로서 문장이 되기까지는 몇 가지 단계가 있어야 할 것이다. 한글 자모의 글자꼴이 갖추어지고 그것이 가나다…라는 글자가 되고 그 글자로 문장이 구성되어 시나 소설 형식의 문학작품이 만들어지는 논지論旨와 비슷하게 무용의 기본틀은 무용예술작품을 만들어내기 위한 기본바탕, 무용언어, 문법이 되어야 할 것이다. 그런 과정과 절차를 생략한 채 무용은 이심전심으로 전달된다는 전래의 교육방법은 일종의 종교적 수도방식이다. 그런 방식은 결코 예술교육의 정도正道라 할 수가 없는 것이다.

그러나 무용교육자들이 저마다 모두 자기 나름의 노하우를 가지고 자기 체험에 의한 교본을 마련하는 경우, 그런 개인 차원의 사적인 방법으로는 한국 전통무용의 통일된 교본이 마련되기 어렵다는 사실은 뻔하다. 거기에다 무용교육자가 아닌 무용예술가들이 자신들의 방법론을 기본기법, 춤본, 또는 교본으로 규정짓지 않고 그 자체를 하나의 작품으로 발표해버리면 무용을 배우는 학생이나 극장의 관람객 같은 아마추어들은 한국무용의 원리에 대해서 예술가들 숫자만큼의 여러 전개방식 때문에 정곡을 놓치고 헤맬 수밖에 없다.

무용의 기본기나 춤본, 교본은 원리의 제시이다. 그런 점에서 무용의 춤본이란 무용언어와 무용문법을 적어놓은 과학이며 따라서 그것은 철저히 객관적 표현이 되어야 할 것이다. 그 객관성은 무용언어와 무용문법에 대한 조직화이자 체계화이고 그런 다음 단계로 작품이 되어 공적인 발표의 순서로 나아가야 할 것이다.

그런 객관성을 담보하기 위하여 무용이라는 이 추상적 관념적 예술행위에 과학적 분석과 논리적 체계화가 선행될 수밖에 없고, 그런 선행 작업을 위하여 누가 얼마만큼 학술연구 업적으로 무용계 전반과 일반 관객들을 수긍시키고 설득시키고 수긍케 하느냐가 관건이 아닐 수 없다.

임학선 무용세계의 기본틀은 그가 이론적 배경으로 찾아낸 필체筆體, 학체鶴體, 궁체宮體를 통합한 태극구조의 원리이다. 이 원리를 적용시켜 초창기의 창작무용 작품들을 형상화해 나간 그는 무속무용의 신무용화, 이른바 현대화를 노린다. 1970년대 후반부터 1980년대 초반에 걸쳐 이루어진 무속의 제의공동체적 오지(orgy)는 '난장'이라는 열광적 엑스터시의 현상을 특징으로 삼는다. '이 시대의 우리춤을 추자'라는 창무회 창단이념과 실험정신이 태극구조의 원리를 적용하면서 필체, 학체, 궁체의 표현기법이 창작실험에서 전통적 서정의 형상화라는 제2단계로 발전해 나간다. 서정적인 춤의 그림은 여성 특유한 섬세함의 무대화이자 일상적 소재의 주제로 바뀐다. 〈우리, 둘〉, 〈날개옷〉, 〈민들레 왕국〉, 〈마음꽃〉 등에 스며 있는 섬세한 표현기법과 맞아떨어지는 심성의 다양한 부드러움이 무속적 문화기층의 활력을 다듬어 나가는 것이다. 기본적으로 갖추고 있던 집단적 에너지가 세련되어 나가는 이 제3단계에는 역사적, 사회적 의식이 임학선 무용세계의 거시적 안목을 확대한다. 일본군 위안부를 소재로 한 〈나무비〉, 환경문제를 다룬 〈흰 새의 검은 노래〉, 〈비무장지대에서서…〉 같은 일련의 작품들은 기층문화권의 잠재의식을 표층으로 끌어올리는 창작무용의 영역 확대와 한국무용의 새로운 창작실험 속에 나래를 접었던 시대의식과 민족적 서정성을 보다 넓은 시야로 풀어내는 일련의 작업이 태극구조의 원리 활용이라는 측면과 맞아떨어진다.

그런 작업 과정에서 얻어낸 춤꾼과 안무자로서의 체험 및 노하우가 그로 하여금 자기 나름의 한국무용 내지는 범무용적 기본틀을 완성시켰다면 그의 무용 기본기법도 최승희의 민족무용 기법이나 김매자의 춤본, 또 그 외 창작무용 제1세대들, 예컨대 배정혜나 김현자의 춤본이라든지 윤덕경, 최은희, 김영희의 기본기법과 무엇이 다를까. 특이한 것은 최승희가 기본기법을 교본 형식으로 간주한 반면 창무회 출신 안무자들의 경우는 저마다의 방법론을 집약시킨 기본춤을 하나의 작품으로 간주한다는 사실이다. 작품으로서의 기본춤은 아직 교본춤으로서 교과서 양식이라고 명명하기가 어렵다. 적어도 교본 정도가 되려면 체계적 주도 논리가 명증해야 하고, 다른 무용수들의 긍정적 동의를 전제해야 하며, 무용학회나 협회 등 공적인 기관의 합의가 뒷받침되어야 할 것이다.

그런 점에서 보면 임학선 무용세계의 기본춤은 이심전심의 구도求道적 단계를 넘어 과학적 객관성을 제시하고 있다. 무엇보다도 필체, 학체, 궁체의 춤사위 유형구조와 맺음, 어름, 풀음의 춤기법 구조, 그리고 점, 선, 원의 동작선 구조와 정지, 들숨 날숨의 호흡구조를 연계시켜 태극구조의 기본틀을 마련한 것이 이론적 체계로서 설득력을 갖는다. 대체로 각종 무용기법들이 몸 만들기를 전제로 하는 데 비해 태극구조의 기본틀은 균형감각, 호흡감각, 신체적 유연성과 근육강화, 긴장과 이완 및 상승과 낙하의 조절을 위하여 다양한 한국무용 기법을 12단계로 묶고 그 단계 하나하나마다 필체, 학체, 궁체의 춤사위 유형으로 순환시켜 36가지 춤동작을 전개시켜 낸다. 그렇게 되면 연관성 있는 동작을 하나로 묶어서 정적인 동작과 동적인 동작이 적절하게 결합되어 영속적인 움직임이 가능해져서 무용언어의 문법이 이루어지고, 그 문법에 따라 무용언어가 문장이 되어 무용적 시가 되고 드라마가 될 수 있는 것이다.

그런 의미에서 태극구조기본춤은 필체, 학체, 궁체의 합체合體로 한국적, 동양적 태극의 원리를 설명하고 해석하고 전개시키는 논리적 근거를 획득하게 된다(이 점은 나중에 일무의 원리와 결합되는 중요한 고리를 제공한다). 임학선 무용 기본틀이 갖는 장점은 그런 문법과 언어로 얼마든지 표현기법, 곧 무용의 문장을 다듬고 이어나갈 수 있다는 것이다. 따라서 이 태극구조의 기본기법은 춤본이나 기본틀, 기본춤과 같은 이름을 딴 작품이 되어서는 안 되고 〈작품〉을 만들어내는 바탕으로서의 엄연한 교본이라는 사실에 긍지를 가져야 할 것이다.

6. 일무佾舞의 학술연구와 현대적 부활 – 임학선 무용세계의 원리(2)

조선조 역대 왕들을 모시는 종묘宗廟제례와 유교의 스승들을 모신 문묘文廟제례 석전釋奠에 바치는 춤, 일무佾舞는 동양 무용의 기원이고 근간이라 할 수 있을 것이다. 그러나 불행하게도 일무에 대한 연구는 역대로 크게 알려진 것이 없고, 일제가 패망할 때까지 식민통치에 의해 손상된 종묘의례나 문묘의례만큼 그에 부수되었던 일무의 훼손 또한 심각했을 것이다. 일제치하 36년, 해방공간의 혼란, 그리고 6·25전쟁의 소용돌이를 거쳐 문화정책의 정비와 국악원의 궤도 진입에 이르기까지 오랜 시간에 걸쳐 일무의 존재 비중은 약화되고 급기야 그 역사성 자체가 잊혀진 역사의 그림자였다.

서양문물의 유입에 쏠렸던 개화기 이후 근대화, 현대화, 그리고 산업화의 발빠른 사회변동 속에서 동양의 전통무용 일무는 종묘제례의 일부로, 종묘의 문화재 승인과 더불어 부수된 무용양식으로 전승되어 나왔지만 임학선 교수의 『문묘일무보도해』라든지 『문묘일무의 예악사상』 등 심층적인 학술연구 업적에 의해 비로소 현대적인 학문체계가 잡혀 나갔다 해도 과언이 아니다. 『논어』 팔일 편에 언급된 일무가 사회주의 중국의 문화혁명 와중에서 존재조차 잊혀지고 겨우 한국 서울의 유림 총본산인 성균관 석전대제(국가무형문화재 제85호)에서 초라하게 추어지고 있었다는 사실은 역사적 아이러니가 아닐 수 없다.

석전이 공자 등 유교의 스승들을 기리는 성균관에서 명맥을 유지하는 가운데 제례에 부수된 일무가 얼마나 원형을 보존할 수 있었을는지 그 체계적 연구와 원형 복구 노력은 성균관과 성균관대학교 무용학과 교수 및 전공학생들의 과제가 아닐 수 없게 되었다 해도 과언은 아니다. 다행히 임학선 무용학과 교수에 의해 연구의 선편이 다루어져서 성균관 문묘석전에 그 원형 일부가 부활 재현되고 있다. 물론 종묘제례에 부수된 일무가 없는 것은 아니지만, 같은 일무 형식이라도 종묘제례의 일무가 역대 왕을 기리는 춤이라면 성균관 석전의 문묘 봉헌 춤은 선비의 춤이다. 불우했던 역사 속에서 단편적으로 잊혀졌거나 잃어버렸던, 그리고 변형되고 변조된 부분들이 바로잡힐 수 있는 기회가 주어진 것은 세계문화유산으로서의 일무를 위해서뿐만 아니라 무용의 기원을 천착하려는 세계무용사 연구에 있어서도 여간 다행스럽지 않다.

2004년 중국 곡부의 국제공자문화절 개막제에 초청되어 작품 〈위대한 스승 공자〉의 2장 '학문'과 함께 현대무용으로 부활해 선을 보인 일무는 이후 몇 차례 국제 무대로 진출해서 그 원리가 이제는 낯설지 않다. 자신을 갈고닦는 치신致身과 수신修身의 춤인 일무는 음양의 짝을 이루는 상대의 춤으로, 두 줄(二佾), 네 줄(四佾), 여섯 줄(六佾), 여덟 줄(八佾)로 삼진삼퇴三進三退, 삼읍三揖, 삼사三辭, 삼겸三謙의 공손과 사양과 배려의 움직임을 되풀이한다. 이때 양손에 든 무구를 하나로 합하고 둘로 나누는 동작이 반복된다. 자기 자신을 갈고닦는 몸가짐은 그렇게 공손한 태도와 공경하는 마음을 가질 수 있도록 하기 위함이요, 그것은 동시에 동양의 예악사상이다.

주周나라의 무왕은 전쟁으로 흩어진 민심을 수습코자 하夏·은殷대의 악무樂舞 '대무大舞' 제도를 통해 통치의 법제화를 도모했다. 춘추전국시대의 오랜 전쟁, 대결, 음모, 불신, 약탈을 거치며 거칠어질 대로 거칠어진 민심을 정서와 예의로써 순화시키려 했던 성현의 예악사상은 전쟁의 도구였던 도끼와 방패 등 무기를 버려 녹여서 농사의 도구, 평화의 상징인 대나무 피리와 꿩털이라는 상징적 무구舞具로 남게 하였다. 석전일무에서는 전쟁의 흔적인 방패와 도끼를 평화의 상징으로 사용한다. 그래서 학문의 마디마디로 비유되는 대나무와 상서로운 꿩털을 사용하는 선비의 춤으로 정착되어간 것이다.

가장 규모가 큰 여덟 줄의 팔일무는 천자의 춤, 육일무는 제후의 춤, 사일무는 대부의 춤, 이일무는 선비의 춤으로 고대 동양의 사회적 배경이 반영되어 있다. 문묘일무 춤사위에 담겨진 사상과 철학적 배경, 그 의미와 상징을 탐구하며 문묘일무의 제의 형식을 차용한 임학선 안무의 무용작품 〈위대한 스승 공자〉에 이르러 일무는 고전적 무보의 재현 형식만이 아니라 살아 있는 정신적 소재로서 성인 공자의 인간화에 크게 기여하였다. 무용공연 〈위대한 스승 공자〉의 작품 형식상 차용된 문묘일무의 제의 형식은 각 장의 마무리 형식으로 활용되어 축복의 일무, 감사의 일무, 위로의 일무, 그리움의 일무, 환희의 일무로 재구성됨으로써 작품 이해의 통로로 구체화되어 있다. 그래서 일무로 마감하는 제의적 서사敍事무용시라는 평가를 받은 〈위대한 스승 공자〉 전막 초연은 흥어시興於詩 입어예立於禮 성어악成於樂—서정으로 신명을 일으키고 예로써 바로 세우고 가무악으로 완성을 이룬다는 공자의 『논어』 경지를 실현시키고 육화시키고 형상화한다.

작품 〈위대한 스승 공자〉를 두고 제의적 서사시라고 말하는 것은 문묘제례악으로 쓰이는 일무의 형식이 〈위대한 스승 공자〉의 서사적 구조 각 장마다 마감재로 활용되어 공자의 세속적 품계의 상승과 그의 도덕적 정신세계의 위계를 상징하기 때문이다. 이 작품은 말할 나위도 없이 한 위인, 혹은 성현의 행적을 무용예술로 형상화하는 것이기 때문에 서사구조가 바탕이 되어 그 생애의 고비가 그려진다. 그러나 그 묘사는 서술적인 방법이 아니라 시적 이미저리로 처리되기 때문에 총체적으로 제의적 서사무용시로 일컬어지는 것이 마땅하다.

서사구조는 첫째 탄생, 둘째 학문, 셋째 고난, 넷째 임종으로 줄거리를 연계한다. 이런 구조 속에 가장 뛰어난 이미지는 대나무로 만든 책, 곧 죽간의 공명共鳴과 글 읽는 소리의 화음에 실린, 공자와 제자들의 군무로 푸는 학문의 깊이다. 그리고 예악을 기반으로 삼는 학문의 구체적 실현인 거문고 줄의 무용적 움직임도 뛰어난 발상이다. 죽간 소리와 거문고 가락은 학문이라는 관념적 세계를 구체적 현실과 관련시키는 브리지 역할을 한다. 죽간을 펼치고 닫는 소리는 마치 아악雅樂의 박拍울림처럼 작품의 시작과 끝을 다스리고 리듬을 조절하면서 공자와 제자들, 혹은 난세에 글 읽는 선비들의 정신세계가 행렬로 줄 세워져 질서가 되며 하늘로 치솟고 중심으로 모이면서 좌우로 흩어져 그대로 인간사를 가름한다. 거문고 가락의 고저에 맞추어 무용 대열은 움직이는 꽃처럼 화음에 출렁거린다. 춤과 가락, 곧 부드러운 무악舞樂이 무질서한 세상에 비로소 예禮와 의儀의 도리를 갖추게 한다. 그 중심에 사람이 있고 인간이 있으며 공자가 우뚝 선다. 사람 사는 곳에 드라마가 있다. 글자 그대로 우주는 리듬으로 넘실대고 세계는 드라마로 가득 차 있는 것이다.

거문고 가락은 위나라의 왕비 남자 부인의 유혹에서 끊어지듯 고비에 이르고, 아들과 애제자의 죽음 같은 공자 개인의 고난과 춘추전국시대의 사회적 혼란이 겹치면서 많은 고사故事들은 서사적 구조 밖으로 밀려난다. 무용이 시가 되어 공자 개인의 참담한 고뇌라든지 좌절된 천하주유의 이념도 무용의 예악 속으로 빨려들고 만다. 남자 부인의 유혹은 공자의 인간됨을 증명하는 오직 하나의 관능적 예술수단이다. 하늘이 나를 망쳤다고 반식했던 안회顔回의 요절이나 젓갈이 되어 돌아온 자로子路의 목을 지켜본 스승의 참담한 심정을 서사구조의 줄거리에서 빼버린 억제의 미학은 위인, 혹은 성현의 인간 초월적 능력 과시의 미화를 스스로 자제한 성숙한 안무력이라 할 것이다.

성인의 예술화에서 가장 경계해야 할 점은 말할 나위도 없이 그 초월적 능력의 과시가 아닐 수 없다. 임학선댄스위 창단 20주년 기념공연 〈위대한 스승 공자〉에서 가장 높이 평가해야 할 부분은 바로 성인 공자를 인간 공자 차원에 머물게 하기 위하여 미화의 손쉬운 수단을 배제했다는 점일 것이다. 제명題名 자체에 군더더기 없는 공자나 예수나 석가 같으면 그 이름 자체가 이미 그대로 바위 같은 무게로 독자나 관객을 짓누른다. 이 무게를 이겨내고 인간적으로 대결하기 위한 예술의지는 억제와 자제의 방법밖에 없다.

이 억제와 자제의 미학으로 동원된 것이 일무의 제의적 기능이다. 일佾은 줄, 열列을 뜻한다. 고대 주나라 아악에 쓰이던 이 무용은 춤이 바쳐지던 주인공의 신분에 따라 무용수의 수효가 달라진다. 진나라 두예설에 의하면 팔일무는 8열 8행을 이루는 64명의 무용수, 육일무는 36명, 사일무는 16명, 그리고 이일무는 2열 2행을 이루는 4명의 무용수가 동원된다.

작품 〈위대한 스승 공자〉 파트 1(탄생)에서는 여의주와 약(대나무 피리)을 든 붉은 적의赤衣의 일무 무용수들이 축복의 일무로 예를 올리고 파트 2(학문)에서는 학문을 상징하는 적翟과 피리를 든 무용수들이 스승의 가르침에 감사하는 예를 베푼다. 파트 3(고난)에서는 위로의 일무, 그리고 마지막 파트 4(임종)에서는 돌아가신 스승을 기리며 평화와 부활을 기약하는 환희의 일무로 그의 인仁, 예악사상을 전파한다.

이 제의적 일무는 공자의 세속적 품계와 학문적 정신세계의 위상에 맞춰서 후반으로 갈수록 사일무, 육일무 형식으로 확대되어 제의적 경건성과 형식적 엄격성이 더해지고 예술적 놀이성을 억제하면서 한 성현의 인격을 형상화하는 성찰적 자제력을 발휘한다. 조종祖宗의 문덕文德을 기리는 문무(文舞-保太平)와 무공을 찬양하는 무무(武舞-定大業) 가운데 공자에게 바쳐지는 일무는 문덕을 기리는 문무의 창조적 변형, 또한 현대적 수용이 아닐 수 없다. 죽간을 확대한 무대장치, 의상, 우리나라 최초의 서정시를 노래하는 공무도하가公無渡河歌의 음악적 효과에 독일 피나 바우쉬 무용단 조명디자이너의 협력 등등 안무자의 대극장 무대 지배 능력은 이미 입증된 바 있지만 이번 예술의전당 오페라극장 공연 〈위대한 스승 공자〉를 통해 무용 대작을 다루는 안무자 임학선의 감각이 보다 세련되고 작품 다듬는 재능은 한 단계 더 짜임새의 깊이를 더했다고 말할 수 있을 것이다.

공자와 같은 동양의 특수성이 무용예술을 통한 국제적 보편성으로 거듭나는 계기를 마련한 〈위대한 스승 공자〉 공연은 IT문화예술 상품의 해외 진출을 위해 스타의 육성, 예컨대 공자 역, 어머니역, 그리움의 여인역 등등을 성격화하고 군무의 관념성을 구조화 하는 작업이 필요할지 모른다, 개막부분의 니구산 산 정기와 물 기운의 교감은 압축될 수도 있을 것이고 마지막 그리움이 솟대행렬과 일무 행렬과 오버랩되는 부분도 재고할 여지가 있어 보인다.

7. 한국 현대무용의 대성大成과 콜라보레이션 작업, 그리고 임학선 무용세계의 원리(3)

무용작가 임학선의 자리매김은 현대 한국무용사에 남기는 임학선 무용세계의 위상, 곧 임학선의 자리매김을 위한 나의 일방적 주장일 수도 있고 편향된 주관 표명일 수도 있다. 그러나 이런 자료들이 모이고 쌓여서 한 작가의 위상이 제3자들의 토론과 논쟁을 통해 확립되어 나가는 것이다. 그런 의미에서 이 글은 작은 불쏘시개 구실을 할 수 있을지 모른다.

임학선의 무용작품 활동은 창작무용연구회 창립과 신무용 이후의 창작무용 전환기 주도세력이었던 약칭 창무회 대표 시기와 일무 학술연구 시절로 크게 나누어지고 그 시기에 공연된 작품들이 논의 대상이 되어야 할 것이다.

한국무용은 개화기 이전의 전통무용과 개화기 이후의 신무용, 현대무용으로 크게 대별된다. 신무용과 현대무용의 역사적 흐름 가운데 전통무용 계통의 흐름과 기방춤을 위시한 민속무용 계열을 통틀어 한국무용이라는 장르로 확립시켜 발레와 현대무용 장르와 삼분하는 것이 한국무용의 통상적인 삼분법이었다.

최승희의 신무용류와 창무회류 창작무용을 포괄하는 한국무용은 개화기 이후를 '현대 한국무용', 혹은 '한국 현대무용'으로 불러야 옳을 것이다. 그러나 서구 모더니즘 사조가 모던에서 모더니즘으로, 다시 포스트모더니즘, 포스트포스트모더니즘으로 성급하게 다음 문예사조를 불러들인 20세기 말 경향을 몸으로 직접 겪은 우리는 사조사 명칭이나 용어의 카테고리에 민감할 수밖에 없다. 그런 면에서 '현대 한국무용'이나 '한국 현대무용'의 어휘 선택에 있어서도 카테고리적인, 그리고 편년사적인 정확한 규정을 해둘 필요를 느낀다. 그래서 '현대 한국무용' 하면 개화기 이후의 보편적인 한국무용 전반을, 그리고 '한국 현대무용' 하면 최소한도 1970~1980년대 이후의 무용을, 그것도 21세기 들어와서 보편화되는 무용 경향쯤 되면 최신 현대무용으로 불러야 서구 포스트모더니즘 사조의 성급한 선행의식의 오류를 넘어서지 않을까 생각한다.

현대 한국무용 하면 1970~1980년대 이후는 '창작무용' 일색이었다 해도 과언이 아니다. 그런 가운데 임학선 창작무용의 기본개념인 태극이론과 필체·학체·궁체의 원리 확립과 임학선댄스위 창단 운영은 창무회만이 아니라 1980년대 이후 창작무용이 바로 한국 현대무용으로 발돋움하는 데 결정적인 기여를 했다. 임학선은 무속연구에서 탄생한 〈고시래〉, 〈새다림〉, 〈인다리〉 등을 거쳐 현실적 일상과 사회적 주변의 시사성에 눈뜨는 〈우리, 둘〉, 〈민들레 왕국〉, 〈흰 새의 검은 노래〉, 〈비무장지대에 서서…〉를 거친 다음 〈밝산〉 등 신화적 고대사회의 소재 발굴로 나아가 결국은 중국 고대 일무佾舞에 대한 학술연구로 제2의 원리를 발견해 나가게 된다.

일무의 원리는 동양무용의 근간에 다가가 공자의 문묘일무로 전승되어 예악사상으로 형상화된 일련의 궤도를 훑어 학술적 성과를 올리면서 성인 공자의 인간화를 지향한 창작무용 〈위대한 스승 공자〉로 형상화되었다. 그런 측면에서 작품 〈위대한 스승 공자〉 공연은 동양의 고대 연구와 한국의 현대예술이 공연작품을 통해 직통하는 하나의 문화적 이벤트였다 해도 과언이 아니다.

임학선의 무용 원리는 창작무용 시대, 한국무용의 기원과 동양무용의 근원을 돌아 현대에 이르고 마침내 세계화를 지향하는 제3의 원리를 탐구하는 과정을 걷고 있는 것으로 비친다. 한국무용의 영역을 확대하여 창작무용, 혹은 한국 현대무용의 세계화를 지향하는 융·복합예술과 콜라보레이션 작업이 어쩌면 임학선 무용세계의 제3의 원리가 될 것임을 믿게 하는, 어떤 비전이 구체화되어 가고 있는 것이다.

강낙현과 임학선댄스위가 공동 협업한 〈드라이브 쓰루 Drive-Thru〉와 〈버즈아이뷰 Bird's Eye View〉 같은 일련의 작품을 통해 현대문명과 최첨단 과학지식의 인문학 계보를 들춰 보인 임학선의 탐구정신이 무용의 코스몰로지(宇宙論)로 확대되고 있음을 인지할 수 있다. 최근의 독일 바우하우스 데사우 재단과 국립현대미술관 서울관의 바우하우스 실험무대 연계 퍼포먼스 〈멀티프로젝트〉에서 보여준 예술전시장의 생동하는 축제장은 하늘·대지·지하의 천지인天地人 사상과 연계된 우주거주居住 공간 개념의 일단으로 파악될 수도 있다.

〈위대한 스승 공자〉 이후의 융·복합예술 이론과 협업의 콜라보레이션 작업

방향이 임학선 무용세계의 제3의 원리가 될지 어떨지는 지금 현재 아무도 그 결과를 내다볼 수 없다. 이 제3의 원리는 제1원리인 한국 창작무용의 원리가 되고 제2원리인 동양무용의 근간에 다가가 제3원리를 통해 한국 현대무용이 세계화, 범국제적 공연예술로 개화되지 말라는 법이 없을 뿐이다.

영상감독 겸 연출인 강낙현이 함께 참여하여 임학선댄스위와 함께 새로운 방향을 모색하는 임학선의 무용세계는 아직 제3원리의 발견에 이르고 있지 않다. 그러나 인접예술이나 인접학문과 결합된 융·복합예술 사조는 〈드라이브 쓰루 Drive–Thru〉나 〈버즈아이뷰 Bird's Eye View〉를 거쳐 바우하우스 실험무대 연계 퍼포먼스의 확대된 우주 거주공간 개념으로 이어진다. 필름메이커 강낙현은 방향을 못 잡고 있는 우리 공연예술계의 극장 내지 축제공간의 내비게이터, 내비센서로 지목될 수 있다.

공식적으로 인터디시플리너리 스크리닝(Interdisciplinary Screening) 계열의 강낙현은 몸의 코스몰로지인 무용을 바탕으로 일련의 예술작업–최첨단 영상학의 전문가로서 임학선 무용세계를 구현하는 임학선댄스위무용단을 매체로 실험과 전위성을 테스트해 나가고 있다. 창무회 초창기 실험과 전위의 예술정신이 댄스위의 대지 위에 어쩌면 다시 폭넓게 부활할지도 모른다. 〈드라이브 쓰루 Drive–Thru〉라는 현대문명의 질주하는 속도감, 그리고 몸과 자연의 느린 움직임의 대비, 그 몸의 주인공은 2010년 스페인 빌바오 예술축제 무용상 수상자 정보경이었다. 그녀의 침잠되어 보이는 섬세한 춤사위는 필름영상의 과학적 계산과 맞아떨어져 비정과 다정의 물결이 되고 이국異國 여인 이다 글랜도스 리의 음악에 맞추어 몸이 속도의 불길에 불나방처럼 타들어가는, 제의적 살풀이처럼 전달이 가능했다. 이 한 시간 미만의 소품은 두리춤터라는 좁은 공간을 영상 이미지가 유도하는, 춤이 가득 찬 하나의 박스로 간주하게 만들고 이 박스는 그다음 주말 〈With Ida–이다와 더불어〉라는 작은 타이틀로 스웨덴 여인의 노스탤지어 가락이 넘치는 음악 박스 안으로 우리를 안내했으며, 이어서 어머니 임학선의 회갑에 맞춰 〈드러냄顯示–Exposure〉에서 영상 이미지의 언어가 현대적 오브제들을 통해 어떻게 몸의 움직임과 연계되는지를 종교적 용어인 신성개시神性開示의 히에로파니(Hierophany) 이론과 에피파니(Epiphany) 관념으로 우리 의식을 연결시켜주었다.

무대는 리얼리티의 현장이고 영상 이미지는 가상의 비현실 세계이다. 그 두 세계를 연결하는 것은 이성적인 과학적 냉철한 계산이다. 까맣게 잊어버리고 있었던 극장의 변신變身 사상이 최첨단의 과학과 태고의 이마주로 결부되면서 내비센서의 방향 제시가 어느덧 커다란 축제공간의 문화PD 시각으로 확대되는 대목은 〈조감도–Bird's Eye View〉에서 구체화된다.

〈조감도–Bird's Eye View〉는 글자 그대로 새나 우주선의 시각공간에서 바라본 지구촌의 지형도地形圖이다. 춤추는 무대인데 스크린에 새 이미지가 뜬다. 조감도 시각은 임학선댄스위와 강낙현 영상감독의 최근 트렌드이다. 날고 싶은 인간의 잠재적 욕구가 솔개의 꿈이 되고 비행물체의 설계로 떠돈다. 그 아래 무대 바닥에는 바다라든지 절벽이라든지 둥지, 십계명 같은 관념세계와 도시공간 같은 문명사회의 구체적 그림이 춤추어지는 〈버즈아이뷰〉.

춤이 중심이 되면서 인접예술, 곧 음악을 녹여내고 영상 이미지를 보다 확실히 극장무대로 정착시킨 이번 〈조감도–Bird's Eye View〉 공연은 무용(예술감독 임학선, 협동안무 김영은, 정보경)과 영상(강낙현)과 음악(작곡 고지인, 뮤지션 조형주, 박승수, 박일)이 함께 밀착되어 어우러진다. 그런 작업이 의식적인 예술 장르 간의 융합과 복합으로 실험된 결과인가, 아닌가가 중요하다. 영상이 무용과 서로 시소게임으로 작품의 상승효과를 더 높여서 작품의 이미지가 춤을 싸고 노는가 하면, 춤이 핵을 이루는 여덟 개의 장면들이 서로 교감되어 하늘을 나는 감각과 하늘에서 내려다보는 조감도의 지형도가 한층 구체화되었다면 이번 시도는 성공적이라 말할 수 있다. 무엇보다 〈조감도–Bird's Eye View〉의 영상 이미지와 무용 형상이 서로 얽혀서 주제 항목들을 정면으로 내세운 점이 발전적이었다.

그 결과 여덟 개의 무용 장면이 영상과 함께 서로 줄거리의 질서를 잡는 내러티브의 협업을 이룬다. 즉 첫째 바닷새, 둘째 새벽, 이 아침에, 셋째 응시, 넷째 밤바다, 다섯째 짝지음, 여섯째 절벽으로, 일곱째 둥지, 여덟째 그리고, 날다 식으로 이런 무용 형상과 영상 이미지의 결합 장면 여덟 개는 드러나지 않는 극성劇性의 고저로 순서 지어져서 줄거리를 만들고 눈에 보이지 않는 기승전결의 스토리텔링으로 엮인다.

그렇게 무용 장면에 영상이 받쳐지고 음악이 어우러지면서 다른 장르의 예술이 참가하고 제휴한다. 어쩌면 융·복합예술이란 다른 예술 파트들이 서로 제휴하는 작업 방식일지도 모르는데 그런 공동작업에 대한 명쾌한 사조의 이름이 주어지지 못해서 융·복합, 콜라보레이션, 통섭 등등 명칭적 혼선이 생기는 것은 아닐까. 결국은 보편적으로 예술의 종합성 내지는 총체성에 대한 문제가 이 한 점에 집결되는 듯하다. 그 포인트는 합작, 어울려 만들어내는 공동체, 융합, 그리고 창의성의 키워드가 조화를 이루는 공연예술 체제 내에서의 문화산업생산까지 가야 할 것이다.

하늘을 날고 싶은 인류의 무의식, 잠재의식이 〈조감도–Bird's Eye View〉의 조감도를 그려내고 하늘을 나는 새 이미지와 하늘에서 지상을 내려다보는 큰 무용 형상으로 귀착되는 첫 시도부터 이번 공연까지 지켜본 나의 결론은 이 작품은 또 여덟 장면이 더 늘어나거나 합쳐지면서 계속될는지 모른다는 예감이 든다. 씬들, 혹은 장면들은 그 자체로 확대되거나 축소될 수 있다. 이번에는 임학선 안무가 들어 버즈 아이뷰의 장면들이 막연한 무용적 영상 이미지에서 여덟 씬으로 압축되어 나왔지만 씬과 씬, 장면과 장면 사이를 연결해내는 브리지들이 드라마로, 혹은 스토리텔링 식으로 들어설 가능성이 커 보이고, 그래야 새로운 융·복합예술 작품으로 완결되겠다는 확신이 든다.

8. 맺는 말

모든 작가의 모든 작품이 다 불후의 작품으로 남는 것이 아니다. 그런 전제하에서 한 평론가의 직관이나 한 학자의 연구 결과가 한 무용작가의 작품이나 생애와 관련하여 글을 남길 때도 그 한 편의 글이 그 작가의 전부, 혹은 작품세계를 두루 해명할 수 없다는 전제 아래 자료로서, 이런 시각도 있을 수 있다는 증거로서, 자료의 일부를 남긴다는 사실을 강조하는 것으로 이 글을 맺으려고 한다.

무용작가 임학선의 위상은 한국 현대무용사에 있어서의 그의 자리매김을 나름대로 해보려는 나의 주관적 시도일 수도 있고 객관적 평가일 수도 있다. 이런 개개의 자료들이 단편적이나마 쌓이고 모여서 공적인 검증을 거치며 토론되고 논쟁을 불러일으킬 때 작가의 위상은 바로 설 수 있는 것이다.

그러므로 이 글을 마감하며 나는 무용작가 임학선의 위상에 대한 난상토론부터 평론가나 무용학자들 사이의 논쟁이 계속 야기되기를 바란다.

창작무용의 한국 현대무용화를 위한 '원리 1'을, 학리學理 규명 끝에 작품 〈공자〉에 일무의 '원리 2'를 활용한 임학선 무용세계는 현대의 세계무용과 나란히 어깨를 겨눌 한국무용의 제3의 원리를 탐색 중이라고 보는 나의 시각이 틀릴 수도 있고 맞을 수도 있다.

탐색 작업은 영원히 실험적이며 전위적이다. 그런 측면에서 무용작가 임학선의 위상은 한국무용사상 현대사의 창작무용 부문에서 좀 더 논의가 되고, 세계무용사상 동양무용사, 혹은 일무의 현대적 부활 부문에서 자리매김을 위한 논란도 더 이어져야 할 것이다.

역사에는 if가 없다고 한다. 그러나 무용사의 인문학에서는 무용작가 임학선의 위상을 놓고 반세기, 아니 사반세기 후에 동시대 평문이 남긴 객관적, 주관적 학술자료를 통해 작가세계의 업적을 돕는 노력의 일환으로 이런 자료도 있었다는 사실을 유념해주기 바란다.

영웅 이순신 2015

임학선의 현대무용 〈영웅 이순신〉과 일무 무무 양식의 활용

이상일 / 〈영웅 이순신〉 2015 공연프로그램

고대 중국의 걸桀나라를 치고 새 왕조를 이룩한 주周나라의 무왕武王은 걸나라 이전의 하나라와 은나라의 악무樂舞 〈대무大舞〉 제도를 통해 전란과 전후의 살벌한 민심을 수습하는 것이 무엇보다 시급하다고 간주하였다. 정치적 이데올로그들은 춘추전국시대를 거쳐 한漢왕조를 수립하는 데 있어서도 싸움으로 지샌 거칠어진 민심을 달래, 말 잘 듣는 신민화臣民化로 순치시키기 위하여 칼과 창, 도끼 같은 무기들을 거두어들여 농기구로 벼루고 유교儒敎의 의례儀禮로 군신君臣 상하의 위계질서를 가르쳐 이른바 평화의 시대를 구가하게 만들고 싶어 했다.

주나라의 무왕은 아직 간척干戚, 곧 방패와 도끼를 든 채 전후 수습책으로 평화가 왔음을 선포하는 뜻에서 대무大武라는 춤을 추었다고 전한다. 그는 새로운 왕이자 정복자이고 장군이자 영웅이다. 고대 중국의 춤 일무佾舞는 그렇게 유교적 제의를 올리는 제례무祭禮舞로서 인덕仁德과 선비정신과 글을 숭상하는 문무文舞와 더불어 군인정신과 영웅호걸, 왕의 기상을 계승하는 무무武舞의 일무로 나누어져

봉헌奉獻되었다. 그런 의미에서 본다면 일무도 전란의 먼지가 풀풀 날리던 살의殺意 가득한 싸움의 무무武舞 양식 다음에 마음을 가라앉히는 평화의 선비정신인 문무文舞 양식으로 옮겨간 경위를 엿보게 한다.

무무가 양손에 방패와 도끼를 들고 춤춘다면 문무는 피리와 꿩깃, 이른바 약적을 들고 춘다. 이 고대의 동양무용 양식은 공자의 제사인 석전釋奠에 남아 있지만 중국의 석전이 문화대혁명기의 혼란으로 그 역사적 궤적 찾기가 어려워지고 일본에는 아예 그런 형식이 없다. 오직 우리나라 성균관 석전에서만 그 고전적 양식이 승계되고 있을 뿐이다. 그러나 우리나라 석전 제의절차의 수순도 일제 탄압기에 그 전통이 중단되기도 한 상태로 현재에 이르고 있어서 일무 자체에 대한 일관된 학술적 연구 성과와 원형 복원 및 현대적 활용이 무용계의 대세가 되지 못한 안타까움이 남아 있다.

다행히 유교의 스승들을 기리는 성균관의 석전제와 전주 이씨 종묘제례에 제의의 춤으로 동양, 동시에 세계 최고最古의 고전무용인 일무의 무무와 문무가 잔존해 있어서 명明대의 문헌 조사연구 결과와 대비해볼 수 있다. 그 학구學究 작업을 꾸준히 해 나간 성균관대학교의 임학선 교수는 일무의 선비 춤 양식인 문무의 원형을 복원하고 현대적으로 적용시켜 임학선댄스위무용단의 현대무용 작품 〈위대한 스승 공자〉(초연 2004년, 예술의전당 오페라극장)로 상연하여 국내외적으로 화제와 충격을 일으켰다. 2006년 성균관 석전에서는 문무와 무무의 원형 복원이 이루어졌다. 그리고 마침내 이번 2015년 〈영웅 이순신〉 공연에서는 일무의 전투적 무무가 임진왜란의 수군통제사 이순신 장군의 인간적 품격의 궤적과 함께 무용적 주제로 현대작품 〈영웅 이순신〉에 활용되어 관객의 시선을 사로잡게 될 것이다.

임학선댄스위의 한국 현대작품 〈영웅 이순신〉은 창작무용 계열이다. 그러나 한국 창작무용은 이제 한국의 현대무용이라 일컬을 정도로 위상이 높아졌다. 그런 〈영웅 이순신〉이 고대 중국의 주나라 일무의 무무武舞 양식 일변도일 수는 없을 것이다. 무무의 전투적 기백, 부정과 부패를 척결하려는 의지, 그리고 무질서와 혼란을 쓸어버리고 질서와 평화를 심으려는 잠재적인 영도력이 정신적 배경이 되고 춤의 핵심이 될 것임은 당연하다. 따라서 무구舞具는 무무武舞의 도끼와 방패를 차용함으로써 작품 〈영웅 이순신〉에서는 이순신의 장군다운 기백과 군신軍神 모습을 안개처럼 피워 올려 문무文舞의 상징적 무구인 대나무 피리와 상서로운 꿩털과 크게 대비를 이룬다. 그것은 문무를 활용한 〈위대한 스승 공자〉와 무무를 활용하는 〈영웅 이순신〉의 현대무용다운 형상미形象美의 극치를 끌어내 보여주는 작업이다.

현대무용 〈영웅 이순신〉과 일무의 무무에서 유념할 대목은 현대무용의 극적 구성요소와 춤사위의 움직임 VS 일무의 대열방식이라 할 것이다. 일무의 대열은 가장 규모가 큰 여덟 줄의 팔일무八佾舞–그것은 천자의 춤으로 64명의 집단무용 형식이다. 육일무는 제후의 춤으로 36명 출연, 사일무는 대부의 춤으로 16명, 그리고 이일무는 선비의 춤으로 4명이 추는데 이는 고대 동양의 사회적 배경을 반영한다. 현대무용이기 때문에 출연진 숫자는 어느 정도 자유롭고, 문헌연구의 성과는 안무자의 해석 여하, 그리고 무대 조건에 따라 달라질 수도 있다. 현대무용 〈영웅 이순신〉의 무무武舞 대열은 36명–제후 대접이라면 36명이 등장해야 할 것이다. 그러나 군신으로 숭배되는 이순신이면 천자보다 상위계층으로 승격되어 가장 규모가 큰 팔일무의 대접을 못 받을 것도 없지 않을까.

무무의 움직임은 정연한 대형隊形, 움직임의 힘과 억제력의 과시, 그리고 진퇴의 양식미이다.

대열에는 극적 구성요소가 없다. 그런 의미에서 현대무용 〈영웅 이순신〉은 드라마가 있는 무무武舞 형식이라고 규정할 수 있을 것이다. 우선 프롤로그의 거북선 출전과 에필로그에서는 일반 무용에서 볼 수 없는 의례儀禮의 춤인 일무의 정연한 대형 및 도끼와 방패를 든 군무 형식의 힘찬 억제력의 진퇴가 시선을 끈다. 제2장 승전과 어머니 수연壽宴에서는 조선조 임란기 수군 총사령관이 의외로 효자상像으로 부각되어 3장의 빈 어머니 상여를 따르는 백의종군의 이순신 민얼굴과 맞물려 있다.

이순신은 페미니스트였을까. 어머니의 상喪을 소리 없는 통곡으로 받드는 그는 제4장 난중일기에서 사랑하던 여인 내산월의 수난으로 트라우마의 상처를 입으며 제5장 열두 척의 판옥선은 스스로의 목숨을 사르는 페미니스트의 전범典範처럼 부드러운 심성을 장군의 위상 속에 풍겨주고 있다.

목숨을 바친 영웅은 자기가 받들어 모셔야 하는 통수권자 선조宣祖의 자의恣意에서 연약한 여심을 읽고 절망한 것은 아니었을까. 그 절망을 이기게 한 울돌목의 격전에는 돌을 나르던 남한산성과 명량해전의 강강술래 조선 여인들의 휘날리는 치마폭이 강력한 이미지로 떠오른다.

에필로그에 해당되는 제6장에서 드라마는 역전된다. 이순신의 죽음으로 막이 내리는 것이 아니라 전란을 극복하고 평화를 심는 민의民意 한가운데 스스로를 녹여 동화시키는 〈영웅 이순신〉은 일무의 무무 형식 가운데 살아난다. 그러므로 영웅 이순신은 죽음으로 생을 마감하는 것이 아니라 영생하는 생명감으로 우리 한가운데 우뚝 서는 것이다.

그렇게 〈영웅 이순신〉은 현대무용을 통해 고대 동양 고전의 양식을 원형 복원하는 일무 한가운데 가장 인간적인 면모를 드러내며 사랑의 보편성을 제시하고 있다.

이상일(李相日 : 1933~) (사) 문화다움 이사장, 무용평론가. 성균관대학교 문학박사. 스위스 취리히대학 연방정부 장학생, 일본 쓰쿠바대학 교환교수 역임. 주요 저서로 『축제와 마당극』(1986), 『축제의 정신』(1998), 『춤의 세계와 드라마』(2006), 『브레히트-서사극과 소외효과』(2008), 『총체예술에서 융·복합예술로』(2012) 등이 있다. 이 글은 2014 임학선 춤 50년 학술심포지엄(2014. 12)에서 발표한 글이다.

〈인다리〉 제7회 대한민국무용제 문예회관 대극장 1985

2. 김태원

임학선춤의 스다일적 변화
제의·서정극·미완의 서사敍事

일무의 다른 면 조명과 융복합적 전환

임학선춤의 스타일적 변화, 제의·서정극·미완의 서사敍事

김태원 / 『공연과 리뷰』 2014. 11

임학선의 춤창작 활동 35년에 부쳐

올해로 전문 안무가로서 임학선의 데뷔(1978)가 35년을 넘어가고 있고, 그녀의 한국춤 입문도 어느덧 50년이 되었다. 전통춤을 익혔지만 이른바 '한국창작춤'이란 영역에 자신의 춤 활동을 제한시키며, 춤교육가·이론가로서도 만만찮은 학구열을 보이고 있는 이 중진 여성 무용가에 대해 다음과 같은 몇 가지 사항들을 비평적 관점에서 메모해 놓아야겠다.

1. 제의적 춤소재에 대한 천착

1999년에 발간된 임학선의 춤화보집 『여유와 극복의 춤새김질』(현대미학사) 속에 부친 나의 글 「입무入舞의 몰아경과 조소적 춤형태미」에서 짧게 압축적으로 지적했듯, 1980~1985년 사이 한국창작춤의 발전기에 이 무용가가 우리의 민속문화 속에 내재해 있던 여러 제의적 요소, 특히 '굿'을 자신 춤창작의 주요 소재로 지속적으로 끌어들였던 것은 매우 중요한 춤예술적 시도였다 하겠다. 물론 동시대의 춤예술인 또한 유행하다시피 그런 시도를 하지 않은 것은 아니지만, 임학선의 경우는 그것의 적당한 표면적인 극장무대적 재현再現이나 미화美化에 머문 것이 아니라, 좀 더 심층적인 관점에서 한국인의 원형적인 삶의 형태와 그것을 결합시키면서 나름대로 다양한 관점에서 창작춤으로 육화시키는 춤작업을 했다.

작품 속에서 주요한 내용이고 또한 형식이기도 했던 굿은 자주 공동체적 삶의 헐거운 결속의식이나 어떤 사회적 정화淨化의 과정으로, 또 그것을 주관하는 무당은 춤추는 공연자와 무의식 속에 존재론적으로 동일시되면서 어떤 초극의 모습을 자주 보여주려고 했다. 그러나 이때 이 초극상超克像은 가령 마리 비그만이 자신의 표현무 〈마녀의 춤〉에서 보여준 것처럼 그로테스크하게 과장된, 달리 말해 초월적인 거대(혹은 마법적인) 존재가 아니라, 탁한 현실의 세계에서 열병 앓듯 고통받고 있는 리얼한 인간의 모습을 더 가졌다. 그러면서 이른바 서구 비극悲劇 속의 주인공처럼 연민을 자아내는 어떤 희생자의 모습보다는, 정확히 헤아릴 길 없는 고통의 감내자堪耐者 내지 침묵을 띤 체현자體現者에 더 가까운 모습을 지녔다. 1980년대 한국적 현실이 그렇듯 물질적 세계와 정신적 세계의 두 극간은 점점 벌어지기 시작했고, 기계문명에 의존한 현대사회와 어떤 인간적 동질성에 의존한 전통사회와의 간극 또한 더 심화되었다. 이 속에서 한국인의 정신적 길 찾기는 검은 혼돈을 헤매는 두려운 표정과 발걸음을 가질 수밖에 없었다.

제2회 창무회 정기공연을 통해 현대문명의 소음과 혼란됨으로부터 전통적 삶과의 간극 보여주기(공동안무 〈도르래〉, 1981)나 어떤 일탈을 꾀하려 했던 〈소리·사위〉(공동안무, 1981)에 이어 단독 안무작으로 훈훈하고 인간적인 무속문화의 풍습을 보여주려 했던 〈고시래〉(제3회 대한민국무용제 출품, 1981), 제주 무속의 부정놀이를 이용하여 독무로 자기정화自己淨化의 모습을 보여주려 한 〈새다림〉(1983), 진도 씻김굿 등에서 볼 수 있듯 공동체적 해원解寃을 담은 집단 위령무의 모습을 보여주려 한 〈불림소리〉(1984)와 〈지혼〉(1985), 그리고 진오귀굿을 빌려 강신무적 입무자의 신비한 세계로의 영적靈的 몰입과 그 여행을 보여주었던 〈인다리〉(1985)와 같은 작품들은 집중적으로 1980년대 현대화의 과정 속에서도 어떻게 전통—이 경우 공동체성과 샤머니즘적 해탈성—이 소멸되지 않고 있고, 또 그것이 여러 형태로 오늘의 한국인의 삶 속에서 유·무형으로 살아, 변화되어 작용하고 있음을 명쾌히 보여주었다 하겠다. 그것은 공동체적 삶의 집단 동질성, 자기정화성의 모습을 함께 갖고 있으면서 기계적인 현대문명이 가닿을 수 없는 정신 내지는 삶의 가치의 영역에 대한 갈망을 함께 보여주었다. 여기서 춤은 그런 갈등 구조를 내면적으로 삭혀, 심리적으로 표출하는, 즉 '표현성'을 어느 때보다 강하게 지니게 되었다. 이것은 종종 개별적이기보다는 집단적이며, 외부에 대해 거친 원망을 쏟아놓는 공격성보다는 내부적 고통 앓이를 거쳐 나오는 보다 순화醇化된 감정과 표현을 갖는—일견 자연스러워 보이는—모습을 보이면서, 신명풀이적 삶의 낙천성을 늘 그 속에 담고 있게 된다. 말하자면 춤에서 한국적 표현주의가 시도되었다.

임학선과 좀 위 세대로서 그녀의 그 같은 춤 탐색에 영향을 미친 스승 김매자나 동시대 여성 춤예술인으로서 비슷한 춤예술적 관점을 나누고 있었던 문일지·배정혜·김현자와 같은 이들도 당시 각기 비슷한 모습으로 그 같은 작업에 임했지만(남성 무용인으로서는 채상묵이나 정재만을 꼽을 수 있다), 그들은 다수가 신무용적 정서와 접합되어 보다 집요하게 그것을 파헤치진 못했다. 어떤 측면 제의적 소재성이나 상징성을 형식적으로 차용하거나 연극적으로, 또는 그와 관련된 움직임(춤)의 혹은 춤기교나 소재를 나열하는 식으로, 혹은 현대적 표현성과의 부자연스러운 절충의 방법으로 썼을 뿐이다. 그런 점에서 임학선의 보다 집중적이고 일관성 있는 소재탐색과 특히 〈새다림〉이나 〈인다리〉에서 스스로 춤연기자로서 냉정하고 절제된 움직임을 구사해가며 상징적이고 조형적인 무대구성을 보여준 것은 한국창작춤의 제1단계 모습을 큰 테두리에서 '제의적 창작춤의 시기'[1]로 읽게 하는 데 결정적인 기여를 했다고 보겠다(임학선의 제의적 춤소재성은 이후 그녀의 〈천도〉(1994)와 같은 작품 등 여러 곳에 산재되어 다시 등장한다. 더불어 이 시기에 임학선과 함께 제의적 소재성에 크게 집착한 이로는 임학선이 몸담았던 창무회의 후배이자 동료이기도 하며, 1982년 작품 〈넋들임〉으로 대한민국무용제에서 대상을 받은 최은희가 있다. 창무회의 최은희는 임학선의 초기작 〈도르래〉, 〈소리·사위〉에 공동안무자로 참여하면서 이 시기에 임학선과 함께 창무회의 춤 빛깔뿐만 아니라 한국창작춤의 제의적 성격을 결정짓는 데 공동의 노력을 기울였다 하겠다).

1. 필자는 2007년 8월, 한국춤 연구회 25주년 기념 심포지엄에서 1970년대 중반 이후 한국창작춤의 30여 년간에 걸친 변화의 모습을 '제의적 창작춤'의 시기, '스펙터클적 창작춤'의 시기, '자유창작춤'의 시기와 같은 세 단계로 명명하고 분류한 적이 있다. 그 첫 단계인 제의적 창작춤의 시기는 1970년대 중반에서 1989년까지로 보고 70년대 후반은 모색의 단계, 1980년대는 발전기로 봤다. 그러면서 이 시기의 중심적 춤의 주제와 형식은 제의—굿—였다고 지적했다. 당시 민주화의 과정 속에서 현실비판적 주제성이나 소재성을 띠었던 여러 유형의 작품들(특히 문일지 리드하의 한국무용아카데미의 춤작업이나 일부 창무회원의 작업)도 그 전개의 틀은 굿의 구조에 많이 의존했다. 자세한 것은 그 발표문이 재수록된 김태원, 「한국창작춤의 세 단계 변모와 전통재구성무 영역의 필요성」, 『우리시대의 춤의식과 운동 2』, 현대미학사, 2011, pp. 19~29 참조.

2. 서정성·극성·문명비판성의 혼합

임학선에 대해 본격적인 춤작가론을 시도한 성기숙[2]은 그녀의 춤작가 데뷔 20년 공연에 대한 평문에서 그녀의 춤을 일상성과 서정성의 어우러짐으로 봤지만(『공연과 리뷰』 21호(1999년 1~2월)), 나는 임학선의 춤 중에서 순수 서정성의 춤은 생각보다 그리 많지 않다고 본다. 임학선·임현선 두 자매간의 인간적 정리를 그린 〈우리, 둘〉(1986), 유안진의 시를 춤으로 옮긴 〈날개옷〉(1987) 정도라 할까. 여성적 이미지를 지닌 〈마음꽃〉(1992)의 경우, 한국 여성의 원형적 상像과 정서를 베틀을 이용한 천 짜기와 수놓기에 비유하고 있으면서도 공연에서 이상스럽게 남성성·여성성의 대립이 두드러지는 극적 구성을 가졌다.[3] 따라서 나는 어떤 측면에서 이 작품이 그와 유사하게 집단 성적性的—이 경우는 마사 그레이엄의 춤 속처럼 심리적이 아니라 다분히 제도적·역사적이다—인 대립감을 표출하고 있었던 〈민들레 왕국〉과 흡사하다고도 봤다. 그러므로 1986~1995년 사이에 발표된 임학선의 여러 춤들은 1980년대 초반의 제의적 춤소재성에서 벗어나 매우 대담하게 현대무용적 긴장감이나 대립성을 일부 수용, 문명 혹은 역사비판적 시각을 가지면서 매우 역동적이고 스펙터클해졌다.

그 대표적 작품 하나가 이 시기의 인상적인 작품 〈민들레 왕국〉(1989)이라 할 수 있는데, 이 작품은 약함 속에 짓밟히는 생명군('민들레'로 상징)이 어느 순간 그 대

---

2. 그녀는 1996년 4월 『객석』지에 「전통·일상·현실·세계화 의식의 열림과 확장」이란 임학선에 대한 폭넓은 관점의 비평문을 썼다. 임학선, 『여유와 극복의 춤새김질』, 현대미학사, 1999, pp. 121~131에도 실려 있다.

3. 작품 〈마음꽃〉의 창작 의도와 안무 구성에 대해서는 임학선, 『여유와 극복의 춤새김질』, 현대미학사, 1999, pp. 79~81 참조.

지적 반동성大地的 反動性을 가지며 어떤 거대한 힘에 맞서는 힘의 응집력을 남성·여성의 군무를 통한 상징적 대립감 속에 역동적으로 보여주었다면, 이 시기의 다른 한 작품인 〈흰 새의 검은 노래〉(1991)와 같은 작품은 걸프전 속의 해양오염을 문명비판적 시각에서 다루면서 전쟁과 환경 파괴로 인한 생명의 참상을 극적 동작을 효과적으로 구사하는 임현선의 춤을 중심으로 스펙터클하게 펼쳐 보여주었다. 그런 중에 〈민들레 왕국〉이 보다 극적이었다면 〈흰 새의 검은 노래〉는 보다 서정적이었다.

이어진 〈나무비〉(1992), 〈징게멩게 너른들〉(1994), 〈비무장지대에 서서…〉(1995)와 같은 작품들은 각각 일본군 위안부 문제, 동학란, 남북 분단의 상징인 DMZ와 같은 한국 현대사와 연관된 것들을 주 소재와 춤의 배경으로 하면서(이 중 〈징게멩게 너른들〉과 〈비무상지대에 서서…〉는 서울예술단 예술감독으로서 안무작) 서정성·극성·문명비판성이 한데 뒤섞이는 휴머니스틱한 관점의 춤세계를 보여주었다. 1990년도 전후의 이러한 시기의 춤에 대해 그 표현적 관점에서 "마사 그레이엄의 현대무용과 같은 상징성을 띠며, 미니멀리즘과 맥시멀리즘이 혼성된 시적인 분위기를 가졌다"고 평한 『홍콩 스탠더드』의 톰 보렉(Tom Borek)과 작품 〈비무장지대에 서서…〉에 대해 일부 실험성을 띠며 서정성과 극성이 결합된 '서정극 무용'이라고 지적한 이종호의 평은 임학선의 춤에 대해 참고할 만한 비평적 지적들이라 하겠다.

물론 임학선의 춤 속에는 순수 서정적인 부분도 적지 않다. 제의적 소재성을 가졌던 〈천도〉의 경우 그 소재성이 불러일으키리라고 예상하고 있었던 어떤 설화성이나 끈적한 정서와 달리, 춤은 특히 초연 당시 서울예술단에 있었던 남수정에 의해 매우 화사하고 테크니컬하게 펼쳐졌다. 당시 그 춤이 보여준 춤동작의 다양함과 밝은 톤 때문에 그것을 나와 함께 보았던 ADF의 회장 찰스 라인하트 부부는 그 춤을 서양의 현대무용과 별다를 바 없는 '한국의 컨템포러리 댄스'라고도 말했다. 그런 점에서 임학선의 작품 중에서 제의성이나 무거운 극적 분위기를 떨쳐버린 작품 〈우리, 둘〉이 보여주었던 일상적이고 서정적인 감성의 한국창작춤으로의 투입은 또 다른 시각에서 매우 의미 있게 읽을 수도 있다(『춤』지 1987년 1월호에 실린 김채현의 〈우리, 둘〉 평이나 성기숙의 비평적 관점도 그 '지점의 확산'의 의미를 뜻깊게 읽은 것 같다). 참고로 이와 관련, 창무회의 작업 안에서 서정적 춤의 흐름은 이후 임현선의 〈메아리 애가〉(1987), 김선미의 〈어우러기〉(1988), 강미리의 〈활〉(1989)과 같은 작품들에서 나타나게 된다.

3. 두 편의 서사적 무용극

2000년대 들어 임학선이 안무한 두 편의 서사적 무용극 〈밝산〉(2000)과 〈위대한 스승 공자〉(2004)는 그 소재 선택이 매우 의미 있다. 어떤 측면, 일종의 문명적·문화적 시각의 전환을 내포하기도 한다. 두 작품 중 전자는 신화에 더 가까울 수 있고, 후자는 역사적 사실에 기인하지만 2500년 전쯤의 일이라 거의 신화에 가깝다고 할 수 있을는지 모른다. 그러나 동양 고대사에 흥미 있는 이들에게는 〈밝산〉이 다루는 치우왕의 존재성이나 그 이후 공자의 존재성은 모두 사실事實이고 또 사실史實로 간주된다.

두 작품 모두 큰 시각에서 봐서는 무용극 형식에 속한다 할 수 있겠지만, 전자의 경우는 총체무에 가깝고, 후자의 경우는 예무禮舞인 〈일무佾舞〉와 함께 어우러진 에피소드적 구성을 가진 서사무敍事舞라 할 수 있다. 임학선의 작품 중 가장 큰 스케일을 가진 이 두 작품은 어떤 측면에서 그녀의 초기 제의적 소재성을 띤 춤의 '확대판'이라 볼 수 있다. 춤 속에 짙게 이야기가 내재되어 있는 것, 또 정도의 차이는 있지만 신비한 느낌을 일으키는 극성이 따라주고 있는 것이 그와 같은 부분들이다. 단지 다른 것이 있다면, 1980년대 초의 제의무가 일상 속의 비극이나 죽음을 보편적이고 상징적인 관점에서 표현했다면, 2000년대 서사적 무용극은 초일상성을 가진 어떤 영웅이나 위대한 인물을 묘사하고 있다는 것이다. 그런 가운데 두 작품은 공통적으로 알게 모르게 '동아시아 문화권의 역사적 시원과 예술의 모습'에 대해 묻고 있다.

〈밝산〉에서 그것은 정치와 제의식이 미분화된 샤머니즘적 권위의 총체화였다고 한다면, 〈위대한 스승 공자〉에서 그것은 예禮·교敎·경敬·락樂이 어울린 삶의 한 태도였다 하겠다. 특히 작품 〈위대한 스승 공자〉에서 안무자는 주 캐릭터 공자에 대한 신비감보다는 한국을 비롯한 동아시아 문화권 전체에 내재되어 있는, 현실 긍정 속 한 인간의 균형 잡힌 도道의 실행 모습을 보여주려 했다.[4] 따라서 작품은 어떤 기술적 전시나 표현적인 자극보다도 공자와 그를 둘러싼 일상 속 삶의 풍경을 에피소드식으로 보여주려 했는데, 이것은 전체적으로 담담하면서도 일견 중용을 지키는 '차분함의 격格'을 갖고 있었다.

어떤 측면에서 임학선의 안무는 어떤 제한된 테두리를 벗어나지 않는다. 격하고 표현적일 때에도 그것 때문에 작품의 형식이나 분위기가 망가지는 일은 거의

4. 〈공자〉의 재공연인 〈위대한 스승 공자〉(2008)에 대한 동양정신문화론적 관점에서 의미 있는 분석은 이만주의 평을 볼 것. 이만주, 「동양적 정신의 춤개척, 〈일무佾舞〉와 〈위대한 스승 공자〉」, 『공연과 리뷰』 63호(2008년 겨울), pp. 79~81 참조.

없다. 가령 모두 후배이기도 한 창무회의 두 개성적인 안무가 김영희처럼 미스터리하게 비의적이지도 않고, 강미리처럼 안무자의 주관적 정서가 공간을 압도하지도 않는다. 어찌 보면 춤의 장면은 극적 대립감을 가질 때라도 냉정할 정도로 담담하면서도 어떤 일관된 흐름을 유지해간다.

말하자면 경우에 따라 장면의 표현법이나 기운이 심하게 확장하거나 때론 응축되더라도, 곧 균형을 잡고 평정하는 힘이 그녀의 춤 속엔 있다.[5]

따라서 임학선의 안무는 제의적 창작춤의 시기를 거쳐 1990년대와 2000년대에 자신의 춤에 스펙터클함을 획득하더라도, 그 이상을 크게 벗어나지는 않는다. 말하자면 1990년대 후반 들어 보이는 일부 자유창작춤 세대처럼 자신의 춤에 즉흥적 몸짓을 많이 도입하거나, 보다 컨템포러리한 춤표현법과 혼성하지 않는다. 그것은 춤창작의 윤곽과 지켜야 할 춤형식에 대한 그녀 나름의 어떤 완고한 믿음이 있기 때문인 것 같다. 그러므로 어쩌면 그 같은 자신의 춤예술에 대한 내적 감지력感知力이 〈밝산〉과 〈위대한 스승 공자〉 이후 10년 이상 오랜 기간 동안 더 이상 작품을 내놓지 않고 있는 중요한 이유인지 모른다.

4. 학구적 면모와 〈태극구조기본춤〉

임학선의 춤창작 커리어만큼 흥미로운 것은 그녀의 학문적 커리어이다. 1975년 이화여대 무용과 대학원 과정을 거치면서 「진오귀굿의 무당춤에 대한 고찰」

---

5. 임학선 춤이 갖는 과장되지 않은 절제력을 전체적인 스타일상 '미니멀하다(극소표현적)'고 보는 것은 좀 어폐가 있다. 내 스스로 그런 표현을 〈공자〉 편에서 쓰긴 했지만, 작품 속 어느 일부분의 장면 표현이나 안무는 그렇다고 할 수 있다.

(1975)이라는 논문으로 석사학위를 받았고, 1998년 한양대 박사과정에서 「명무名舞 한성준의 춤구조 연구」로 이학理學 박사학위를 받았다. 그와 관련해서 그녀는 우리춤의 '호흡 표기법'과 '춤 표기법'을 나름대로 고안·제시하면서, 태극구조太極構造에 기본한 「한국춤동작의 기본구조와 원리」란 논문을 발표했다. 그러면서 같은 해 수원대 교수에서 성균관대 무용학과 교수로 부임하면서 줄곧 유교 의식무인 〈일무〉에 대한 학문적 정리와 함께 그것의 실천적 재배치와 재현(2003~2010)에 큰 힘을 쏟아왔다. 특히 〈일무〉와 관련, 그간 『문묘일무보 도해』(성균관대 출판부, 2005), 『문묘일무의 이해』(성균관대출판부, 2006), 『문묘일무의 예악사상』(2011) 세 권의 책을 펴내었다.

그러한 세 단계의 학문적 여정을 짧게 일별하며, 1970년대 현장학습을 곁들인 우리 무속巫俗에 관한 연구에서 1990년대 아카데믹한 관점에서 한 무용가의 춤을 분석하면서 우리춤의 원리를 발견해내고, 이어 극히 소수만 습득·전수해오던 유교 의식무 〈일무〉를 아카데믹한 관심의 대상으로 떠올리면서, 동시에 우리춤문화의 가장 폐쇄적인 영역에 학문적 조명照明을 가했다 하겠다. 이것은 학문적으로 매우 도전적이고 당찬 행보였다 할 수 있다.

사실 1970년대 이후 한국의 춤문화는 이른바 '전통춤'이란 용어가 부상하면서, 그것의 상실 위기감 때문에 전통을 민속과 동일시하는 시각에서 무당춤이나 여타 민속무에 지대한 관심을 쏟았다. 정병호, 김온경, 채희완, 이병옥 등을 위시한 많은 춤 연구가나 무용인들은 그와 관련한 연구물이나 담론을 쏟아내었다. 그러다 보니 그 폐단점이 1980년대 후반 이후 두드러지기 시작했는데, 그 하나는 우리춤의 원리나 미학을 보다 분석적인 차원에서 연구·공구해내지 못한 것이요, 그 둘은 전통=

민속으로 설정하는 과정에서 우리춤의 다른 전통적 유산, 즉 궁중정재무나 〈일무〉와 같은 의식무에 대한 학문적·공연예술적 관심이 감소한 것이다. 여기에 '살아 있는 전통'이라 할 수 있는 인간문화재에 대한 지나친 배려와 그 권위에 대한 숭상 때문에, 그간 여타 다른 전통무는 그 절반의 대중적인 관심을 갖기도 힘들었다.

그렇게 본다면 임학선의 학문적 방향타는 매우 적시에, 적어도 앞 두 가지 것에 눈 돌려 우리춤의 한 원리적 모형模型을 제시해보고, 그간 빛을 받지 못한 전통춤에 대해 학문적·교육적 관심을 쏟게 만들었다 하겠다.

명무 한성준의 춤구조 분석에 의해 필체筆體·학체鶴體·궁체弓體의 세 요소를 추출하면서, 우리춤은 맹목적 곡선미보다는 움직임상 신체 뒷등허리가 중심 지지대가 되어 유기적이고 원만한 움직임과 함께 입체적인 동작형을 가지게 된다고 보는 그녀의 이론은 〈태극구조기본춤〉(1998)을 통해 여러 차례 한국무용계에 제시되었고, 또한 유교 의식무 〈일무〉에 깊게 깃든 예악禮樂사상은 동양의 음양오행 이론이나 미학과 떼려야 뗄 수 없는 관계란 것이 그녀의 『문묘일무의 예악사상』이란 책에서 명쾌히 밝혀지기도 했다.

전자의 제시는 우리춤이 단순한 선線의 예술이거나 평면적 짓(포즈)이 더 이상 아님을, 후자의 연구는 동양에서 춤은 단순한 멋부림이나 개인적 취향의 낭만적 발산이 아닌, 달리 말해 인간 신체와 우주와 사회 운행의 원리 간의 '중화적 조화中和的 造化'를 꾀하는 한 상징적 제시임을 암시하고 있다고 하겠다. 그런 점에서 임학선의 남다른 학구열과 겸비된 실천적 행보는 우리춤문화의 부조화스러움을 바로잡는 균형추의 역할을 그간 우리춤사회 속에서 알게 모르게 해왔다 하겠다.

그런 가운데, 특히 학구성이 배태된 임학선의 기본춤이 갖는 특성과 가치를

나는 다음과 같이 서술해본 적이 있다.[6]

"이번에 새롭게 발표된 〈태극구조기본춤〉은 같은 창무회 출신들이 발표한 김영희의 〈호흡기본무〉나 윤덕경의 〈기본무〉와는 다소 다른 특징을 가졌다. 김영희의 것이 앉은 자세나 낮은 자세를 강조하면서 내면적 기氣의 엄격한 컨트롤을 통해, 그것을 극대화시키는 경향을 갖고 있다면, 윤덕경의 〈기본무〉는 다소 헐거운 듯한 자세에서 춤짓과 동작의 다양한 전개에 초점을 맞추고 있었다. 거기에 비해 임학선의 기본무는 잠시 앉은 자세를 유지시키다가 곧 일어나며, 상체의 앞에서는 손이나 팔의 움직임을 통해 호흡의 끌어올려짐이나 내려감을 지각케 만들고, 상체의 뒤편은 강한 허리의 받침에 의해 신체의 수직성의 유지를 꾀한다. 동시에 강한 뒤허리는 신체가 부드럽게 또 자유자재로 회전하는 기능을 돕는다. 따라서 상체는 호흡리듬에 따라 상하의 팽창·수축을 꾀하면서, 신체의 움직임은 모든 방향으로 자유자재로 움직이게 된다. 여기서 호흡에 따른 신체의 팽창·수축이 있는 자연성과, 뒤허리를 이용한 힘의 견지와 자유로운 회전을 돕는 기능성이 결합하게 된다.

그런 자연성과 기능성의 결합은 구체적인 춤의 동작에 있어 '점·선·원'의 원리에 입각, 응축될 때와 이동하면서 이완해서 움직이게 될 때 거기에 따른 동작들이 따라붙게 된다. 특히 우리춤이 평면적인 춤짓이 적지

6. 김태원, 「창작춤의 발흥: 문법 만들기와 절충주의 미학의 대두」, 『공연과 리뷰』 20호(1998년 11~12월), pp. 117~120. 혹은 김태원, 『예술춤의 중심과 주변』, 현대미학사, pp. 292~294 참조.

않게 되는 데 비해서, 임학선의 기본춤은 부드러운 한편 자유스러운 힘의 흐름과 회전이 돋보이면서, 춤의 방향이 자유스러운 것이 큰 장점으로 지적될 수 있다. 단지 하나 여기서 임학선이 제시하지 못했던 것은 어떤 '힘의 강조'의 문제인데, 이것은 동시에 '감정 투입'과 연관될 수 있다. 그레이엄의 테크닉이 단순한 동작형의 전개에 있지 않고, 동작형과 감정의 적절한 연계(가령, 응축의 동작에서는 불안감과 공포가 따른다는 것과 같은)에 있다고 본다면, 이번에 발표한 〈태극구조기본춤〉은 일단 신체 몸풀이와 군무를 통한 유려한 앙상블 다지기에 큰 기여를 할 것 같다. 인간의 호흡을 지나치게 비밀스럽게 보지 않고 자연스러운 인간 氣의 순환과정으로 보면서, 춤의 형식적인 패턴 전개의 유혹에 빠지지 않았던 것은 이번 기본무의 큰 장점이었던 것 같다. 따라서 임학선의 〈태극구조기본춤〉은 널리 보급되어 훈련될 만한 충분한 가치를 가진다고 보고, 오히려 그 기본무 훈련을 통해 역으로 우리춤의 여러 동작체계를 춤추는 이마다 마음속으로 '재조직화'하는 그런 이점도 거기에 있을 수 있다고 본다."

5. 춤전용극장 두리춤터의 개관과 운영

1988년 말 신촌 시장에 자리 잡았던 창무춤터가 다양한 춤 활동 후 3년 반 만에 문을 닫았을 때 다채로운 춤예술적 시도를 수용하면서 젊은 춤세대층의 활동을 진작시킬 수 있는 작고 효율적인 춤공간이 거의 드물었다. 그러던 중 1989년 건축가 김수근 사후 거의 휴관 중이던 공간사랑을 터로 '안무와 즉흥 시리즈', '제5세대 춤꾼전'과 같은 춤 프로그램이 당시 『공간』지의 기고자이면서 전문위원을 맡고 있었던 김태원에 의해 마련되었고, 이어 1990년 6월에 강남 방배동 이른바 카페골목에, 창무춤터에 관계하며 창무회의 대표를 역임하기도 했던 임학선과 그녀의 동생 임현선에 의해 '두리춤터'란 소극장이 생겨났다. 이곳 역시 많은 수의 소극장과 같이 두 무용인이 사용하던 지하 연습장을 개조한 것이었다. 공연장 명 '두리'란 유난히 의가 좋았던 임학선·임현선 그 둘을 지칭하는 것이기도 했다.

개관 이후 두세 번밖에 가보지 못한 나로서는 그 공간이 반듯하게 넓지만 좀 어둡고 습기 차며, 내게 얼마쯤 낯선 골목길을 힘들게 찾아가본 기억이 남아 있다. 그러나 개관 시 그곳에서 매우 의욕적인 기획프로그램이 펼쳐졌고, 나의 경우 이른바 연말의 '베스트 5 작품'과 같은 프로그램에 몇 작품들을 추천한 기억이 있다. 더불어 소극장과 관련한 작은 세미나에도 참여한 것도 같다. 다행히 내가 소장하고 있는 프로그램 중에서 두리춤터 개관기념(6. 16~23) 공연프로그램이 있어 살펴보니 이렇다.

임학선·임현선 〈지혼〉, 〈우리, 둘〉

이정희 〈검은 영혼의 노래〉

리을무용단 〈길(A Road)〉(김수현 안무)

툇마루무용단 〈Lonely Town, Lonely Spirit〉(최청자 안무)

이혜순 〈혈(穴) Ⅱ〉

컨템포러리무용단 〈서 있는 사람〉(박인숙 안무)

이어 같은 해 9월에는 '두리춤 페스티벌'이 열려 당시 젊은 춤꾼들이었던 정혜진, 문애령, 김수현, 배혜령, 배상복이 참가했다는 기록이 다른 지면에 나오고 있고, 연말에 '소극장 베스트 5'전이 열려 이미영, 최병희, 배상복, 이윤경, 김안나가 여러 중견 무용인·평론가들에 의해 선정되었다는 기록도 남아 있다. 같은 12월에는 소극장 춤발전을 위한 세미나도 거기에서 있었다. 1991년도에 발간된 나의 두 번째 춤평론집『문화와 춤의 전망』속에 개관기념공연 시 매우 흥미롭게 보았던 이혜순의 〈혈Ⅱ〉(안무자는 안타깝게도 이국에서 고인이 되었지만)와 '베스트 5'전에 참가한 툇마루무용단 최병희의 〈벽〉에 대한 평이 남아 있고, 그 책 속에서 나는 1988년 이후 이어지고 있었던 '공간무용의 밤'의 부활과 '두리춤터'의 개관을 의미 있는 춤계의 사건으로 기록해놓기도 했다.[7]

이후 두리춤터의 재개관은 2009년 6월에 있게 된다. 이보다 앞서 2006년 5월에 현 강남 개포동 국악예고 앞 골목에 춤전용 M극장(대표: 이숙재)이 개관되어 소극장 춤공연의 불씨를 힘겹게 몇 년간 살려갔다. M의 무대에서 한양대 김운미 쿰무용단과 상호 경쟁하듯 몇 차례 열기 있는 춤공연을 치른 임학선의 위무용단은 당시 그 기운에 고무되어 예술감독인 임학선으로 하여금 두리춤터의 재개관을 꾀하게끔 했다. 이미 M의 무대에서 '크리에이티브 스테이지'란 기획명으로 두각을 나타내기 시작한 이 무용단 단원들, 곧 한국창작춤 제4세대격인 정향숙, 전민정, 유혜진, 정보경, 김수정, 김주빈, 조인호와 같은 이들의 활동은 M에서 두리춤터로 옮겨지면서

---

7. 김태원,『문화와 춤의 전망』, 현대미학사, 1991, 특히 pp. 484~485 참조. 그리고 두리춤터 개관공연에 올려진 이혜순의 〈혈Ⅱ〉에 대해서는 같은 책, pp. 374~376 참조(필자는 이 작품을 이 시기, 창무회원들이 안무한 창작춤 중 대표작의 하나로 꼽았다).

이곳은 새로운 창작춤 운동의 한 산실産室로 작용하기 시작했다.

대표자 임학선은 거기에서 위무용단원들의 창작 활동뿐만 아니라 최근에는 한국춤 각 유파들의 춤과 지역에서 활동하는 전통춤꾼들을 그곳 춤터로 초빙, 그들과 활동에 대한 아카데믹한 해설과 함께 그들을 통한 한국춤의 유산을 폭넓게 채집하고 있는 중이다. 동시에 그 공연장을 현대적으로 크게 개조, 춤이 아닌 영상 등 다른 매체의 활동도 수용하며 한국춤 교육장으로도 폭넓게 사용하고 있다.[8]

그러나 소극장은 운영자(대표자)의 헌신과 특별한 문화예술적 신념, 작지만 조직적인 관리를 필요로 하고, 또 항상 현장을 주의 깊게 관찰·기록하며 심도 있는 지적 관심을 나눌 수 있는 예술적 동지 내지 조력자들을 늘 필요로 한다. 1980년대 공간사랑의 기획관리자이면서 기록·관찰자이기도 한 강준혁과 김영태(안타깝게 모두 고인이 되었다), 1980년대 후반 창무춤터와 이후 1990년대 이후 포스트극장의 정신적 지주 역할을 하고 있는 김매자와 창작춤 운동에 호의적이던 여러 춤평론가들과 시인·미술가들, 또 최근 M극장의 이숙재와 그 주변의 여러 평론가·문화인들이 그와 같다 할 것이다.

그런 점에서 두리춤터가 우리 창작춤의 전통을 이어나갈 수 있는 새로운 창작적 산실과 아카데믹한 관점에서의 춤콘텐츠 저장고, 더 나아가 보다 넓은 시각에

---

8. 여기에서 나는 그간 산발적이지만 영화인 강낙현과 창작춤꾼 정보경 간의 영상, 춤과의 콜라보레이션 〈드라이브 스루(Drive-thru)〉, 현대적 감성의 움직임을 재치 있게 발산한 김수정의 〈두 번은 없다〉, 유혜진의 진득한 정서의 춤 〈청어〉, 김영은의 〈내 안의 춤〉, 부조리한 주제성을 다룬 김미경의 〈고도〉, 노한나의 〈순간〉, 조인호의 〈중심〉 등을 보았고(모두 임학선댄스위 단원), 충주 출신 김진미의 실험적 창작춤 〈독립선언문〉과 대전의 전통무용가 최석권의 전통춤판 등을 보았다. 그와 같은 두리춤터 재개관 이후의 활동에 대해서는 필자와 임학선 교수와의 대화가 있다. 「우리춤문화의 내실과 즐거움을 높여야 한다」, 『공연과 리뷰』 69호(2010년 여름), pp. 75~79. 이 부분에 대해 보다 깊이 있는 조사는 박자은(춤 연구·성균관대 박사)에 의해 이뤄졌다. 『공연과 리뷰』 86호(2014 가을) 속 '임학선 특집란'에 수록된 그녀의 「'두리춤터 제2기'의 소극장 춤 활동」(pp. 132~145) 참조.

서 한국춤을 둘러싼 다양한 지적 토론과 대화가 이뤄질 수 있는 공간이 될 필요가 더 있어 보인다. 그런 뜻에서 창작무용가 임학선에게는 '또 다른' 예술적 도전과 과제가 주어져 있다고 보겠다.

한국창작춤의 역사는 이제 40년에 가까워지고 있다. 더불어 최근에는 새롭게 조명받는 여러 전통춤과 또 다양하게 재구성·재안무되고 있는 이른바 전통재구성무 내지 신전통춤도 적지 않다. 그 춤들의 예술적 맥脈과 목록目錄, 아이템(item)들을 어떻게 할 것인가. 또 그 역사를 어떻게 분류, 자리매김하고 또 학구적으로 정리할 것인가.

그런 점에서 또 다른 춤지성적 도전과 두리춤터 기능의 재집중화가 필요하다.

영웅 이순신 2015
일무의 다른 면 조명과 융복합적 전환

김태원 / 〈영웅 이순신〉 2015 공연프로그램

얼마 전 광복 70년을 맞았다. 이후 경술국치(8월 29일)도 지났다. 돌이켜보면 일제 강압에 의한 우리 현대사의 비극은 두 가지 요인에 기인했다. 그 하나는 이른바 19세기 중엽 이후 개화기에 세계사의 새로운 변천과 서구 문물의 도입에 우리가 둔감하고 덜 적극적이었던 것, 그 둘은 국가의 존립을 지탱해줄 군사력의 확보에 힘이 덜 미쳤던 것이 그것이다. 앞의 것은 세계사의 동향을 읽는 문文의 시각이라 하면, 뒤의 것은 무武의 시각이라 할 것이다. 이후 일제 병합기에 대한제국 고종 황제가 자주적 외교권의 행사를 통해 적지 않게 은밀히 후자에 깊은 관심을 가졌으나 여러모로 무력할 수밖에 없었다.

그러나 15세기 말 임진란의 시대에는 사정이 다소 달랐다. 일본의 위협적 존재성을 간파하는 눈이 동·서인 간에 크게 달랐어도, 퇴계·율곡 이후 유성룡·윤두수·정철·이산해·이항복과 같은 쟁쟁한 문신들이 궁궐 안에 있었고, 그 바깥에는 남명 조식으로부터 영향받은 곽재우를 비롯한 의병들이 있었다. 특히 의병들의 지도자들은 대부분 향리의 지주계급이나 지도자급 선비로서 넓게 문인들이었지만, 국가의 위급 시에는 무인이 되었던 이들이다.

여기에 해양에서는 이순신과 같은 문·무를 겸비한 탁월한 인물이 있었으니, 일본과의 임진란 7년간의 전쟁을 그들과 대등하게 싸우면서 우리 강토를 지킬 수 있었던 것이다.

그런 점에서 우리는 우리의 문화를 읽을 때 문·무 양면에서 입체적으로 읽어야 한다. 조선 시대 500년을 유약한 성리학이 일방적으로 지배한 역사로 읽거나, 또한 그 이후의 현대사를 어두운 한恨과 비애悲哀의 역사로 읽을 수만은 없다. 말하자면 좀 더 남성적이고 긍정적인 눈으로 역사를 읽고, 밝고 진취적인 안목으로 우리의 역사를 이해할 필요가 있다. 아니면 적어도 그 양자 간의 균형과 조화로움을 찾아야 한다. 아마 그래서 우리 시대의 대표적인 창작무용가 임학선과 그녀를 따르는 위무용단이 '영웅 이순신'이란 테마를, 무무武舞적 측면의 유교의식무 일무佾舞와 결합시켜 이번 새로운 춤작업을 시도한 것이 아닌가 싶다.

돌이켜보면 임학선의 춤세계에는 일견 남성적 기氣라고 할 수도 있는 강인한 힘이 그녀의 춤 속에 늘 있었다. 우리의 무속적 제의를 정갈하며 냉엄하게 무대화한 〈새다림〉이나 〈인다리〉에서도 그랬고, 남성적인 것과 여성적인 것을 역동적으로 대립시킨 〈민들레 왕국〉에서도 그랬다. 또 한국 고대문명을 힘차게 조명하려 했던 〈밝산〉도 남성적 에너지가 충일했던 작품이다. 이외에 〈비무장 지대에 서서〉 또한 짙은 서정성 못지않게 공연에서 힘찬 분단 극복의 의지가 느껴졌던 작품이다. 그렇게 본다면 임학선은 한국 문화의 두 기저적 축軸, 즉 무속과 유교문화를 어느 누구보다도 균형 잡히게 이해하면서 그것을 입체감 있게 표현한 춤예술가라 할 수 있다.

그런 점에서 이번 공연은 유교의식무 일무가 가진 무무적 측면의 부각, 또 이순신이란 인격체 안에 내재된 문·무의 조화, 그리고 그 속 흔들림 없는 유교적 미덕(忠과 愛民)과 거북선의 제조에서 보여준 창의성—그 모든 것이 융합되어 오늘을 사는 우리가 어떻게 우리의 역사와 문화를 이해하고, 거친 21세기 문명의 파고波高를 넘어가야 하는지 복합적으로 보여줄 것 같다. 더불어 이 작품을 통해 또 다른 각도에서 오늘의 한국춤, 이미 40년의 역사를 가진 한국창작춤이 향후 어떤 미적 혹은 춤 예술적 가치의 지평에 도달할 수 있을 것인가를 뜻깊게 예시하리라 본다.

여러모로 예측 불허의 대담한 발상이고 시도라 하겠다.

김태원(金泰源 : 1953~) 무용평론가, 현『공연과 리뷰』편집인. 무용평론가, 동아대학교 교수를 역임하였으며, 주요 저서로『후기 현대춤의 미학과 동향』(1992),『예술춤시대의 탐색』(1995),『춤의 미학과 교육』(1999/개정판 2004),『현대무용의 미학과 비평』(2003),『우리시대의 춤의식과 운동 2』(2011) 등 다수의 저서와 편서가 있다. 이 글은 '임학선 춤 50년 기념 세미나(2014.11.1)'를 위해『공연과 리뷰』86호(2014 가을) 속 '임학선 특집'란에 쓰여졌던「임학선의 춤창작과 춤 활동에 대한 비평적 메모」를 다소 수정, 보완한 것임 – 필자

〈새다림〉 한일창작무용제 문예회관 대극장 1983

3. 임태승

춤의 신화적 원시성과 제의적 근원성에 대한 탐구

〈영웅 이순신〉 무무의 미학적 서사

춤의 신화적 원시성과 제의적 근원성에 대한 탐구

임태승 / 임학선 춤 50년 학술심포지엄 2014. 12

1. 들어가는 말

임학선 춤세계의 주제는 무巫로부터 출발해 공자孔子에 다다른다. 춤의 영역에서의 이러한 여정은 유가사상의 발전 맥락과 정확히 일치한다. 유가사유의 기원은 무술巫術로부터 출발한다. 유가의 가장 핵심적인 가치이자 명제인 천인합일天人合一은 무술의식巫術儀式에서의 원시적 천인天人관계의 문명화된 양상이기도 하다. 임학선의 작품세계가 무속으로부터 출발하여 공자와 문묘일무文廟佾舞에까지 이른 것은 바로 유가사유와 유가사상의 발전 궤적을 춤으로 형상화한 것이라 볼 수 있다. 하나의 예술 장르에서, 그리고 그것이 한 사람의 예술가에 의해, 총체적인 동아시아 유가문화의 전반 경로가 수미쌍관首尾雙關의 의미 있는 방식으로 표현되었다는 점은 경이롭고도 흥미롭다. 이하 이 글에서는 임학선의 작품세계를 살펴보고 그것들에 내재된 무용철학적 의미의 성격을 고찰해보고자 한다.

2. 작품의 형식과 의미

먼저 1980년대 이래 창작된 대표 작품들의 미학적 특징과 의미를 정리해보자.

도르래(1981)

긴 끈으로 도르래를 상징함(문예회관 대극장 1998)

이 작품에서는 통일과 절제의 효과를 내는 군무群舞의 활용이 크게 눈에 들어온다. 그러나 정작 눈에 띄는 특징은 형상에 상징을 내재하기 시작한 단초를 보여준다는 점이다. 다시 말해서 형식에 의미를 부여함으로써 형식 그 자체를 '의미 있는 형식(Significant Form)'으로 고양시켰다는 것이다. 즉 눈으로 보는 형식에서 읽고 느끼는 의미 있는 형식으로 변모되었음을 확인할 수 있다. 그 직접적인 증거는 무구舞具의 변화이다. 예컨대, 이 작품에 등장하는 '끈'의 경우가 그것이다. 이로부터 기존의 고정적인 악기나 소도구로부터 더 나아가 도구의 다변화가 전개된다. 이는 이 작품에서 활용된 도구가 단순한 보조도구가 아닌 스토리의 전개를 이어주는 연결 도구의 역할을 수행한다는 점으로부터 확인된다.

새다림(1983)

부정을 풀어내는 춤(문예회관 대극장 1998)

이 작품의 외피는 일단 무속巫俗이다. 원시신앙으로서의 무속은 인간과 하늘을 잇는 매개이자 통로이다. 그리고 천인天人관계의 연결 사다리는 제의祭儀라는 의식儀式을 통해 기능하게 된다. 제의에서 가장 중요한 요소는 강신降神이다. 신과의 만남이 없다면 인간계人間界의 존재가 불안하고 미약해지기 때문에 신을 모시는 것은 절체절명의 목적이자 지향이다. 무술의식巫術儀式에서의 혹은 제의에서의 '원형圓形'은 바로 하늘의 자리이자 하늘을 부르는 장소이다. 이 작품에서 원형으로 도는 몸짓은 바로 강신의 자리를 마련하려는 것이다. 이 강신의 자리는 다른 말로 성소聖所라 하는 데, 이 성소의 공간을 마련하여 신을 맞이하는 것은 무술의식의 시작이자 끝이다.

다른 한편 이 작품에서는 무구舞具에 상징을 내재함으로써 무구의 활용에 깊이를 더했다는 특장特長이 보인다. 극중의 '새 쫓는 깃발'은 단순한 무구가 아니라 무술의식의 도구이기에 상징성이 투영되어 있다. '새'와 '쫓는 행위'는 축자적逐字的 의미가 아닌 제의적 의미를 내포하는 것이기에 무술적 상징성이 내재되었다고 볼 수 있다. 이 점에서 신령과 상징의 관계는 동양미학의 중요 개념인 허실상합虛實相合의 명제를 내포하고 있나. 또한 마지막 불타는 장면은 마치 현대예술에서의 "예술은 불타 없어질 때까지만 존재한다"라는 강령을 제시한 플럭서스의 공연을 재연하는 듯한 느낌을 자아내, 무술적 황홀감을 고조시키는 역할을 충실히 수행해내고 있다.

인다리(1985)

이 작품에서는 무엇보다 군무群舞가 인상적이다. 스타카토로 작렬하는 주인공 앞에서의 말춤 군무는, 춤 자체가 주인공의 내면을 보여주는 상징으로 기능한다. 죽음을 함축하는 새끼줄 역시 상징성이 가미되어 '의미 있는 형식'으로서의 도구로 거듭났다. 무당춤으로서의 군무는 꿈속에서의 신내림을 형상화한 것으로, 이 무용극 역시 무속巫俗 내지 무술巫術과 은연중 연계되어 있음을 보여준다. 전반적인 양식은 현대무용이지만 춤사위는 고전을 견지하는 창작춤이라 할 수 있다.

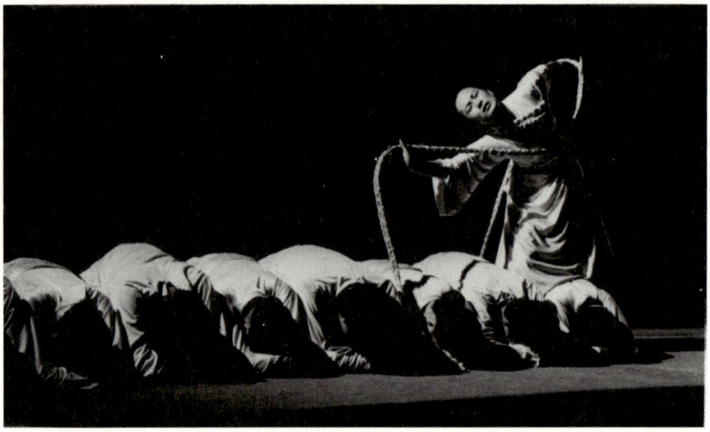

죽음을 상징하는 생명의 다리(문예회관 대극장 1985)

민들레 왕국(1989)

아지랑이처럼 피어나는 새싹의 이미지(문예회관 대극장 1989)

전작보다 훨씬 더 현대무용의 느낌을 주는 군무의 향연이 펼쳐진다. 군무로 나타낸 민들레 새싹이 피어나는 첫 장면은 춤사위의 형식미가 아닌 춤의 조형으로 드러낸 내용미를 표현한 것이다. 마지막 장면에서 아지랑이가 오르는 형상을 손으로 묘사한 것 역시 몸으로 내용을 표시한 상징이다. 고전적인 춤사위나 가락을 어떻게 현대적으로 변용할 것인가의 문제에 대한 전형을 제시한 작품이라 할 수 있다.

마음꽃(1992)

실을 길게 이어가는 여인의 춤(문예회관 대극장 1992)

이 작품의 특징은 크게 다음 네 가지로 말할 수 있다. 첫째, 베틀의 북, 누에 장면, 천 조각 짜는 장면, 실을 감는 장면 등에서 볼 수 있는 것처럼 형식 위에 내용을 상징적으로 함축하여 표현할 수 있는 무구舞具를 사용했다. 둘째, 특히 군무群舞의 형식을 통한 춤사위로 스토리로서의 내용을 표현했다. 셋째, 독무獨舞에 대한 극적劇的 내용의 보조로 군무를 활용했다. 넷째, 현대적 기법 안에 전통의 가락과 춤사위를 내재했다.

천도(1994)

극락의 길을 열어주는 무녀들의 춤(성균관대 600주년기념관 새천년홀 2003)

이 작품의 키워드 내지 주제는 무속이다. 전반적인 내용은 무巫가 혼령의 입속入俗과 출속出俗을 반복적으로 인도하면서 여러 가지 원혼冤魂이나 집착 등을 떨구어내고 홀가분하게 천상天上의 세계로 들어가도록 인도함을 표현한 것이다. 무巫와 무용을 연결한다는 것은 춤의 시원始原에 대한 인식이 분명하다는 점을 보여주는 지표이기도 하다. 춤이 단순한 몸동작의 연속과 발산의 차원을 벗어나 좀 더 자기 성격을 분명하고 체계적으로 구축한 것은 춤이 제의적 성격을 갖추면서부터이다. 인간계 최초의 원시사회에서 천지인天地人이 하나로 연결되고 인간계와 천상계가 소통할 수 있는 유일한 통로는, 의식儀式으로 말하자면 무술巫術이고 인간의 몸으로 말하자면 춤이었다. 다른 각도로 말하면, 원시사회에서 인간의 몸은 하늘에 대한 감사와 구원 요청의 메시지를 표현하는 데 유일하면서도 가장 적합한 도구였다.

이 몸짓은 때로는 몸부림이라는 절규이기도 했고 춤이라는 애교이기도 했다. 그리고 이 몸짓은 의식儀式 혹은 제의라는 형식 안에서 구성되고 공연되었다. 그렇기에 이 몸짓으로서의 몸부림과 춤에는 역사와 인간의 의지가 내재되고 축적되었던 것이다. 그리고 더 나아가 인간의 정신과 사회적 도덕이라는 것도 추가로 부가되었다. 이렇듯 춤의 시원과 그것의 역사적 발전 맥락에는 무용학이라는 학과적 틀과 영역을 넘어서는 인문학적이고 인류학적인 근원과 본질이 화석처럼 내재되어 있다. 이러한 근원과 본질을 원형질原形質로 간직한 의식儀式체계가 무술巫術인 바, 이 작품이 펼쳐 보인 극적 진술은 바로 이에 다름 아니다.

고구려의 혼(1994)

한마음으로 춤추는 축제의 장(문예회관 대극장 1994)

이 작품은 고구려 무용총舞踊塚의 수렵도狩獵圖 내용을 무용으로 표현한 것이다. 해와 달의 공존을 그려낸 것은 음양陰陽의 조화를 표현한 것인데, 이는 고대의 생사일여生死一如 관념을 형상화한 것이다. 해는 생명을 의미하는 것으로 양을 나타낸 것이고, 달은 죽음을 의미하는 것으로 음을 나타낸 것이다. 이 해와 달이 함께 존재하는 것은 혼돈이나 혼란을 그린 것이 아니라 삶과 죽음은 가까이 이마를 맞댄 채 하나의 끈으로 묶여 있음을 보여주려는 것이다. 이는 다시 현재라는 인간계와 과거 및 미래가 존재하는 천상계의 연결을 의미하기도 한다. 또한 이는 해와 달의 공존을 나타낸 그림이 무덤 속에 그려진 까닭이기도 하다. 무덤이야말로 가장 직접적인 천지인天地人 연결의 지점이기 때문이다. 이런 면에서 무용총에 그려진 신수神樹는 매우 의미 있고 중요한 아이콘이다. 신수를 가운데 두고 강강술래라는 원형圓形 춤이 이루어지는데, 이는 신수를 성소聖所로 설정하여 이 지점에 강신降神을 유도하려는 것이다. 다시 말해서 신수라는 아이콘으로 표지標識한 성소를 중심으로 천지회통天地會通을 표현한 것이다. 성소로서의 무덤(지하세계: 이는 무대미술인 고구려 고분벽화로써 암시되어 있다)을 신수로서의 성소로 표현함으로써, 지하세계를 지상으로 끌어올리고 이를 다시 천상과 연결코자 한 의도를 나타낸 것이다.

이 작품에서는 또한 상기上記한 내용과 별도로 무용수들과 공간의 유기적 연결 양상을 별도로 살펴볼 필요가 있다. 무용은 무대라는 한정된 공간을 표현 중심이자 매개로 삼아야 하기 때문에 장면마다의 내용을 드러내기 위해선 무용수들의 입출入出이 가장 기본이고 중요하다. 이러한 입출에는 세 가지 면모 혹은 요소가 있을 수 있다. 첫째, 무용수의 무대 위에 들어오고 나감이다. 둘째, 무용수 개인 혹은 군무群舞 형태에서의 무용동작의 출발과 끝이다. 셋째, 내용 혹은 의미를 이미지로 나타내는 안무 형식, 즉 무대 위의 구성 '안무' 표현의 시작과 맺음이다. 여기서 생각해 볼 것은 이러한 입출을 양식화하여 패턴으로 분류할 수 있는지이다. 이러한 문제의식에 좀 더 관심을 기울이고 천착한다면 내용뿐 아니라 형식의 완정성完整性을 높이는 데에도 큰 도움이 될 것이다.

밝산(2000)

전쟁을 상징하는 수레바퀴(세종문화회관 대극장 2000)

이 작품에 대한 전반적인 느낌은 형태적으로 봤을 때 이합離合과 집산集散의 미美를 잘 보여주고 있다는 점이다. 나아가 조명과 무용의 어울림도 아주 무난하게 운용되고 있다. 경사진 무대라든지 대형 수레바퀴 등의 활용 역시 색다른 공간 조형 및 무구舞具 운용의 맛을 구현한다. 부적에 대한 춤 부분이 특히 인상적이다. 서서히 고조되어 가는 춤의 전개를 통해 어떻게 무巫의 근원적 기능과 의미가 살아나는지를 잘 보여준다. 이 작품에서 보여주는 군무群舞의 특징은 비정형非定型과 비대칭非對稱이라 할 만하다. 물방울의 이합집산 식 형상이라든지 물속 수초의 흔들림 같은 조형을 표현하는 군무는 절도 있고 통일감 있는 무용 대오隊伍로써 표현되는 것이 아니라 정형성과 대칭성을 탈피한 비정형과 비대칭의 형식으로써 운용되는 것이다. 그러나 이러한 무질서적인 조형은 그 자체 혼란의 양상을 보여주고자 의도한 것이 아니라 모종의 원시적 혼돈과 그 혼돈이 잠재하고 있는 신화적 근원을 함축적으로 표현하기 위한 상징적 매개라고 이해할 수 있다. 우레, 바람, 구름, 비 등의 자연적 요소가 극적인 형상으로 많이 표현되는 것이 바로 이와 같은 맥락의 산물이다.

이 작품의 특징을 한 마디로 정의하자면, 후예后羿나 헌원軒轅 등의 등장과 불, 물, 바람 등 기본적인 자연 요소의 소재를 통해 역사적이고 신화적인 내용을 극화劇化한 것이라 할 수 있다. 중요한 것은 이러한 극적 구성을 통해 말하고자 했던 추구점이나 주제가 원시성, 신화성, 근원성 등에 대한 탐구라는 점이다. 그리고 이 점은 기존의 무용극이 기획하고 표현할 수 있었던 역량과 영역의 한계를 탈피하고 초월한 중요한 표지라 평가할 수 있다.

위대한 스승 공자(2004)

스승의 가르침에 감사를 표하는 일무(성균관대 새천년홀 2008)

유학의 창시자인 공자와 그의 문덕文德을 기리는 춤인 문묘일무文廟佾舞를 소재로 창작된 서사 무용극이다. 문묘일무는 공자와 그 제자들 및 한국의 유학자들에게 지내는 제사인 석전대제釋奠大祭에서 추는 춤이다. 공자가 제자들과 함께 학문에 열정적으로 빠져드는 모습에 초점을 맞춘 가운데 성인의 탄생부터 죽음에 이르기까지의 파노라마를 무용극으로 표현했다. 공자의 성스러운 삶을 통해 우리 삶 속에 살아 숨 쉬는 유교적 가치관과 인간애를 상기토록 하는 것이 안무 의도라 할 수 있다. 이 작품은 2004년 초연된 이래 2006년 한국과 프랑스 수교 120주년 기념 파리 유네스코 공연, 2009년 공자의 고향인 중국 취푸(곡부曲阜) 국제공자문화절 공연, 2010년 대만 타이베이 초청 공연 및 중국 베이징대 초청 공연 등을 거치며 세계적 반향을 일으킨 바 있다.

이상 살펴본 작품들의 중축中軸을 관통하는 형식적인 특징은 '스토리'와 '군무群舞로 표현되는 내용의 형상화' 및 '도구(무구)'라는 삼자의 조합을 통해 '독무獨舞로 표현되는 주인공, 이야기, 주제'의 축을 거꾸로 세워간다는 점이라 할 수 있다.

3. 궁극적 주제: 영원한 현재의 구현

앞서 살펴본 대개의 작품들은 직간접적으로 천인합일天人合一이라든지 원시적 원형原型과의 동화同化 혹은 원형심상原型心象의 추구 내지 재현이라는 명확한 주제의식을 보여주고 있다. 이러한 특징을 한 마디로 요약하자면 작품에 제의祭儀적 성격을 구현했다고 말할 수 있다.

신화는 사람들의 관념과 현상 사이에서 매개 역할을 수행함으로써 상징작용을 하고 상징을 도출한다. 이는 곧 "원형심상(Archetypal images)[1] 과의 동화작용"[2]을 의미한다.[3] 인간은 무의식 속에 고대 경험의 잔존물인 집단무의식을 공유한다고 하는 융(C. G. Jung)파 심리학을 상기해볼 때, 그러한 무의식 속에 보존된 원형패턴

---

1. "신화의 구성물인 동시에 무의식에 기원을 둔 토착적, 개인적 산물로서 세계 도처에서 나타나는 집단적 성격의 형태나 이미지" (C. G. Jung, *Psychology and Religion vol. II*, New York and London, 1958, par. 88; J. Campbell, *The Hero with a Thousand Faces*, Princeton University Press, 1949; 이윤기 역, 『세계의 영웅 신화-아폴로, 신농씨 그리고 개구리 왕자까지』, 대원사, 1989, 23쪽에서 재인용)
2. J. Campbell, 앞의 책, 23쪽
3. "신화의 성스러운 의미 추구에서 현재 가장 큰 영향력을 미치는 것은 엘리아데(M. Eliade)의 저서이다. 그에 의하면, 신화의 특징 중 하나는 성스럽다고 생각되는 원초적 사건에서 우리가 생각할 수 있고, 또한 그 어떤 방법으로도 모방이 가능한 옛것을 찾는 데 있지 않고, 영원히 현존하는 것이나 적어도 늘 동일하게 반복될 수 있는 것을 찾는 데 있다고 한다. 그 때문에 신화의 중심은 전형(典型: Archetypos)이다. 이 전형은 제의, 노래, 낭송시에서 언제나 다시 반복될 수 있고 옛날과 같은 효능을 얻을 수 있다." (Kurt Hubner, *Die Wahrheit des Mythos*, C. H. Beck'sche Ver lagsbuchhandlung(Oscar Beck), Munchen 1985; 이규영 역, 『신화의 진실』, 민음사, 1991, 96쪽)

이 바로 신화상징인 것이다. 그런데 신화상징의 기능성은 그러한 원형이 무한히 되풀이되는 경향 속에서 발휘된다. "어떤 역사적 순간에 나타난 성현(聖顯: hierophany)은 구조적으로 천 년 전이나 혹은 천 년 후의 성현과 같은 의미를 지닌다. 역설적인 현실의 성화(聖化: sacralization)가 무한히 되풀이되는 히에로파니적 과정의 이러한 경향"[4] 이 바로 신화상징의 기능이라 하겠다.

> *감정은 인간에게, 만물은 사라져가지만 과거지사는 언제나 존재한다는 사실을 철저히 보여주는 경험을 제공해주고, 인간은 지나간 것에서 영원한 것을 경험하며, 이에 대한 지식은 경험의 저편에서 얻어지는 것이 아니고 시간적인 것 자체에서 얻는 것이다.*[5]

고로 "종교의식에서 볼 수 있는 성스러운 행위들은 태고에 제신들 자신에 의해 행하여졌던 것들에 대한 회상이고, 또한 동일한 반복"[6] 인 것이다.

영웅 이미지는 결국 자아가 그의 선조로 의미 지어진 근원, 나아가 더 근본적으로는 태양이나 천天의 이미지들에서 환기되는 원형原型들로부터 자신을 추출해내는 상징적 수단인 것이다. 자신이 영웅의 세계에 존재하게 되고 또 영웅도 지상의 세계에 엄연히 현현하는 이러한 자신과 영웅의 동일화는 특히 제의祭儀와 같은 의식儀

---

4. M. Eliade, *SHAMANISM–Archaic Techniques of Ecstasy*, trans. by Willard R. Trask, Princeton Univ. Press, 1974; 이윤기 역, 『샤마니즘–고대적 접신술』, 도서출판 까치, 1994, 17쪽
5. W. F. Otto, Die Gestalt und das Sein, Darmstadt 1974, 10쪽; Kurt Hubner, 앞의 책, 90쪽에서 재인용
6. W. F. Otto, Die Gestalt und das Sein, Darmstadt 1974, 13쪽; Kurt Hubner, 앞의 책, 90~91쪽에서 재인용

式에서 원인론적 모티브에 의해 반복적으로 상기된다.[7]

개인들은 자기 자신을 공동체의 생명과 자연의 생명에 일치시키려 노력하고 그러한 것은 제의를 통해 실현된다. 제의를 통하여 개인들은 서로 융합되어 그 자체로 하나의 전체가 되는 것이다. 여기서 원시적 사고로부터 합리적 사고에 이르는 전변점은 의식儀式이란 것을 알 수 있다. 이를 통해 동일화는 단순한 현상에서 추구로, 과거성에서 미래성으로 변화되는 것이다.[8]

모든 신화는 그 성질 여하에 관계없이 태초에 생긴 사건을 설명하고 있으며, 따라서 후대에 그 사건을 반복하기 위한 모든 행동이나 상황에 대한 모범적인 선례가 된다. 인간이 실행하는 모든 의례, 모든 의미 있는 행동은 신화적 원형을 반복하는 것이다. 이러한 반복은 속적俗的 시간의 폐지, 주술종교적 시간으로 인간을 투입시킨다. 주술종교적 시간은 이른바 시간과는 아무런 관계가 없고, 신화적 시간의 저 '영원한 현재'를 구성한다. 다른 말로 하면 신화는 다른 주술종교적 경험과 함께 인간을 무시간無時間적인 시대로 환원시킨다는 것이다.[9]

종교에서나 주술에서나 주기적인 반복은 무엇보다도 현재화한 신화적 시간을 무제한으로 이용하는 것을 의미한다. 의례는 모두 지금, 이 순간에 일어난다고 하는 특질을 지니고 있다. 이 의례에 의하여 사건이 기념

---

7. 임태승, 『유가사유의 기원』, 학고방, 2004, 134쪽
8. 임태승, 『유가사유의 기원』, 학고방, 2004, 135쪽
9. M. Eliade, *Patterns in Comparative Religion*, New York, 1958; 이은봉 역 『종교형태론』, 한길사, 1996, 543쪽
10. M. Eliade, 『종교형태론』

되고 반복될 때 시간은 현재화되며, 다시 말해서 그 시간이 아무리 먼 과거라 하더라도 그것은 '재현'되는 것이다.[10]

이러한 신화적 기능을 조형적 형태로 표현한 것이 무巫에서 공자孔子까지 이어지는 임학선의 춤세계이다. 그리고 이 점이 바로 궁극적으로 문묘일무를 천착하게 되는 이유이자 근거이다. 〈공자〉나 문묘일무로서의 팔일무八佾舞뿐 아니라 창작춤의 여러 레퍼토리 안에까지도 일관되고 공통적으로 흐르는 주제는, 바로 '몸의 기억으로 표현되는 제의祭儀'이다. 그리고 이 제의의 목적은 '영원한 현재'의 구현이다. 이때 영원한 현재의 내용은 '경험으로서의 정치적, 윤리적, 사회적, 정서적 교훈'이라 할 수 있다. 임학선의 춤은 바로 이러한 목적 구현의 중요한 역할을 수행할 수 있음을 증명했고 구체적으로 실현하였다.

영웅 이순신 2015

〈영웅 이순신〉 무무의 미학적 서사

임태승 / 『댄스포럼』 2015. 10

무巫에서 출발하고 공자를 거쳤던 임학선의 춤세계가 이순신李舜臣에 이르렀다. 동아시아에서의 춤의 원형을, 그리고 그 궤적을 가장 원리적으로 재현해오고 있는 셈이다. 이 재현은 게다가 매우 충실하다.

무술의식巫術儀式은 춤의 근원이다. 무무巫舞에서 춤의 양식이 시작됐고, 춤의 의미가 결정됐다. 무술은 최초로 하늘과 인간이 격식에 의해 만나는 무대이자 시간이다. 이 원시적 천인합일天人合一에 의해 인간은 최초로 하늘과 소통하게 되었으며, 그러한 실황實況이 의식으로서 굳어진 것이 무술이다. 그리고 이 의식 전체는 오롯이 춤으로 형상화되었다. 이렇듯 춤이란 것은 의미를 내포한 형식이자 몸의 형식으로 형상화한 인간의 뜻과 바람이었다.

무무가 담아냈던 천인합일은, 중국의 서주西周 시기 이래 훨씬 발전된 양식으로서의 전장예악典章禮樂을 통해 문명화된 천인합일로 거듭난다. 이 전장예악에서 가장 핵심적 요소는 바로 일무佾舞이다. 중국, 혹은 중국을 넘어 동아시아 전체의 정신사적 모태는 서주이다. 공자의 이상향 역시 전장典章질서가 엄연했던 서주이다. 그런데 이 주周 천하의 건국은 문덕文德을 상징하는(사실상 유가의 비조鼻祖라 할 수 있는) 문왕文王과 무공으로써 악행을 내친 무왕武王, 두 부자의 합작에 의해 이루어졌다. 유가에서는 문명과 문화가 가장 밝게 빛났던 서주 시기를 찬양하며, 아울러 그 시대를 건립한 문왕과 무왕을 함께 칭송한다. 이런 연고로 서주의 전장예악은 문덕과 무덕을 함께 숭상했으며, 그 의례의 절정인 일무 역시 문무文舞와 무무武舞를 겸하여 봉행하게 되었다.

임학선은 1980년대 이래 일련의 창작춤을 통해 춤의 신화적 원시성을 탐구한 바 있다. 예컨대 〈새다림〉(1983)에서는 원형으로 도은 몸짓을 통해 강신降神의 자리, 즉 공간을 보여주었고, 〈인다리〉(1985)에서는 무당춤으로서의 군무를 통해 신내림을 형상화하였으며, 〈천도〉(1994)에서도 무巫가 혼령의 입속入俗과 출속出俗을 반복적으로 인도하면서 여러 가지 원혼이나 집착 등을 떨구어내고 홀가분하게 천상의 세계로 들어가도록 인도함을 잘 표현하였다.

20여 년에 걸친 임학선의 창작춤은, 그리고 극적인 전환을 맞는다. 이 패러다임 시프트의 특징은 두 가지로 말할 수 있다. 하나는 창작춤에서 서사무용극으로의 전환이고, 다른 하나는 신화적 원시성을 제의적 근원성으로 승화시켰다는 점이다.

춤에 구현된 신화적 원시성을 제의적 근원성으로 연결한 극적인 예는 바로 〈위대한 스승 공자〉(2004)라는 대서사무용극이다. 이 작품은 유학의 창시자인 공자와 그의 문덕을 기리는 춤인 문묘일무文廟佾舞를 소재로 창작된 것이다. 공자가 제자들과 함께 학문에 열정적으로 빠져드는 모습에 초점을 맞춘 가운데, 성인聖人의 탄생부터 죽음에 이르기까지의 파노라마를 무용극으로 표현했다. 공자의 성스러운 삶을 통해 우리 삶 속에 살아 숨 쉬는 유교적 가치관과 인간애를 상기토록 한 것이 안무 의도라 할 수 있다.

그리고 마침내 〈영웅 이순신〉이다. 일무는 앞서 말한 바처럼, 예부터 문무와 무무를 함께 상연하는 것으로 이루어져왔다. 문무를 주제로 한 것이 〈위대한 스승 공자〉라면, 〈영웅 이순신〉은 무무를 주제로 한 서사무용극이다. 최초 무무가 일무로 발전되고, 일무가 문무와 무무로 이중 구성되었으며, 〈위대한 스승 공자〉가 문무의 몫을 다했다면, 무무를 마저 아우른 〈영웅 이순신〉은 이 장엄한 춤의 역사에 대한 완결점이라 할 것이다.

먼저 〈영웅 이순신〉의 미학적 가치를 형식의 측면에서 살펴보자. 전반적인 특징은 군무의 절제와 〈위대한 스승 공자〉보다 한층 두드러진 서사 내러티브이다. 70분 러닝타임 중 가장 인상적 장면을 꼽으라면, 몇 번에 걸쳐 나오는 여성 군무와

민초들의 춤(아르코예술극장 대극장 2005)

강강술래 및 마지막 무무로서의 일무 장면을 들어야 할 것이다.

출정과 전투 등의 실황을 묘사한 남성 군무에 절제와 위력威力의 융합이 두드러졌다면, 여성 군무는 그것에 아리따움과 애처로움을 더함으로써 이른바 '강건아나剛健婀娜'의 미학적 경지를 구현하였다. 강건아나는 굳셈과 가냘픔 혹은 억셈과 부드러움이 대대待對적 융합을 통해 예술의 복합적 완성도를 최고조로 끌어올리는 미학범주이다. 극 중 여성 군무는 은근하고 나긋한 선의 흐름으로 아물거리는 듯한 유려함(婀娜)을 만들어냈고, 이를 강렬하고 우뚝한 풍격(剛健)과 어우러지게 하여 강건아나라는 미학방식을 세웠다. 여성 군무가 이러한 강건아나의 미를 완성할 수 있었던 것은 최절정기에 이른 멤버들의 관록과 무용예술에 대한 충분한 이해가 있었기에 가능했다. 나아가 그들의 미덕은 〈영웅 이순신〉이 자칫 무무의 투박함으로 흐를 수도 있는 계제階梯를 극복하고 차단했다는 점이다. 억센 듯싶으면서도 수양버들 하늘거리듯 아름다우며, 거친 듯싶으면서도 부드러운 맛을 제대로 보여주었다. 기꺼이 상찬할 만하다.

강강술래는 기존의 양식이기에, 이 대목에선 재해석이 관건이다. 〈영웅 이순신〉에서의 강강술래는 미학적 장치가 가미된 새로운 변주를 보여준다. 일단 가장 두드러진 미학범주는 기운생동氣韻生動이다. 기氣는 외부형체와 대비되는 내재정신을 가리키고, 운韻은 외재의 운율미를 가리킨다. 그렇다면 기운생동이라 함은 원기元氣가 리듬감 있게 생동함을 말한다. 좀 더 정밀하게 말하자면, 그것은 '관계하는 양자의 호응 속에 형세形勢로 보여주는 인상'이라 할 수 있겠다. 형세에는 두 종류가 있는데, 하나는 음유陰柔로서의 정세情勢이고 다른 하나는 양강陽剛으로서의 동세動勢이다. 여기 강강술래의 형세는 당연히 양강으로서의 동세이다. 강강술래의

선은 원형으로만 그려지지 않고 원형과 타원형의 변주, 단일 원형과 이중 원형의 변주, 직선과 곡선의 변주, 일선一線과 분선分線의 변주 등의 양상이 정형整形과 파형波形을 분주히 뒤섞으며 아름다움에 취할 만한 변태變態를 그려낸다. 가지런함과 흐트러짐이 반복되는 이 선의 흐름은, 원심력으로부터 원을 유지하려는 구심으로의 인내와 결속에 의해 그 이합離合과 집산集散의 미학적 근거를 확보한다. 그렇기에 그 선의 흐름은 어느덧 에너지의 흐름이자 정기의 흐름이 되어 〈영웅 이순신〉이 무무임을 일러주는 가장 역동적인 증거가 된다.

의지로 뭉쳐가는 민초들의 강강술래(아르코예술극장 대극장 2015)

이순신을 기리는 마지막 장면에서의 일무는 극적 완성도를 최고조로 올리는, 그리고 임학선 안무에서는 당연히 그려질 수밖에 없는 정당한 결말이다. 제의로서의 일무는 애초 천인합일이라든지 원시적 원형原型과의 동화 혹은 원형심상原型心象의 추구라는 명확한 주제의식을 내포하고 있다. 원시적 원형 혹은 원형심상은 한

민족이 역사와 집단무의식과 DNA 속에 오롯이 내재하고 있고 또 필요한 순간마다 끊임없이 재현하고 싶은 에너지로서의 영웅이다. 그가 누구인가? 바로 이순신이다. 이 이순신이라는 에너지를 무무로서의 일무를 통해 이 시간, 이 땅에 다시 환기시키고 있는 장면이 바로 이 결말인 것이다.

이순신에게 무무를 헌상하는 춤(아르코예술극장 대극장 2015)

성인의 재림과 그 성인을 영원한 현재로 만들고자 함, 그리고 영웅의 재림과 그 영웅을 영원한 현재로 만들고자 함은 공히 문무와 무무를 겸하는 일무의 궁극적 목적이자 특징이다. 전자는 〈위대한 스승 공자〉에서, 그리고 후자는 〈영웅 이순신〉에서 가장 적절하게 구현되었다.

〈영웅 이순신〉은 이순신이라는 영웅 이미지를 한국인 모두의 민족적 자아가 그들 선조로 의미 지은 근원으로부터 자신들을 추출해내는 상징적 수단으로 표현하였다. 한편으로는 극을 관람하는 이들 자신을 영웅의 세계에 존재하게 하고, 다른 한편으로는 영웅도 현장의 세계에 나타나게 함으로써 자신과 영웅의 동일화를 이끌어냈다. 그럼으로써 개인들을 공동체의 생명과 신념에 일치시키는 제의적 목적을 실현한 것이다. 〈영웅 이순신〉은 하나의 제의이고, 이 제의를 통해 개인들은 서로 융합되어 그 자체로 하나의 전체가 되었다. 이것은 일종의 신화적 기능이다.

이러한 신화적 기능을 조형적 형태로 표현한 것이, 무巫에서 공자로 이어지고 결국 이순신에까지 다다른 임학선의 춤세계이다. 그의 춤세계에 일관되고 공통적으로 흐르는 주제는 바로 '몸의 기억으로 환기한 성인과 영웅의 이미지 내지 에너지'이자 이러한 '제의에 의해 살아나는, 이른바 영원한 현재와의 동화同化이다. 임학선의 춤인생은 바로 이 주제를 오로지 천착하고 실현해내었다. 그리고 〈영웅 이순신〉은 이 여정에서 더없이 의미 있는 한 획이다.

임태승(林泰勝: 1963~) 현재 성균관대학교 동아시아학술원 동아시아학과 교수, 예술평론가, 성균관대학교 대학원과 중국 베이징대학 철학박사(동양미학 전공) 중국 난창(南昌)대학, 화동(華東)사범대학, 산동(山東)대학 교수 역임. 주요 저서로 『소나무와 나비: 동아시아 미학의 두 흐름』(2004), 『아이콘과 코드: 그림으로 읽는 동아시아 미학범주』(2006), 『인물로 읽는 중국 서예의 역사』(2006) 등이 있다.

〈버즈아이뷰〉 임학선댄스위 아르코예술극장 대극장 2014

4. 장석용

임학선 춤 언기 50년에 걸린 초록 물결

나라 사랑에 불탔던
무장 이순신에게 올리는 헌무

임학선 춤 연기 50년에 걸린 초록 물결

장석용 / 임학선 춤 50년 학술심포지엄 2014. 12

1. 안무가 임학선

춤작가, 임학선의 예술정신과 작품세계를 조명하는 것은 그녀가 일군 춤 밭을 살피는 일이며, 유파와 갈래 구분 없이 최선을 다하고 있는 춤예술가임을 입증하는 일이다. 작가론, 작품론, 그녀의 춤철학 연구는 한국무용사의 한 축을 탐색하는 일로서 의미 있는 작업이다. 무용계의 현역 안무가로서 임학선은 왕성한 춤작업 집단 '임학선댄스위'를 이끌어오면서 다작의 전통무와 창작 작품들을 광복시키고 직조해낸 계승자이자 혜안을 소지한 안무가다.

임학선(林鶴璇, Lim Hak sun, 성균관대 무용학과 교수, 국제석전학회 회장)은 1950년 10월 15일(음력) 충남 천안에서 태어나 열네 살 중학생 시절부터 지금까지 춤을 천직으로 삼아왔다. 1969년 이화여대 무용과에 입학한 이후 1975년 〈여운〉으로 데뷔, 창무회(1976년 창단) 대표를 맡으며 창작춤을 부흥시켰다. 유인희, 김천흥, 최현, 한영숙, 김매자, 강선영 선생에게서 전문적인 춤을 사사하였고, 전통의 소중함을 신앙처럼 여겨왔다. 그들의 춤에 현대적 창작성을 가미하고, 초기 창작춤을 이끌었던 그녀가 지향하는 이념을 발현시킨 춤 〈거미줄〉, 〈도르래〉, 〈고시래〉, 〈새다림〉, 〈불림소리〉, 〈지혼〉, 〈인다리〉, 〈민들레 왕국〉 등은 창의적 춤의 전형이다.

그녀가 춤계에 끼친 영향은 지대하다. 가녀린 몸매에도 불구하고 카리스마적 용병술로 전 세계에 그녀의 이름과 작품들을 등재시킨 주인공이다. 전통춤의 여러 갈래 춤들을 익힌 뒤, 모던한 우리 창작춤을 안무하고 춤판을 개화시킨 존중받는 춤꾼들 중의 한 명이다. 자신의 여러 역할을 소화해 자신과 후학들의 입지를 만들고 '춤'의 진정한 가치를 알려주는 안무가이기도 하다. 춤 연기 50년을 넘어 그녀는 새로운 출발을 앞두고 있다. 다작의 작품들을 안무하고, 전통의 흐름을 존중하며 미래를 예측하는 분주한 행보는 언제 보아도 명쾌하다. 그녀가 불러일으킨 춤의 '뉴웨이브'는 다양한 경쟁심을 촉발, 춤판에 신선한 자극을 주고 있다. 춤 역사에 걸린 그녀가 돋보이는 이유이다.

2000년대 이후, 임학선은 학문적으로 공자의 예악사상을 들추어내어 연구하고 진법과 호흡법을 책으로 간행하면서 동시에 춤으로 보여주는 적극적이고 진취적인 춤 연구자의 진정한 모습을 보여주고 있다. 그녀는 지금까지 해마다, 수시로 공자의 일대기를 여러 버전으로 변화시킨 〈위대한 스승 공자〉를 우리나라, 공자의 고향 중국 곡부(취푸), 중국 북경대(베이징대) 등 여러 곳, 대만, 유럽 파리에서까지 환영받는 레퍼토리로 만들어왔다. 이 역작은 특히 중국 본토에서도 탐내는 작품으로 인식되어왔다. 각국에서 연구하는 임학선의 춤 방법론과 춤철학은 '임학선댄스위'의 소중한 자산이다. 학문과 공연 양면에서 그녀는 호흡법과 태극구조, 문묘일무를 연구하고 있다. 그녀의 창작춤 연구의 전통은 후학들의 '크리에이티브 스테이지'로 이어진다.

2. 임학선, 임학선댄스위, 두리춤터

예술적 아름다움은 영원하다. 스승이 제자를 낳고, 제자가 스승이 되듯, 삶은 여러 세대에 걸쳐 반복된다. 안무가들의 나라, 고려가 부활된 것 같다. 특히 여성들의 파워를 느끼는 것은 '두리춤터'에서다. 집이나 춤터에서 그녀는 늘 춤에 취해 있다. 특히 우리춤의 예술화 작업에 집중하고 있다. 2000년대 이후 더욱 의욕적인 춤 작업을 해오고 있는 그녀의 '춤 실험' 둥지는 '두리춤터'다. 동서양, 여러 세상을 순례하고, 정가正歌의 마음과 이슬의 순간성을 포착해내며 그 예술혼을 춤계에 헌사한 그녀의 아름다운 노력이 구상具象으로 남는다.

임학선의 안무작들은 작가정신을 넘어 장인정신이 보인다. 역사와 자연이 합일된 〈버즈아이뷰〉는 검이불누화이불치(檢而不陋華而不侈: 검소하지만 누추하지 않고, 화려하지만 사치스럽지 않다)를 지향한다. '임학선댄스위'는 '크리에이티브 스테이지'를 통하여 수시로 자신의 안무 역량과 창의력을 점검받는 계기로 삼고 있다. 그들의 표현기법은 전통춤사위를 이용한 창작무에서 융복합작품의 컨템포러리 춤으로의 변신에 이르고 있다. 그리하여 '위'를 향해 올라가 하늘을 닮으면 너와 나를 넘어서 '우리'는 하나 된 즐거움에 취한 '몸놀림'을 선사한다.

그녀가 매달 의욕적으로 추진해오고 있는 두리춤터의 '테마가 있는 한국춤 시리즈' 열두 마당은 한국춤의 이론과 춤사위를 모두 보여주는 방대한 분량이다. 민간인, 그것도 개인의 힘으로 치러내는 이 이벤트에 춤계의 이목이 집중되어 있다. 전통무의 기본 춤들, 큰 스승의 흐름, 창작무의 묘미, 남성 춤과 여성 춤 탐구 등은 춤의 체계적 연구의 '집현전'이다.

임학선은 '두리춤터'라는 공간을 통해 많은 융복합 공연을 장려하고 진행시켰다. 도시, 현대와 인간을 향한 지성인의 차가운 응시를 표현한 강낙현 연출, 정보경 안무 〈드라이브 쓰루 Drive Thru〉는 전위와 실험, 융복합 시네마(interdisciplinary cinema)의 대표적 경우이다. 키노 테아터의 한국적 전형으로 강낙현 연출, 정재연 안무의 〈엘레나 엘레나 ELENA ELENA〉(영국 게이츠헤드 국제공연예술제 초청작)는 스페인 빌바오에서 2004년 촬영된 3부작 30분짜리 흑백영화 〈엘레나 엘레나 ELENA ELENA〉에서 기원한다. 영상을 주인공으로 쓰고, 영상 속 공연으로 극의 진행을 지휘한다. 영화적 내러티브, 동작과 움직임은 필름 누아르의 상상을 확장시킨다. 또 다른 유형은 관념과 고정관념을 깨뜨린 예헌무藝獻舞인 강낙현 감독, 노정식 안무의 〈무제, Untitled〉이다. 뛰고 뛰는 달리기 동작에서 영상의 화면은 백색으로 전진한다. 춤 연기자 5인, 동작 사이드에서 정면으로 치고 들어가면 5인의 풀 숏으로 오른손 모두 들어 올린다. 상징들은 손, 입 등으로 클로즈업이 되고, 장면 분할이 이루어질 수 있는 모든 것들에 대한 무브먼트, 층을 달리하는 여러 곳에서 독자적인 유닛들은 카메라 연기와 더불어 결국 하나가 된다. 기하학적 구성, 장르와의 통섭, 분위기를 만들어내는 테크닉이 뛰어난 작품이었다.

임학선은 '임학선댄스위' 단원들을 춤추게 만들고, 기회를 제공하고, 단련시키고, 극장의 모든 공연 일정과 두리춤터의 진행을 총괄 지휘하며 명작을 구상한다.

그녀가 즐거우면 극장이 춤추고, 단원들이 즐거우면 명작이 쏟아진다. 명작이 쏟아지면 나라의 문화가 융성한다. 국가문화융성위원회 멤버들이 반드시 거쳐 가야 할 공연장이다.

3. 공자의 인본주의 코드를 독해한 악가무, 임학선 안무의 〈위대한 스승 공자〉

'임학선댄스위'는 2003년 9월에 중국 산둥성 곡부(曲阜,취푸)에서 열린 공자 탄신 2554년 기념 국제공자문화축제에서 맛뵈기 〈위대한 스승 공자〉를 선보인 이래 해마다 고정 레퍼토리로 이 작품을 다양한 버전과 여러 공연장에서 공연해오고 있다.

2004년 5월 20일, 21일 예술의전당 오페라극장을 대관받은 첫 한국무용 〈위대한 스승 공자〉는 러닝타임 90분으로 각 장을 '문묘일무文廟佾舞'의 형식으로 마무리한다. 인간 공자를 부각시킨 춤은 공자의 삶을 5장으로 나눠 공자의 심성과 비슷한 유연한 여성적 이미지로 표현한다. '문묘제례악'과 '수제천'을 이용한 음악이 현대와 어울려 빛을 발했던 무대였다. 2012년 2월 4일 8시, 2월 5일 4시, 8시 아르코예술극장 대극장에서 한국공연예술센터(HANPAC) 우수레퍼토리 시리즈로 선정된 임학선 안무 '임학선댄스위'의 블록버스터 2012년판 〈위대한 스승 공자〉 공연이 있었다. 시공을 초월하여 공자와 그의 정신이 상존함을 보여주려 한 〈위대한 스승 공자〉는 해마다 부활하여 우리 앞에 서 있다. '임학선댄스위' 단원과 성균관대 팔일무단이 출연한 이 작품은 안무가가 연구한 특유의 호흡법과 진법에 따라 학문이 예술이 되고, 예禮가 음악이 되고, 음악이 춤이 되는 소통과 인간적 면모의 공자, 서정적 면모의 공자, 이지적 자태의 공자, 유혹의 대상이 되는 공자를 다층, 다각도의 심리 연기로 설득력 있게 보여준다.

이 작품을 특징짓는 몇 가지 요소들을 살펴보면 유기적, 과학적 앙상블로 춤 조형을 총체적으로 이끌어내는 안무력, 합리적이며 체계적인 구성, 다양한 매머드 출연진이 만들어내는 비주얼, 화려한 복식과 액세서리, 다양한 조명, 구음, 노래, 전통악기 연주가 만들어내는 웅장한 사운드, 내레이션, 퓨전을 포함한 사운드의 다양한 변주 등이다.

문묘일무의 전통적 무기舞技가 살아 있는 독특하고 차별화된 춤 연기를 보여주는 무극舞劇 〈위대한 스승 공자〉는 5막 11장으로 구성되어 있다. 〈위대한 스승 공자〉의 연대기적 구성은 관객들의 이해를 돕기 위해 설정된다. 제1장 탄생 1)니구산의 정기 2)위대한 탄생, 제2장 학문 1)학문 2)진리의 길, 제3장 고난 1)남자南子부인의 유혹 2)수신(거문고의 춤) 3)학문의 논쟁, 제4장 임종 1)거룩한 최후 2)가시는 님, 보내는 마음, 제5장 부활 1)부활 2)환희로 짜인 이 작품은 의도적 복합구성을 차단한다.

서울예술단 감독, 서울시무용단장 등을 지낸 임학선의 디테일한 몸 연기 조련은 물론 아이콘으로 차용된 일무가 빛나도록 꿩깃, 꽃, 솟대, 피리 등을 등장시켜 장면마다 제자와 스승 사이의 다양한 감정의 변주를 만들어낸다. 탄생에서 부활에 이르는 춤이 전개되며 특장特裝되는 은유적 상징은 연기, 소품, 사운드, 컬러 등으로 세분화되고 독무讀舞된다.

임학선은 버전을 달리하며 시대를 얘기하고, 지성인의 책무를 논한다. 산과

물의 기운을 표현하는 브라운과 블루의 조화로운 군무, 탯줄을 상징하는 조명을 받은 붉은색 천, 죽간의 공명이 만들어내는 학문의 길, 공자의 30대의 입지立志, 40대의 불혹不惑, 50대의 지천명知天命, 60대의 이순耳順 등으로 연령 처신이 해설로 읽혀진다. 차가운 지성으로 '위한오魏漢吳'의 어지러움을 보다 듬은 악가무, 장엄의 예악일무禮樂佾舞는 하나이다. 숨은 일화를 단순화한 음악에 대한 터치, 내레이션은 간극마다 자리를 잡고 깨우침을 주며, 그 깨우침은 죽간의 터치로 나타난다. 공자에게 뻗쳐오는 선홍鮮紅의 유혹을 거문고 연주로 다스리고, 선율이 된 여인들은 '현의 노래'에 동참한다. 음계에 따른 춤은 은색 판타지를 만들어내고, 럭셔리하고 리드미컬한 춤은 예악 숭상이 정점에 있음을 알린다. 그만큼 춤은 클래식하고 품격이 있다. 공무도하의 애절함, 거룩한 최후(죽음)를 알리는 뜨거운 상징인 새, 새가 되어서라도 스승을 만나고픈 그리움을 상징하는 솟대, 그 처절한 슬픔은 솟대 춤의 휘어진 막대와 그 타음打音이 대변한다. 간결한 무대로 신비의 니구산의 정기가 다시 꿈틀대고, 공자는 꽃으로 피어난다. 판타지로의 질주본능을 소지한 임학선의 안무에 따른 조명은 하이키 조명으로 이 극적인 장면을 연출한다. 무대 위의 꽃, 부활의 꽃을 받기는 무리들, 회전 무대 앞에서 등장하는 꽃을 든 무리들, 모두 공자의 부활을 축하하며 펼쳐지는 일무, 환희의 장엄무이다.

탄츠포에지(Tanzpoesie)적 일면을 소지한 〈위대한 스승 공자〉는 시적 이미지를 구성한다. 2004년 초연 이래 시대, 인물, 역사를 소재로 한 춤을 창작하는 이들에게 폭넓은 탐색의 시간을 갖게 해준 작품이다. 춤이 교양과 예절의 도구, 소통과 창작력의 보고가 될 수 있음을 입증하고 있다. 공자의 신분, 가족사의 우울을 털어낸 춤 〈위대한 스승 공자〉는 희망을 선사한다. 예술가가 대접받는 시대가 이 시대의 덕목이 되어야 한다. 기술과 예술이 만나 창의적 고뇌로 탄생된 이 작품은 추사 김정희의 정신과 맥을 같이하는 이면의 깊이를 간직한 작품이다. 새 밀레니엄이 시작되고도 14년을 넘기는 이 시점에도 유학儒學의 태두 공자를 작품 소재로 한 〈위대한 스승 공자〉는 여전히 인기 만점이다.

4. 임학선 창작무용의 건재, 임학선 안무의 〈버즈아이뷰〉

2013년, 2014년 아르코예술극장 대극장, 임학선 안무, 강낙현 연출의 〈버즈아이뷰〉가 연이어 공연되었다. 매번 새로운 버전으로 연속성을 띤 가변의 〈버즈아이뷰〉는 작품 횟수가 쌓이면서 시적 구조로 정제된다. 이 작품은 여러 해 동안 50여 회를 상회하는 시리즈물로 제작되었고 '임학선댄스위'의 존중받아 마땅한 이 시대 명작의 하나로 등재되었다.

임학선의 일상의 조망은 다양한 버전과 상징적 코드를 관통하여 미래를 내다본다. 이 작품의 격상은 고도의 참을성이 만들어낸 디테일에서 시작된다. 테마와 창작 의도에 부합되는 모든 장치의 배치, 극적 긴장감과 상징성을 위한 춤 요소 배치, 사운드(음향, 효과음악, 음악, 연주) 배치, 다양한 춤 연기로 안무와 연출 스타일이 자연스레 드러난다. 안무가에게 포착된 새가 관조하는 것은 박제된 새의 날개에 실핏줄을 이어 붙이는 작업, 차갑게 얼어붙은 현대인들의 영혼에 대한 우울한 보고서, 날지 못해 대학살을 자초한 키위처럼 날지 못해 애완의 뜰에 남아 있는 원앙을 그린 것 같은 오일 페인팅이다. 이 작품은 미풍처럼 다가온 배반의 계절에 피워낸 망각을 되돌아보는 따스함에 관한 기억이다. 현대인의 꿈과 이상이 모험과 도전, 협동과 전진을 통해 완성된다는 임학선 안무의 핵심, 서정적 판타지를 연상시키는 메트로놈 소리, 바다 위를 조망하는 그랑블루, 푸른빛으로 이 대하시大河詩는 신비의 색깔을 하나씩 보여준다. 임학선은 공존공영의 비상을 꾀하는 '솔개'의 우화이거나 새들의 조망鳥望을 '유쾌한 상상'으로 써낸다. 하늘을 응시하는 새로 분한 무용수들, 나는 동작을 배우는 것으로 비유하면서 평화롭게 춤은 시작된다. 임학선이 만들어내는 이미지는 영상과 장소의 이동에서 순환, 장르의 교차로 새로운 텔레파시에 이은 칠감(제7의 감각)을 만들어내고 있다. 천장은 높고 울림은 좋아, 움직임은 반향을 타고 그 느낌과 파장이 그대로 관객에게 전달되었다.

이 작품은 흑단의 느낌, 블랙 톤으로 클래식한 분위기의 현대적 도회풍으로 꾸며져 있다. 〈버즈아이뷰〉는 공간의 활용이 우선 눈에 띈다. 현대를 두른 창작무의 움직임은 민첩하며 조화를 이루고 있고, 시간 활용에 있어 타이밍은 정교했으며 작품의 통일성도 두드러진다. 지나간 세월에 대한 아쉬움과 동경이 겹겹이 쌓여 있다. 장인정신이 돋보이는 임학선 안무작, 영웅적 참을성이 만들어낸 영속적 예술의 상부구조의 '위'를 위한 뿌리(전통)를 중시한 창조적 몸짓의 〈버즈아이뷰〉는 비주얼의 과다 사용이 아닌 내면으로부터 투사되는 빛과 그림자, 여유와 비움의 미학을 보여준다. 소박하면서도 절대 소박의 범주에 들어가지 않는 명품의 일면이다.

이 작품은 입체적 영상의 변화, 무대의 움직임으로 사용된 장소, 무용 연기자들의 설정 분위기에 맞춘 움직임, 음악과 조명의 적절한 변화로 선험적 체험을 털어놓은 형이상학적 지성의 차분한 춤 에세이를 보여주는 도원道遠의 춤을 선사한다. 구름과 고도를 생각하며 높은 산과 도시를 날았던 솔개의 일생이 이 작품과 교차하면서 주제는 분명해진다. 시대와 연관된 제목의 주제성과 철학적 의의의 타당성, '바다새', '새벽', '아침에', '응시', '밤바다', '짝지음', '절벽으로', '둥지', '그리고, 날다'의 여덟 장면에 걸친 촘촘한 구성의 밀도, 이 작품은 원하는 대로 날아갈 수 있는 새, 무한의 능력 여성이거나 신에 대비되는 새(인간)들의 욕망을 대변하는 춤의 응집체로서 역사와 자연이 스쳐간다.

예작藝作의 전범典範이 된 〈버즈아이뷰〉는 이 시대를 기억하는 키워드 이다. 인접 예술가들과의 협업을 중시하며 영국에서 시각디자인, 영화, 공연예술학을 전공한 연출가 강낙현이 가세한 이 작품은 영화와 공연예술을 접목시킨 신 개념의 융복합작품이다. 입고출신入古出新한 신개념 공연의 〈버즈아이뷰〉는 감각적 신선미를 갖춘 작품이다. 임학선의 춤 실험실, '두리춤터' 작업의 성과물인 이 작품은 장르간 경계 허물기, 호흡법에 기초한 안무, 철학적 상상으로 새로운 춤 영역의 확장, 프레임을 뛰어넘는 과감성을 보인다. 밀도감 있는 안무는 공간 구성, 의미를 실은 다양한 무브먼트, 라이브 연주, 심리감을 살리는 적절한 조명의 도움으로 완성도를 높여간다.

이 작품의 노련함과 성숙미를 돋보이게 하는 또 하나의 장치로서 음악이 기능한다. 연도를 달리하며 뮤지션들이 투입된다. 춤과 영상의 앙상블에 런던예술학파의 엄격한 내재율과 성실함이 돋보이는 음악이 합세하고, 롯데 뮤직 페스티벌 대상의 드럼 박승수, 한양재즈콩쿨 대상의 박일의 연주가 품격을 드높인다. 영국 골드스미스대 출신 작곡가 고지인의 열정이 내재된 작곡 음악이 섬세한 감정을 파고든다. 사유적 춤을 주도하는 그녀의 사운드는 영국 'Sound, Music and Moving–Thinking Body'와의 협연 경험을 공유, 창작무의 지평을 넓힌다. 런던에서 실용음악을 전공한 조형주(Sanai Joe)도 공연에서 탁월한 연주력을 발휘했다. 런던에서 싱어송라이터, 뮤지션으로 활동하며 연출가와 오랜 시간 호흡을 맞추어온 베테랑으로 다름의 가치를 만들어냈다.

〈버즈아이뷰〉는 바다를 조망하는 블루가 희망을 주듯, 관객들에게 근래에 보기 드문 고품격 감동, 공감의 비상몽飛翔夢, 희망과 안식의 꿈을 보여주는 차별화되는 수작이다. 꿈과 과욕, 이상의 현실화 과정에서 고립된 사람들의 흔한 오류는 '내가 당신의 얼굴을 처음 본 순간' 이후 벌어질 수 있는 일이다. 현대인들의 좌절과 자가 치유 방법 끝에 신념과 이상은 이루질 수 있다는 방법론을 암시하며 〈버즈아이뷰〉는 기동한다. 높은 언덕과 빌딩숲을 조감鳥瞰하며 빔 벤더스의 영화 〈베를린 천사의 시〉의 이미지가 떠오른다.

〈버즈아이뷰〉는 일상의 평온함에서 작은 물결을 만들어내며 비상을 꿈꾸는 것, 그것이 오감이며, 삶의 진정한 의미를 따져보는 이 춤의 매력이다. 춤이 두드러지도록 연출은 강낙현이 맡았다. 장르 간 유쾌한 조립과 해체, 협업이 이 무용단의 특징이며 융복합 공연, 장르 간 경계 허물기를 실천하는 '임학선댄스위'의 장점이다. 특히 영상 제작에 있어서 두드러진 테크닉과 무용 장르에 관계없이 무대에 설 수 있는 전투적 단원들의 피나는 노력으로 만들어진 작품들은 늘 호평을 받아왔다. 임학선은 감정선을 타는 친밀한 음악으로 '솔개의 우화' 이면의 것을 들추어내면서 작품의 완성도와 신비감을 높이며, 빛의 합일인 백색 다이아몬드의 투명을 불러낸다. 그 작업은 적황청赤黃靑 색의 합인 '블랙'에서 시작되었다. 〈버즈아이뷰〉 공연은 타 공연과 차별화되는 낯선 춤으로의 여행, 이 무용단의 새로운 전설이 시작된 것이다.

5. 임학선의 안무가 육성 프로그램, 크리에이티브 스테이지

임학선은 '크리에이티브 스테이지'라는 안무가의 창작산실을 만들면서 통섭과 소통의 고문화古文化적 담론을 생산하고, 전통 자산을 현대적 감각으로 빚은 창작 무대를 육성시켜왔다. 3년간 관찰한 현대라는 창에 비친 춤들은 춤공장에서 직조된 퀼트에 견주어진다. 싱그러움과 정열을 담은 작품들로 창작정신이 빛나는 작품들로 채워진다.

신인 안무가의 무적舞籍에 올리는 설렘과 두려움, 순수와 열정을 조율하며 자신감을 불어넣어 주고자 하는 스승 임학선의 큰 뜻이 담겨 있는 작업이다. 싱그러움으로 가득 찬 공간에 넘치는 기쁨, 작품에 대한 구상과 진지함이 돋보이는 작업들은 일상과 일탈에 대한 상상력을 넓혀간다. 임학선의 지도를 받은 작품들은 자신감을 바탕으로 세부적 장면 분할, 체감의 희열과 기다림에 긴장과 갈등이 첨가되고, 연주 그룹 앙상블을 초청하는가 하면 노래와 춤이 어울린 춤판을 만들기도 하고, 춤의 원초적 본능에다 동화적 감성과 연정이 담긴 노래와 문학적 서정을 독무讀舞하기도 한다.

이 무대에는 '임학선댄스위' 단원들이 자신의 작품들을 선보이며 신인 안무가로서의 성장 가능성을 보여준 계기가 되었다. '청춘', '세월', '예술'에 대한 고민과 미래에 대한 희망을 한국적 풍경 속에 현대성을 구축하고, 모든 살아 있는 것들에 대한 관찰과 연민을 통해 자신의 내적 성숙을 보여주고 있다. 이들의 춤은 불확실성의 시대에 희망의 좌표를 설정하거나, 일상의 풍경을 자신의 삶에 비유, 세상을 관통하는 시선으로 방향 상실한 자신을 돌아보거나, 반복되는 일상에서 일탈을 꿈꾸는 여인의 심리 등을 보여준다. 열린 공간에서 상징과 간극을 허물고 '민낯'으로 고민하는 진정성을 보인 작품들이다.

우리가 신인들에게 기대를 걸 수 있는 것은 그들의 한량없는 예술적 함량과 끈기로 미래를 밝히는 등불과 희망이 될 수 있기 때문이다. 다가올 10주년 공연에서는 철학적 상위개념의 주제를 담보한 미학적 성취를 이룰 작품들로 충격적 창작품들이 많이 탄생되기를 기원한다.

6. 임학선의 힘, 리더가 예술을 창조한다

두리춤터의 〈이 시대의 춤꾼, 명작을 춤추다展〉은 무용 생태계 복원작업과 댄스로지(dancelogy)로의 가능성을 보여주었다. 이 공연장은 그동안 고정 레퍼토리인 〈드라이브 쓰루〉 연작과 〈버즈아이뷰〉 연작, 〈크리에이티브 스테이지〉, '테마가 있는 한국춤' 시리즈 공연을 수용해왔다. 한팩 초청으로 아르코예술극장 대극장에서 공연하는 등 다양한 활동을 보여왔다. 이곳에서 연마한 '임학선댄스위' 단원들은 다양한 무용제와 단체에서 탁월한 개인 기량으로 수상의 영예를 안고 있다. 융·복합공연장 '두리춤터'가 리모델링되면서 다양한 춤공연과 연주회, 실험적 복합공연이 이루어지고 있다.

방배동, 이 동네의 기름진 문화공간은 두리춤터이다. 두리춤터는 1990년 춤전용극장으로 개관되어, 2009년 춤 공간과 의식의 리모델링 작업 공간으로 재탄생되었다. 21세기의 도심 속 문화예술창조 공간으로 거듭났다. 지하 1층과 1층 FOYER 공간에는 공연장과 가변의 공연을 할 수 있는 공연장이 꾸며져 있다. 3층 스튜디오 그리고 두리춤터의 주차장과 골목길도 훌륭한 공연장이 된다. 골목길을 지나가는 자동차, 행인, 구경꾼들도 카페 FOYER 창가를 통해 작품의 한 장면이 되는 즉흥 현장성이 한몫을 한다. 두리춤터를 둘러싼 주변 전체 공간은 행사의 성격에 따라 다양한 변화의 유도가 가능한 공간이라는 것이 큰 장점이다.

'두리춤터 FOYER 융·복합공연'은 영화, 무용, 음악, 드라마, 디자인, 사진, 전시 등이 함께하는 공연으로, 각 장르의 요소들을 조합해 두리춤터 FOYER의 실내외 공간에 어울리는 새로운 개념의 통섭 공연 창출을 목적으로 한다. 강낙현 감독의 가세로 국내 상시 공연과 함께 유럽과 중국 등 국제 아티스트들과 협연해왔다. 이 공연장은 일반인들과 함께 공유할 수 있는 영화 상영 공간으로도 활용되고 있다. 스웨덴 이민자 이다와 강낙현 감독을 중심으로 전개되는 여정의 관한 음악과 비주얼 아트의 협동작업은 인상적이었다. 무겁지 않은 인디음악의 자유로움, 계절과 도시를 노래하는 음유시와 영상의 조화가 〈IDA/ME〉를 구성하고 라이브 미디어의 활용도 흥미로웠다.

임학선은 두리춤터에서 다양한 스팩트럼의 방대한 춤을 수용하고, 극장 활용을 효율적으로 하면서 자신의 춤 연기 50년을 정리하고, 새로운 비전을 제시하는 업적을 이뤄내었다. 임학선 춤 50년, 임학선댄스위 30년 기념 '임학선댄스위 발자취'로 임학선댄스위 단원들은 임학선의 흔적을 보여주는 작업을 계속해오고 있다. 1월: 정향숙, 2월: 조인호, 김동민, 3월: 이보름, 박지선, 4월: 노한나, 5월: 정보경, 6월: 김미영, 7월: 유혜진, 8월: 김수정, 9월: 박완주, 이혜민, 김라희, 10월: 김주빈, 김세정, 조민아, 11월: 김영은, 12월: 김유진, 박연주가 그 흔적의 주인공이 되어 있다. 늘 바쁜 일정을 소화해내며 겸허하게, 때로는 엄하게 작품에 집착하는 모습은 경이

롭다. 임학선과 그의 작품, 춤 공간 두리춤터에서 인상 깊었던 작업들을 회고하면서 임학선의 포부와 희망이 결집된 결과물과 성과물을 들추어보았다. 춤 연기 50년, 그간의 노력에 존중의 뜻을 표한다.

7. 춤으로의 긴 여정

임학선의 춤 작업은 한 세대를 대표하는 방대한 분량이다. 출연작, 안무작에 얽힌 작가론, 작품론, 사적 관찰, 미학적 성취 등 그녀의 무용에 대한 작가의식과 작품직조론은 연구 분야가 너무 많아 방향을 잡기가 쉽지 않다. 기억에서 사라진 이미지 되살리기에서 현명한 선택은 무용가 자체로서의 임학선의 연대기적 행적에 대한 분석이다.

아직, 그녀의 춤 여정은 새로운 관찰과 실험적 모습과 연관이 있다. 그녀는 청마의 해에도 쉼 없이 담금질하고, 양들의 침묵을 간과하지 않을 것이다. 그녀의 춤은 언제나 우리춤의 중심부에서 무게 중심을 갖고 있다. 그녀는 감각적으로 자신의 느낌을 구조화한다. 그녀의 은유는 초월자의 모습과 현재적 집착의 교차점에 있다. 차가운 대리석에 실핏줄이 돌게 하는 작업을 거침없이 치러내는 모습은 안무가로서 소임을 책임지는 포스트모더니스트의 몸짓이다. 비움과 채움의 반복에서 그녀는 우주적 공간을 창조한다. 그녀의 최근 모습은 〈위대한 스승 공자〉에서 〈버즈아이뷰〉 사이의 간극을 헤아리며 수묵에서 파스텔 톤 사이의 차이를 이해하는 것이다.

예술가는 분주하며, 화려함 뒤에 빗방울처럼 달라붙는 외로움을 이겨내는 직업인이기도 하다. 그래서 예술가들에겐 상승의 '날갯짓'이 늘 필요하다. 나비의 날갯짓이 만들어내는 '나비 효과'는 그녀가 치러내는 예술가의 몸짓과 다를 바 없다. 그녀의 움직임은 관심 있는 사람들에게 먹물처럼 번질 것이다. 본능적으로 춤을 위해 기꺼이 순교할 임학선의 자세는 춤에 빠져들다 나오기를 반복한 안무가로서 도덕적 책무를 몸소 익힌 탓일 것이다.

임학선 춤 연기 50년, '임학선댄스위' 30년에 대한 소회를 피상적으로 엮어보았다. 10여 년 동안 집중적으로 그녀를 관찰한 것은 피상적일 수밖에 없다. 이제 그녀의 춤 여정은 자신을 정리하며 춤철학자로서 자신의 성찰 범위를 넓히면서 더욱 자유로워지는 것이다. 김수환 추기경이나 법정 스님이 즐겨 쓴 '바보 되기'와 '비움'이라는 단어를 더욱 가까이 두면서 작은 춤들을 지켜보는 것도 좋을 것이다. 인생은 짧고 예술은 길다. 자신의 그간 작업에 자신감을 가져도 좋다. 50년 동안 자신과 가족을 희생하며 일상적 삶을 우회하고 오직 한 길만을 간 그녀의 긴 춤 여정과 노고에 다시 한번 찬사를 보낸다. 춤의 신전에서 한국춤의 무시舞詩를 써오던 그녀는 2014년 12월 3일 한국예술평론가협의회로부터 공헌예술가(The Best Honorary Artist of The Year 2014) 칭호를 받았다.

영웅 이순신 2015

나라 사랑에 불탔던 무장 이순신에게 올리는 헌무

장석용 / 『글로벌이코노믹』 2015. 10. 4

'임학선댄스위'와 성균관대 유가예술문화콘텐츠연구소가 공동 주최하고 아르코예술극장 대극장에서 공연한 임학선(성균관대 무용학과 교수) 안무의 문묘일무 콘텐츠 프로젝트인 한국창작춤 〈영웅 이순신〉이 그 비밀의 신비를 풀어헤쳤다. 이순신에 대한 진지한 성찰은 핏빛 서사로 엮은 수신修身의 경전이었다.

문무文舞를 대표하는 〈위대한 스승 공자〉(2004)와 완벽한 균형을 이루는 무무武舞 〈영웅 이순신〉(2015)의 창작은 '문묘일무'를 연구해온 안무가로서의 당연한 도리이다. 방대한 분량을 축약한 대작 〈영웅 이순신〉은 나라 사랑에 불탔던 이순신, 춤 사랑에 일생을 매진한 임학선 같은 자신의 작업에 헌신하는 모두에게 희망과 용기의 메시지가 되었다.

〈영웅 이순신〉은 총 6장으로 구성되어 있다. 제1장 거북선(용머리를 들어 올리고, 병사 대오를 갖추다, 자 출정이다!), 제2장 기쁨의 순간(승전의 소식, 어머니의 수연, 충효는 하나), 제3장 백의종군(논쟁의 소용돌이, 빈 상여로 어머니의 상을, 바다 위의 통곡), 제4장 난중일기(의기 내산월의 사랑, 왜장의 유린, 민초들의 강강술래), 제5장 판옥선 12척(긴장의 바다, 왜장과의 대결, 최후의 사투), 제6장 영웅 이순신!(무무를 헌상하다, 영원히 기리는 영웅)은 급박한 전쟁 부분에 집중되어 있지만 예악사상이 근간이다.

문무를 겸비한 조선의 제독이자 장군인 이순신이 마흔일곱에 맞이한 임진왜란은 전쟁 속에 활짝 핀 그의 인간정신, 책략, 휴머니즘을 발휘한 최고의 무대였다. 광복의 의미를 되새기며 애국, 애족, 효심의 아이콘으로 최근에 더욱 부각된 이순신은 김한민 감독의 영화 〈명량〉과 김상휘, 김영조 연출의 드라마 〈징비록〉에 이어 춤으로 만들어진 임학선 안무의 〈영웅 이순신〉으로 확장된다. 모두가 작품성과 흥행성에 있어서 우위를 입증하였다.

원 소스 멀티 유즈의 전형, 고뇌와 피로 쓴 이순신의 『난중일기』는 포스트모던한 디지털 숲에서 정공법으로 현대성을 확보한 작품이다. 일무 음악에 맞추어 전개된 공연은 사선의 탑조명이 공간감을 확장시킨다. 무대 중앙 후미에서 문이 열리면 붉은 눈알의 용머리를 든 이순신(김주빈)이 등장하고, 바닥에는 거북선의 등을 상징하는 하늘을 향해 누운 여성 무용수들의 두 발이 올라가 있다. 신비감이 감도는 춤은 승하선 시 배의 층계를 연상시키고, 여덟 명씩 짝을 이룬 여성 무용수들(병사들)의 출정을 맞이한다. 백색(조선군)의 승리와 적색(왜적)의 패퇴 모습이 재현된다. 이어 여인들은 다양한 물결을 연기해낸다. 이 물결을 헤치고 이순신이 늠름하게 바다로 나아간다. 진격의 쇠나팔 소리가 우렁차게 바다를 울린다.

임학선의 작품이 평가받는 점은 1) 한국인들의 가슴 한편에 도도히 자리 잡고 있는 공자 중심의 유교적 가치관의 발현과 실천을 작품 창작의 우위에 둠, 2) 이순신을 주인공으로 삼아 역경을 극복한 노블리스 오블리제의 전형적인 인물로 삼음, 3) 상징과 기호, 구성과 진법, 색상과 심도로 단순화를 시도함, 4) 공자제사인 석전대제釋奠大祭의 문묘일무, 이순신의 제사인 둑제纛祭의 경험을 살려 독창적인 방법으로 작품을 승화시킴, 5) 작품을 부각시킬 수 있는 문학적, 공간적, 서정적 상징코드(바다), 역사적 상징코드(난중일기, 통영승전무), 시각적 상징코드(거북선), 전통무의 상징코드(강강술래, 무무)를 잘 활용하고 표현함, 6) 역사무용극의 건조함을 덜어내는 조명과 사운드와 조화된 심리 묘사, 7) 평화의 수호자로서의 이순신 이미지 부각 구체, 8) 이순신 장군의 제사음악인 "정동방곡"에 맞추어 간척(干戚: 방패·도끼)을 들고 '무무'가 추어짐, 9) 문무와 무무(칠덕무七德舞)의 진전으로 '간척무'로 삼음, 10) 다년간에 걸친 연구에 기초함, 11) 대규모 무용수들이 일사불란하게 주제와 역할에 맞는 자신의 연기를 해냄, 12) 전반적으로 잘 짜여진 통일성 등에 있다. 결국 '임학선댄스위'가 추구하는 1) 석전대제의 '문묘일무' 콘텐츠 개발의 지속화를 통한 한국춤 발전 도모, 2) 무용·유학·영상의 융복합적 구성을 통해 한국창작춤의 새로운 장르 개척, 3) 한국춤의 브랜드 가치 창출 및 세계무대 진출 소스를 구축하겠다는 생각에 부합되는 것이었다.

목단춤과 검무로 승전의 기쁨과 모친의 수연이 베풀어진다. 의기 내산월이 연희를 이끈다. 궁중춤 형식으로 화려하게 펼쳐지는 목단춤 사이사이로 검무가 들어와 팔방의 원무로 돌아가면 연희는 절정에 달한다. 장군복을 입은 이순신과 백색 한복을 걸친 모친은 무희들과 연희를 즐긴다. 내산월이 이순신에게 목단꽃을 선사하고, 이순신은 그 꽃을 어머니에게 안겨준다. 무희들도 차례로 꽃을 선사한다. 목단꽃 속에 파묻힌 모친 또한 기쁨의 모습이다. 연희가 끝나고 이순신은 선조를 향해 북향배를 올린다. 이순신의 충효가 드러나는 순간이다.

전쟁사극 형식의 무용극은 전통무용에서 가장 역사가 오래된 검무를 수용하는 것을 기본으로 한다. 한국 창작무용은 전통무용의 다양한 원용의 형태를 보여주는데, 궁중무에서 변형된 목단춤은 목단의 의미를 살리면서 충성과 충효의 열정을 살리는 상징으로 사용된다. 다양한 복식의 의상, 전통을 주조로 한 사운드도 형식적 층위를 격상시키는 도구이다.

이순신과 선조의 갈등, 어머니의 가슴에 안겨 있던 꽃이 하나둘 떨어지고 이내 실신한다. 이순신은 파직되고 왜장의 검은 그림자가 드리운다. 선조, 이순신, 왜장 그리고 어머니의 4인무가 암울한 전쟁의 소용돌이를 예감케 한다. 떨어진 꽃은 죽음의 넋이 되어 무대에 나뒹군다. 죽음의 넋을 위로하던 어머니마저 운명을 달리하였다는 소식이 백의종군 중 전해진다. 빈 상여로 어머니의 장례를 치르는 이순신을 안타깝게 바라보는 내산월, 슬퍼도 내색할 수 없는 이순신의 소리 없는 통곡이 민초들의 슬픔으로 이어지고, 끝없는 흐느낌으로 바다 위를 흐른다.

이동 무대는 부지런히 무용수들을 무대 밑으로, 위로 오가면서 변화를 준다. 전쟁의 분위기와 장군의 이미지를 구체화시키는 무예 연마 장면, 평화 시에는 잔잔한 바다를 상징하는 바다 이미지를 여성 춤꾼들이 연기해낸다. 무사들은 바다 위에 있음을 무사가 여성 춤꾼들을 따라가는 것으로 표현한다. 깃발은 계속 움직이고, 인물의 기하학적 배치는 긴장감을 고조시키는 장치이다. 춤꾼들은 인물들의 성격, 상황, 주변들을 지속적으로 묘사해내고 있다.

이순신의 고뇌와 의지를 난중일기에서 읽어본다. 한산섬 달 밝은 밤에 수루에 앉아 홀로 신중히 하는 이순신. 그의 마음을 필체·학체·궁체의 춤으로 담아내는 내산월. 그러나 결전을 눈앞에 둔 이순신은 사랑하는 여인마저 뒤로한다. 그들의 못다 한 사랑이 애처롭다. 내산월 앞에 시련이 닥친다. 왜장이 그녀를 취하려 한다. 강하게 저항할수록 왜장은 더욱 거칠게 그녀를 낚아챈다. 그 모습을 지켜보는 민초들은 강한 분노로 몸부림친다. 그들의 몸부림은 강강술래의 울부짖음이 되어 하나로 단결된다. 손에 손을 맞잡은 그들의 몸과 몸은 어느새 긴 성벽으로 이어져 진을 친다. 성벽 넘어 울돌목으로 판옥선의 남성 군무가 일렬종대로 오버랩된다.

시조, 전통춤의 여러 갈래, 로맨스의 도입, 선과 악의 공존, 강강술래의 연원 등이 작은 명제로 등장함으로써 대상과 존재에 대한 호기심을 증폭시킨다. 갇힌 사고의 공간, 소원해져 있던 역사의 영웅 이순신을 열린 공간에서 대면하는 일은 더욱 신성시되는 특이점이 있다. 추악한 권력과 싸우면서, 민초들의 참혹한 현실을 몸으로 껴안으면서 옹호는 작업은 거룩하다.

울돌목의 판옥선 병사들. 일렬종대로 늘어선 판옥선의 선두와 후미의 움직임을 시작으로 일렬횡대의 일자진을 친다. 쇠나팔이 울리고 격군이 북을 치고 병사가 노를 젓는다. 이순신이 좌현과 우현을 지시하면, 노가 물 위로 치솟았다 잠기기를 거듭하고 격군들의 북소리가 다급해진다. 격군들은 몸을 숙이고 젖히며 온몸으로 노를 젓는다. 좌현의 배가 비틀거리고 판옥선이 곤두박질한다. 이순신은 우현으로 지휘통제를 잡아가고 병사들은 활시위를 당긴다. 붉은색 모자를 쓴 왜병들의 공격에 쫓고 쫓기는 상황. 이순신과 왜장의 진검승부, 왜장의 검이 허공을 찌르며 승리를 자신할 때 장군은 최후의 결전을 지시한다. 격군들의 북소리가 난타로 바뀐다.

전쟁의 사실史實들이 구체적으로 묘사되면서 무용극은 공감共感의 절정, 숙연한 승리의 기쁨, 처절한 항전의 승리감을 맛보게 한다. 임학선은 서사와 서정의 간극을 생명의 상징들로 채우고, 손가락이 터지고 발이 부러지는 참혹한 상황에서도 승전이라는 아름다운 핏물을 연출해낸다. 슬픔의 전장에서 피워낸 평화의 내음이 전율로 퍼진다.

강강술래로 단결된 민초들은 치맛자락을 휘날리며 병사들에게 용기를 북돋운다. 병사들은 다시 일어나 맨몸으로 최후의 사투를 벌인다. 병사들의 몸과 몸이 서로 맞부딪친다. 왜장이 휘청거리며 이순신 앞에 무릎을 꿇는다. 순간 무대는 정적이 흐른다. 잠시 후 판옥선의 병사들은 승리의 기쁨으로 넘쳐나고, 기쁨에 취한 민초들의 치맛자락이 잔잔한 여운으로 남는다.

강강술래는 마지막 힘까지 보태겠다는 여린 민초들의 결의의 결정結晶이다. 모두가 사라질 운명 앞에, 이순신 군단의 제2의 무기고 역할을 자임한 행위의 증거였다. 전쟁의 카타르시스로써 '강강술래'는 슬픔과 기쁨을 안고 있다. 분노와 탄식을 잠재우고, 오로지 의지로만 남는 생존의 상징이다. 조국을 수호하는 데 있어서 합심이 필요함을 보여주는 대목이다.

판옥선의 영웅 이순신. 그의 정신은 '평화'를 상징하는 '무무'로 빛난다. 이순신 장군에게 올리는 헌무, 둑제(이순신 장군 제사)가 '정동방곡'(둑제 제사음악)에 맞추어 추어진다. 복원 이후 처음으로 36명이 육일무六佾舞의 형식으로 이 춤을 이순신에게 헌상한다. 이순신은 미소로 화답한다. 나라를 위해 평생을 물 위에서 살았던 이순신, 모두가 그를 기리면서 춤은 종료된다.

임학선은 한국 창작무용의 대표적 안무가의 한 사람으로서 그녀가 직조한 〈영웅 이순신〉은 춤의 결론부에 펼쳐진 헌무獻舞로 대단원의 막을 내린다. 앞으로 이 작품은 여러 버전으로 만들어져 전국과 해외를 순회할 것이다. 영웅 이순신이라는 존재의 신비와 그의 영웅적 행위에 대한 부인할 수 없는 매력과 예술적 가치를 소지한 〈영웅 이순신〉의 탁월성에 찬사를 보낸다.

장석용(張錫龍: 1955~) 한국예술평론가협의회 회장, 제6대 국제영화비평가연맹 한국본부 회장, 2008 부산국제영화제 자문위원, 2009 오프앤프리 국제영화제 부집행위원장 역임. 수상으로 2000 PAF 비평상, 2002 올해의 최우수예술인상, 2005 교육인적자원부 장관상, 2008 한국 문화예술상 등이 있다.

〈날개옷〉 임학선의 춤 창무춤터 1987

5. 성기숙

제의적 서사에서 동양적 인문정신까지

제의적 서사에서 동양적 인문정신까지
임학선 창작춤의 공연미학적 변이

성기숙 / 임학선 춤 50년 학술심포지엄 2014. 12

1. 임학선의 예술적 여정

세대론적 관점에서 볼 때 임학선은 다소 애매한 위치에 속한다. 한국창작춤 제1세대로 불리는 김매자, 배정혜, 김현자, 국수호 등 원로 무용가들보다 조금 아래 세대에 속하면서 한국창작춤 제2세대인 김영희, 강미리, 정은혜, 장유경, 백현순 등 중견 무용가들보다는 다소 위 세대로 분류된다. 두 세대 사이를 잇는 가교 역할로서 중간자적 매개자라는, 독특한 위치에 있다 할 것이다.

임학선은 이화여대 무용과를 졸업하고 한양대에서 박사학위를 취득한 학구적 성향의 무용가이다. 고등교육을 수혜받은 엘리트 춤꾼으로서 아카데믹한 환경에서 성장한 것은 큰 행운이다. 이화여대 무용과 졸업 후 한국창작춤의 기수로 손꼽히는 창무회 원년 멤버로서 김매자의 가르침 아래 창작의 기본원리를 체득하고 안무의 지평을 넓혔다. 굿의 제의성에서 일상성 및 서정성, 현실인식에 입각한 비판의식, 그리고 동양 인문정신의 형상화에 이르기까지 임학선의 예술세계는 다층적이라 할 수 있다.

임학선은 다작多作의 무용가는 아니지만 작품 하나하나 투영된 예술적 완성도는 꽤 높은 수준을 자랑한다. 초기작 〈새다림〉, 〈불림소리〉, 〈지혼〉, 〈인다리〉 등은 무속을 제의적 형식으로 풀어내 호평받은 작품들이다. 유안진 시를 모티브로 한 〈날개옷〉, 자매의 일상을 그린 〈우리, 둘〉, 한국 여인의 고난에 찬 삶을 형상화한 〈마음꽃〉 등은 일상성과 서정성을 화두로 시적 감수성이 짙게 배인 작품이라 할 수 있다. 또 걸프전의 참혹함을 고발한 〈흰 새의 검은 노래〉를 비롯 〈비무장지대에서서…〉, 〈민들레 왕국〉 등과 같이 현실비판적 작품을 통해 안무 스타일의 확장을 꾀했다. 서울시무용단 예술감독 시절엔 〈밝산〉을 안무하여 고대 신화에 대한 관심으로 역사 탐색의 대장정에 나서기도 했다.

특히 임학선의 활동 후반기에 이르러 보여준 동양정신으로의 회귀는 중요한 시사점을 제공한다. 동양의 성인으로 존숭되는 공자를 무용화한 작품 〈위대한 스승 공자〉를 통해서는 동양 인문정신의 정수인 예악禮樂의 숭상을 창작화하여 주목받았다. 특히 〈태극구조기본춤〉 고안은 임학선의 지적이면서 아카데믹한 의식을 상징적으로 보여주는 좋은 예라 하겠다.

2. 몸의 토대 만들기, 춤메소드 고안

임학선의 예술적 여정에서 기본춤 고안과 순수 작품 창작의 측면으로 나누어 고찰해볼 수 있다. 우선, 〈태극구조기본춤〉은 임학선이 줄곧 추구해온 전통에의 깊은 관심에 의한 특별한 결실로 보인다. 알다시피, 우리 한국춤의 경우 무용가마다 독창적 기본이 존재한다. 예컨대 이대기본, 경희대기본, 중대기본 등으로 대학마다 각기 다른 기본이 통용된다.

그런데 이들 기본춤을 가만히 들여다보면 신무용적 가락과 춤사위가 적당히 조합된 것들로 이루어져 있음을 알 수 있다. 신무용이 퇴조하고 새로운 사조로 부상한 한국창작춤이 출현한 지 40여 년이 지난 지금에 이르러 신무용에 토대한 기본춤 훈련체계가 널리 통용되고 있다는 사실은 아이러니가 아닐 수 없다. 오늘날 대세가 된 한국창작춤 환경에서 신무용 어법이 기본이 되는 동작메소드로 다양한 표현을 구현한다는 것은 한계가 있다.

한국창작춤에서 요구되는 다양한 몸짓을 수렴하기 위한 새로운 춤기본이 필요하다는 문제의식에서 탄생한 것이 김매자의 〈춤본〉이다. 승무, 살풀이춤, 굿춤 등을 관통하고 있는 〈춤본〉의 경우는 만들어진 지 30여 년이 흐르는 동안 그 실제성에 대한 검증이 완료된 시점에 있다. 특히 〈춤본 Ⅱ〉의 경우는 기본춤으로서뿐만 아니라 하나의 작품으로도 완결된 구조를 띠고 있다. 뒤이어 발표된 김영희의 〈호흡기본〉은 춤사위의 형태가 만들어지기 이전의 몸의 내적 움직임을 강조한, 즉 한국춤에 있어 보다 원활한 호흡운용에 관한 훈련법이라는 점에서 주목된다.

창작춤 표현을 위한 독자적인 춤메소드 만들기 행렬에 가세한 또 한 사람을 꼽으라면 바로 임학선이다. 임학선이 고안해낸 〈태극구조기본춤〉은 한성준을 주제로 다루었던 자신의 박사학위 논문을 확대, 발전시킨 것이다. 한성준류 전통춤사위를 원용한 〈태극구조기본춤〉은 현대적 몸짓을 위한 기본춤으로 고안되었다는 것이 하나의 특징이다.

〈태극구조기본춤〉은 호흡기법에 의해 12단계로 짜여져 있다. 필체· 학체·궁체의 춤사위 유형, 맺음·어름·풀음의 춤기법구조, 들숨·날숨·정지의 호흡구조로 이루어져 있으며 분석적이고 구체성을 띠고 있다. 가부좌로 앉아 정지된 호흡의 점에서 곡선, 원형호흡을 거쳐 숨 고르기 동작으로 시작되는 1단계에서 12단계로 이르는 동작구조는 점층적으로 전개된다. 날렵하고 속도감 있게 처리되는 하체와 부드럽고 섬세하면서 탄력을 강조한 상체의 몸놀림이 조화를 이룬다.

중반 이후에는 밀고 당기고 어른다거나 지수고 어르기 등 고도의 테크닉이 요구되는 동작들로 조합되어 있다. 이때의 동작들 역시 호흡의 리듬에 따라 사방으로 연결되는 동작들은 점·선·원의 원리에 기초한 순환관계에 있다. 기본춤의 성격인데도 춤의 형식화에 몰두하였던 이전의 작업에 비하여 실제적인 동작을 통한 몸 다스림 또는 몸풀이에 역점을 둔 점이 〈태극구조기본춤〉이 지닌 큰 장점이라 할 수 있을 것이다.

3. 임학선 창작활동의 두 축

임학선은 교육과 창작을 병행하면서 예사롭지 않은 예술적 흔적을 남긴 무용가라 할 수 있다. 그는 한국창작춤의 기수 창무회의 대표를 지내면서 다양한 실험작을 통해 새로운 바람을 불러일으켰다. 30대 초반에 수원대 무용과 교수로 임용되어 '전통의 현대화'를 화두로 주옥같은 명작을 남겼고, 40대 후반 성균관대로 옮긴 이후 동양의 인문정신에 토대한 활동에 전념하면서 또 다른 결실을 가져온다.

이런 맥락에서 임학선의 예술활동은 크게 수원대 시절과 성균관대 시절로 양분된다 할 수 있을 것이다. 이를 달리 표현하면, 수원대 시절은 임학선 예술활동의 전반기, 그리고 성균관대 시절은 후반기라 명명해도 좋을 것이다. 전반기의 활동은 '전통의 현대화'를 화두로 한 전통의 변용과 재창조 작업에 몰입하면서, 다른 한편 삶의 일상성을 소재로 서정성 짙은 작품 창작에 주력하였다. 후반기 활동은 작품 〈위대한 스승 공자〉를 통한 동양의 예악전통에 토대한 인문정신의 천착에 초점이 맞춰져 있다.

1) '전통의 현대화' 혹은 일상성을 화두로

임학선의 초기 활동은 한마디로 전통 재인식의 산물이라 할 수 있다. '전통의 현대화'를 화두로 전통을 변용하고 재창작하는 작업에 주력하게 된다. 특히 굿에 소재를 둔 초창기 대표작 〈새다림〉과 〈인다리〉는 한국창작춤에 있어 전통 재해석의 기념비적인 작품으로 간주된다. 굿에서의 정화의식을 춤으로 변용해본 〈새다림〉은 비록 독무 형식으로 짜여져 있지만, 거기엔 하나의 작품으로서 완결된 구조를 지니고 있다.

〈새다림〉에서의 춤은 굿의식에서 행하는 부정풀이로서의 의미를 갖지만 그 이면엔 춤꾼으로서 스스로의 몸을 다스려 맑고 깨끗한 기운을 소원한다는 미래지향적인 희망이 내포되어 있기도 하다. 〈새다림〉에서 임학선은 맺고 어르고 푸는 식의 한국춤 특유의 동작원리를 원용한다. 몰아적 경지에서 춤추는 그녀의 몸짓은 섬뜩하고 경이롭기까지 하다.

임학선의 작품세계를 휘감고 있는 중요한 특징 중 하나는 바로 춤의 일상성과 서정적 춤미학이다. 일상성에의 관심은 초창기 굿으로 일관해온 소재의 편협성으로부터 탈피하려는 의지의 소산으로 풀이된다. 여기서 임학선이 추구하는 일상은 소외된 일상이 아닌 나 주변의 일상, 다시 말해 주체(나)와 일상의 관계 속에서 추출되는 현실의 모순 내지 대립과 갈등, 고통과 슬픔, 사랑과 희망 등을 투영하려 한 것이다.

그녀의 작품에서 춤의 일상성을 대입한 최초의 작품은 바로 〈날개옷〉이다. 유안진의 시를 차용한 〈날개옷〉에서는 선녀와 날개옷을 배경으로 천상적 아름다움과 환상을 통해 중년 여인이 겪는 일상에서의 지루함과 짜증 등 심리적 갈등과 자의식을 반영했다.

초반부에는 혈육의 끈에 얽매여 버둥대는 모습과 평범하고 무료하기만 한 일상의 허무감, 절망감을 묘사하였다. 일상으로부터 탈출을 꿈꾸며 환생여행을 떠나지만 환상에서 깨어났을 때 혈육의 끈인 자식의 존재를 재인식하면서 현실을 운명적으로 수용할 수밖에 없음을 깨닫는다는 내용이다. 일상에서 겪는 중년 여인의 내면 갈등과 자의식을 정서적으로 수용한 〈날개옷〉은 표현에 있어서도 굵고 과감한 동작들은 가급적 배제하고, 섬세하고 밀도 있는 동작들로 배치했다.

한편 〈우리, 둘〉은 춤꾼의 길을 동행하고 있는 동생과의 관계 속에서 야기되는 갖가지 감정들을 진솔하게 형상화하고 있다. 둘만이 느낄 수 있는 사랑, 고뇌, 화해, 질투, 의지 등을 혈연이라는 매개 속에서 엮어간 〈우리, 둘〉은 한국창작춤의 소재 확대라는 차원에서뿐만 아니라 형식상의 파격에서도 주목된다. 예컨대, 일정한 줄거리를 배제한 채 줄곧 2인무로 진행되는 점이라든가, 둘만이 공유할 수 있는 일상에서의 갖가지 사건과 감정들을 추상적 몸짓에 의존하지만 이를 막연한 나열식이 아닌 대화 형식을 빌려 표현한다는 점, 그리고 홈드레스를 연상케 하는 단순하지만 화사하게 디자인된 의상의 혁신과 가야금 선율을 주조로 한 신혜영의 음악 등이 이상적으로 결합되어 조화를 이루어낸 수작으로 손꼽힌다.

임학선이 추구한 춤 일상성의 주변에는 한결같이 서정적 춤미학이 배회하고 있다. 세월의 흐름에 누적되어온 두 자매의 오랜 사랑과 신뢰, 우정 등을 아낌없이 나누며 춤으로 매개된 순간적 동질감을 감동적으로 묘사한 〈우리, 둘〉을 감싸고 있는 특징 또한 서정적 춤미학으로 갈무리된다.

김수영이 시 「풀」에서 '눕고, 일어서는' 등으로 풀에 무한한 생명력을 불어넣었듯이, 〈비무장지대에 서서…〉에서 무대를 가득 메운 풀들은 무한한 생명력의 영속성을 묘사하고 있다. 이 작품에서 풀의 신체 이미지화는 바로 임학선이 추구한 서정적 춤미학의 완결판이 된다.

한편 임학선이 추구한 서정적 춤미학에서는 부담 없이 보면서 즐기도록 하는 낭만적 충동성이 가미되어 있기도 하다. 〈민들레 왕국〉에서 꽃이 발아되고 부풀어 올라 피어나기까지의 일련의 과정은 춤의 신체 이미지화의 절정이다. '민들레의 새싹-평화로운 들판의 민들레-민들레의 수난-홀로 남은 민들레-민들레 왕국'으로 전개되는 이 작품에서 우리 민족을 상징하는 민들레는 곧 강인한 생명력의 표상이 된다. 식물 줄기에서 피어나는 새순의 이미지를 팔선과 손가락을 이용하여 극소화된 움직임으로 묘사한 첫 장면은 절제된 표현이 극대화된 경우로서 임학선이 추구한 서정적 춤미학의 본보기가 된다.

한 알의 씨앗으로 발아하여 새순이 돋고 한 줄기 민들레로 자라나 외부의 거센 억압과 핍박을 온몸으로 견디며 끝까지 부과된 생명력을 지켜가는 민들레의 삶은 경이롭기까지 하다. 민들레의 강인한 생명력에 대비하여 우리 민족의 삶을 형상화한 〈민들레 왕국〉은 임학선의 역사 현실의식의 주체적 수용이자 몸짓의 언어적 환원을 구현한 또 하나의 장엄한 의식이 되는 셈이다.

임학선의 작품에서 서정성이 감돌고 있는 또 다른 작품으로는 〈마음꽃〉을 들 수 있다. 〈마음꽃〉은 한국 여인의 마음속에 수놓아진 기쁨과 슬픔을 내밀한 정서로 표한한 작품이다. 부드러운 실과 천의 이미지 또는 강한 바늘의 이미지를 도용, 험난한 가시밭길을 헤쳐가야만 하는 여인의 고통과 인내를 각양각색의 마음의 꽃으로 그려내고 있다.

이 작품 역시 춤에서의 서정을 신체 이미지화에 따랐는데, 가령 무릎 굴신에 착안하여 누에의 꿈틀거림을 묘사한다거니, 손끝 발끝을 이용한 바늘춤에서 날카롭고 뾰족한 직선의 이미지를 부각시킨다거나, 한으로 응어리진 여인의 마음을 복잡하게 얽히고 꼬인 선으로 묘사하고 있는 사례 등이 바로 그것이다. 이런 것들이 융합되어 〈마음꽃〉에서 그리는 여인의 서정은 눈물과 한숨과 기쁨과 환희가 농축된, 마음속에 영원히 지워지지 않는 무채색의 꽃으로 각인되는 것이다.

2) 동양 인문정신의 구현

임학선의 예술행보는 성균관대로 이직하면서 크게 변화한다. 1990년대 후반, 그녀 나이 40대 후반에 이르러 교육자로서 근무환경의 변화는 그의 예술활동을 크게 뒤흔드는 중요한 요인으로 작동되었다. 600년의 역사에 유가의 예악전통을 고스란히 간직한 성균관대의 육중한 이미지는 임학선 예술세계를 자연스럽게 동양의 인문세계로 인도한 듯하다. 공자의 일대기를 창작화한 〈위대한 스승 공자〉를 안무한다거나 문묘일무에 천착하여 학술적으로 정하는 작업에 매진하게 된 것도 이와 무관치 않아 보인다.

동양 인문정신의 탐색은 두 가지 갈래로 전개되었다. 하나는 학술적 관심으로서의 저술활동이고 다른 하나는 창작활동을 통한 작품 〈위대한 스승 공자〉의 탄생이다. 저술활동의 일환으로 석전일무에 대한 이론적 연구를 통해 『문묘일무보 도해』(2005), 『문묘일무의 이해』(2006) 등 두 권의 저서를 발간한 바 있다. 특히 문묘일무의 이론과 원리, 구조와 체계 및 사상을 종합적 관점에서 다룬 『문묘일무의 이해』 등을 저술하여 일정한 성과를 거뒀다.

작품 〈위대한 스승 공자〉는 창작춤세대로서 임학선에게 특별한 성취를 안겨준 작품이다. 2004년 초연된 이래 프랑스 파리 유네스코 본부에서 전막공연을 개최한 것을 비롯해 독일 부퍼탈 피나바우쉬 아다페스티벌, 프랑크푸르트 국제도서전 등에 초청되어 절찬받았다. 공자의 일대기를 서사무용극으로 꾸민 작품 〈위대한 스승 공자〉는 서양인의 감수성을 자극하기에 적합했다. '탄생–학문–고난–임종–부활' 등 공자의 일생을 연대기에 의존한 옴니버스 스타일의 상황적 무용극으로 전개하여 한국창작춤의 새로운 전형을 창출해 관심을 끌었다.

"작품 〈위대한 스승 공자〉는 서사체계와 제의의 이중구조로 이루어져 있다. 1장 '탄생'에서는 하늘과 땅의 축복을 일무의식으로 거행하며, 2장 '학문'에서는 이번 베이징올림픽 개막식에서 선보인, 책과 학문을 뜻하는 대나무 죽간 활용의 창의적 춤사위와 소도구 창출이 처음 도입되었다. 탄생과 학문의 장만이 아니라 인간으로서, 위대한 스승으로서 겪는 삶의 고비는 3장 '고난'에서 두드러진다. 서사구조의 줄거리는 4장 '임종'에 이르기까지 한 인간의 삶의 고비를 그리고 있지만, 그 묘사가 서술적 전개방식이 아닌 시적 무용예술적 형상으로 처리되기 때문에 작품 〈위대한 스승 공자〉는 총체적으로 보면 제의적 서사무용시라고 일컫는 것이 옳다."[1]

무용평론가 이상일은 〈위대한 스승 공자〉에 대해 제의적 서사무용극이라 재단한 바 있다. 예악禮樂을 기반으로 한 이 작품은 학문의 구체적 실현으로서 죽간 소리와 거문고 가락은 학문이라는 관념의 세계와 구체적 현실세계를 잇는 다리 구실을 한다고 조망했다. 아울러 고전적 무대 형식에 현대적 움직임을 높이 평가한 바 있다.

서사무용극으로서의 〈위대한 스승 공자〉에 대한 평가는 김태원의 평문에서도 포착된다. 그는 〈위대한 스승 공자〉가 대형극장 무대에 올려진 것에 비춰 거대물량주의를 앞세운 행사용 공연이 아닌가라는 의구심이 있었지만, 이것이 한낱 기우에 지나지 않음을 인상 깊게 형상화된 무대를 통해 확인했다고 역설하면서 인간 공자의 모습을 서사적 구성을 통해 묘사한 점을 높이 샀다. 아울러 성균관을 중심으로 면면히 흘러온 유교적 가치와 동양 예악문화의 발흥으로서 공자를 소재화한 작품 〈위대한 스승 공자〉를 특별한 시선으로 주목하였다.

"또다시 성균관에서 〈위대한 스승(The Great Teacher) 공자〉를 올리는 의미는 무엇인가. 단지 동양정신문화의 한 뿌리로서의 공자 예찬일까. 그것은 아닐 것이다. 우리가 성균관을 중심으로 수백 년간 고집스럽게 간직한 문묘일무와 함께 우리 문화 속에 살아 숨 쉬고 있는 유교적 가치관과 인간주의(윤리적 휴머니즘)를 공자의 삶과 더불어 되새김질하면

---

1. 이상일, 「〈The Great Teacher 공자〉의 탄생과 부활」, 임학선 춤작가 30주년 기념공연 팸플릿(2008. 10. 9) 참조

서, 우리 정신문화의 한 근간을 깊게 성찰하고 그 곧은 줄기를 각 문화의 분야에서 새롭게 세워보자는 뜻이 그곳에 있는 것은 아닐까. 즉 지난 70~80년대를 지배하였을 이른바 민중문화와 무속의 카오스적 세계가 아닌, 건강한 질서와 화합과 의미있는 수수지례授受之禮의 예禮의 세계를 다시 부활시켜볼 수는 없을 것인가. 그런 뜻에서 이번 〈위대한 스승 공자〉 공연은 단순히 춤의 공연이 아닌, 자본과 기술의 시대의 '새 예악禮樂 문화의 발흥'의 한 증표라 할 수 있을 것이다. 즉 이것은 죽어가는 인문학과 예술, 인간 마음 역사의 재건이요, 적어도 잊혀진 삶의 가치관의 또 다른 균형 맞추기가 아닐 것인가."[2]

〈위대한 스승 공자〉를 통해 우리네 삶을 성찰할 뿐만 아니라 인문정신의 부활을 꿈꾸면서 동시에 춤이 '순간'의 예술로 물거품처럼 사라지는 것이 아니라, 특별한 사유의 산물이자 정신적 가치 구현의 결정체임을 강조하는 글귀이다. 인류에게 남긴 공자의 교훈 중 가장 으뜸은 바로 인仁 사상이 아닐까 싶다. 필자는 공자 초연을 보고 〈인仁 사상과 공자의 재발견〉이라는 주제로 리뷰를 남긴 바 있다.[3] 작품 〈위대한 스승 공자〉는 동양적 사유의 인문적 지평 확산의 산물로서 임학선 창작활동에 의미 있는 성취를 남긴 특별한 작품으로 자리매김된다.

---

2. 김태원, 「〈공자〉 공연의 문화적 의미」, 〈위대한 스승 공자〉 공연 팸플릿(2012. 2. 4) 참조
3. 성기숙, 「인仁 사상과 공자의 재발견」, 『춤』(2004년 7월호) 참조

성기숙(成基淑: 1966~) 한국예술종합학교 전통예술원 교수, 무용평론가, 성균관대학교 대학원 동양철학 박사. 주요 저서로 『전통의 변용과 춤창조』(1998), 『춤의 현실과 비평적 인식』(2000), 『춤의 충돌과 화해』(2010), 『춤의 위기와 전망』(2010) 등이 있다.

〈민들레 왕국〉 한국무용제전 문예회관 대극장 1989

6. 김기화

임학선 춤예술의 변화와 그 표현성

임학선 춤예술의 변화와 그 표현성

김기화 /『공연과 리뷰』86호

엑스터시적 몰입에서 미니멀적 조형미까지

한국창작춤이 독자적인 무용 장르로 인식된 것은 그리 오래되지 않았다. 1970년대에 들어서자 한국의 무용계는 현대사회가 인정하는 예술적 형식에 대해 고민하였다. 더불어 현대사회로 진일보하면서 놓친 우리 것의 고유성에 대한 자기 성찰의 목소리가 소리를 내기 시작하였다. 당시의 사회적 분위기 역시 한민족의 역사와 문화에 대한 시각을 민족 주체적인 사고를 통해 구축하고 이를 통해 세계적인 보편성과의 균형 잡힌 시각을 확보하고자 하였다. '한국학'이라는 새로운 학문 성립을 통해 민족 주체적 사고의 체계를 구축하고자 국가에서는 1978년 한국정신문화연구원(現 한국학중앙연구원)을 설립하였고, 민간 차원에서도 많은 연구학회들이 설립되어 우리 것에 대한 진지한 담론을 형성하기 시작하였다.

당연히 무용계도 민족 주체성이 담긴 전통문화를 새롭게 인식하며 현장 중심 연구에 관심 갖기 시작하였다. 이러한 사회·문화적 변화는 무용계의 아카데믹한 예술가들에게 새로운 예술 모색의 돌파구가 되었다. 이들은 현대예술이라는 세계적 보편성에다 한국적 독자성을 확보한 무용예술을 구축하고자 하였다. 따라서 전통예술로부터 예술의 형식과 내용을 담아내려는 시도가 이루어졌다. 시대적 사고에 부응하는 새로운 공연의 어법은 신무용과는 다른, 인간의 내면에 대한 철학적 사색을 표출하는 한국창작춤이었다. 바로 이러한 시대적 요구에 선구적 의식을 갖고 새로운 한국무용의 길을 개척한 이가 임학선이다. 임학선은 한국 창작무용이 장르로 인식되기 이전부터 한국춤의 현대화를 시도하였고, 거침없는 행보로 한국창작춤의 장르성립에 일조한 한국 창작무용가 1세대[1]로 주목할 수 있다.

임학선은 1975년 5월 28일 국립국악원에서 주최하는 제1회 신인무용발표회에 신무용 형식의 산조춤 〈여운餘韻〉[2]으로 데뷔하였다. 그 후 1980년대 중반에 이르러서야 독자적인 예술세계를 펼치는 안무가로 새로운 인생을 시작할 수 있었다. 춤작가[3], 즉 안무가로 무용인생을 전환하게 된 계기는 이화여자대학교 동인그룹 창무

1. 춤평론가 김태원은 임학선의 작품집 『여유와 극복의 춤새김질』(1999)에서 "임학선은 한국창작춤에 일관적인 구조적 논리성의 부여와 변함없는 예술춤의 실천성을 지속적으로 보여주고 있는, 창작춤 1세대와 2세대의 말 없는 '엮음고리'라 할 수 있다"고 하였다. 성기숙은 2005년 『춤』지 9월호에서 「2004년 한국의 무용가」라는 지면을 통해 "한국의 창작춤 제1세대로서 전통 재창조 작업에 뚜렷한 궤적을 남겼던 임학선"으로 평가했다. 임학선은 이들이 지면에서 피력한 바와 같이 한국창작춤의 장르 구축에 중심적인 역할을 하며 새로운 예술적 지평을 여는 데 기여했다고 볼 수 있다.
2. 〈여운餘韻〉은 현재 황무봉류 '산조춤'으로 널리 알려져 있으며 이화여자대학교 출신 무용가들에 의해 자주 무대에서 공연되고 있다. 황무봉은 당시 이화여자대학교 무용학과 교수 김매자의 스승이자 신무용가로 유명세를 갖고 있었다. 김매자는 현재 창무예술원의 예술감독으로 한국 창작무용의 개성 있는 스타일을 구축한 바 있다.
3. 일반적으로 '작가'란 책, 혹은 텍스트를 쓴 사람이다. 작가는 자신의 체험과 생각 그리고 이 세상에서 일어나는 모든 이야기를 통해 지식을 창조하며, 문화 안에서 하나의 담론을 형성하여 국가나 사회에 파장을 일으킨다. 따라서 춤작가란 무용의 예술질서로 국가나 사회에 파장을 일으키는 무용창조자라고 할 수 있다. 무용에서 작가라는 용어가 널리 부각된 것은 1987년 시작된 '현대춤작가 12인전'이다.

회創舞會의 활동으로부터 시작되었다. 1976년 창무회는 '이 시대의 우리춤을 추자' 라는 기치 아래 결성되었다. 이러한 시대적 소명의식은 한국학이 표명했던 민족 주체적 사고체계가 각 분야에 파생되어 발전된 새로운 예술의식이었다. 시대적 소명의식의 선두에 있던 창무회의 행보에서 임학선은 창무회를 대표하는 회장으로 작품의 공동연구에 참가하며 창작 작업에 열중하였다.

창무회의 초기 작업들은 회원들의 공동작업이었다. 이는 한국 창작무용 초기의 상황을 대변해주듯 한국무용의 창작에 대한 새로운 방법을 찾아가기 위한 하나의 노력이었다. 〈거미줄〉, 〈소리·사위〉, 〈도르래〉 등은 한국적 생사관生死觀을 보여주는 작품으로 안무 초기의 임학선에게 안무적 경험을 갖게 하였다. 또한 임학선은 국내 최초의 무속연구학회인 '한민학회'의 회원으로 무속현장을 찾아 연구하며 한국무용의 근본을 굿판에서 인식하게 되었다. 이후 굿이 열리는 현장이면 어디든 찾아가 굿판에서 벌어지는 다양한 삶의 모습을 담아 임학선 고유의 춤세계관을 형성하기 시작하였다. 그녀의 춤세계에 변화를 준 무속에 대한 인식은 자전적 작품집 『여유와 극복의 춤새김질』(1999)을 통해 발견된다.

> *"다듬어지지 않은 무속의식을 통해 엑스터시 상태에 몰입하는 무당의 신들린 춤을 대하면서부터 춤꾼으로서 지녀야 할 중요한 요소가 무엇인가를 연구하게 되었다. 이렇듯 10여 년간 굿판을 쫓아다닌 후 나는 한국춤의 현대화 작업에서 중요하게 다루어져야 할 요인들, 즉 춤의 정신, 춤의 원리, 춤의 미적 특성, 내적 흐름, 춤꾼의 자세 등 구체적인 이해를 통해 원시 형태의 민속춤을 미학적 감각에 입각한 무대예술로 승화시키는 단*

계에 이르게 되었다."[4]

이와 같은 굿에 대한 인식은 그녀의 작품세계에 새로운 자산이 되었다. 즉 굿에서 파생될 수 있는 '엑스터시적 몰입의 상태'는 무용가가 지녀야 하는 강인한 정신력으로, 그리고 무대예술의 미학으로, 또 춤의 표현기법으로 고스란히 전이 되어 임학선 안무세계의 기본 원리로 인식되었다.[5] 굿판을 다니며 연구한 굿의 다양한 요소들은 작품세계에 반영되어 독자적인 춤기법을 구축하는 원동력이 되었다.

올해로 '춤인생 50년, 안무가 30년'을 맞이하는 임학선의 예술행보는 한국창작춤 역사의 일부로 볼 수 있다. 그녀의 예술적 변화와 표현에 대한 본 논의는 후학들에게 좋은 본보기로 귀감이 되리라 생각된다.

1. 임학선 안무 1기

: 무속에 기반한 극劇 긴장과 이완의 연동적連動的 춤동작 기법 구축

'임학선 안무 1기'는 우리의 민족적 정체성을 담고 있는 무속에 기반한 작품들로 새로운 창작에 대한 열망을 발견하게 된다. 무속적 소재를 담은 작품들로는 〈고시래〉(1981), 〈새다림〉(1983), 〈불림소리〉(1984), 〈인다리〉(1985), 〈천도〉(1994)가 있다.

이 작품들은 1980년대 중반부터 1990년대 초반에 이르기까지 발표된 작품으

---

4. 임학선(1999). 『여유와 극복의 춤새김질』. 현대미학사. p. 12
5. 김태원(1999). 「입무入巫의 몰아경과 조소적 형태미」. 『여유와 극복의 춤새김질』. 현대미학사. pp. 113~120에서도 그 힘을 강하게 지적하고 있다.

로 임학선의 석사학위 연구「진오귀굿의 무당춤에 대한 고찰」을 통해 구축된 무무巫舞 연구에 근거하여 발전된 것으로 보인다. 즉 무당의 엑스터시 상태에서 보이는 춤동작을 극 긴장과 이완의 연동적連動的 춤동작 기법으로 구축하여 개성 있는 임학선 춤의 형식미가 완성된다.

작품명	무속 소재	초연
고시래	고시래	1981
새다림	제주도 무속 부정풀이	1983
불림소리	황해도 진오귀굿	1984
지혼	진도 씻김굿	1985
인다리	신내림의 인다리 현상	1985
천도	무속적 진혼, 경기 무속무용 터벌림	1994

무속적 소재에 기반한 안무작품

무속적 특징이 보이는 첫 번째 작품은 〈고시래〉로 제3회 대한민국무용제에 출품한 독자적인 작품이다. 전래설화 '고시래(고수레)'에서 착안한 이 작품은 민속적인 풍습을 무대예술로 만들었다는 데 의미가 있다. 그러나 임학선이 안무가로서 집중적인 조명을 받게 된 작품은 〈새다림〉부터라 할 수 있다. '새다림'은 제주도의 무속에서 나타나는 용어이다. 이 작품은 무당의 부정풀이인 '새다림'을 춤꾼이 예술의 길을 갈 때 풀어야 하는 부정풀이로 재해석한 것이다. 〈새다림〉은 홀춤의 형식적 기반을 다지는 중요한 공연이었다. 춤추는 춤꾼의 내적 상태를 무당의 '엑스터시 상태'로 해석한 이 작품은 그동안 유미적 특징을 중심으로 펼치던 홀 춤의 형식을 인간의 내면적 갈등을 담은 표현적인 형식으로 전환하는 계기가 되었다. 〈새다림〉의 춤사위는 화려함보다는 호흡에 의해 변화되는 집중된 에너지를 주요 기법으로 활용하였다. 강한 응축과 이완, 즉 맺음과 풀음의 전통적 무용기법을 무대적인 관점으로 극대화하여 확장시킨 연동적인 무용기법을 완성하는 계기가 되었다. 〈새다림〉은 임학선이 안무가로서의 역량과 춤꾼으로서의 역량을 크게 인정받는 계기가 되었다.

〈불림소리〉는 〈새다림〉에서 구축한 춤의 기법을 군무의 구성법으로 확장한 작품이다. '신의 내림을 받은 자가 현실세계와 신의 세계를 넘나들다가 새로운 존재로 탄생된다'[6]는 무속의 입무立巫에 대한 과정을 보여주었다. 이 작품은 무용가들이 예술세계로 가기 위해 걸어야 하는 인생의 고단함을 극복하여 새로운 예술의 경지를 발견하는 자기 성찰의 의미를 담아내었다.

〈지혼〉은 세습무로 대표되는 진도 씻김굿에서 소재를 얻어 창작한 작품이다.[7] 이 작품은 〈떠도는 혼〉이라는 제목으로도 공연되었다. 구천을 떠도는 지하 영혼들의 세계를 상상과 이미지를 통해 긴장감과 다이내믹한 에너지로 표현하였다. 전통적인 진도 씻김굿에서 보여주는 진혼을 떠도는 혼들의 입장에서 그 영혼이 자유를 찾는 과정으로 보여주었다. 그러나 흔히 무용극에서 보여주는 주인공 중심의 극劇 구조보다는 군무의 이미지 중심으로 안무되었다. 군무 간의 통일된 춤과 개별적인 즉흥성을 통해 지하를 떠도는 혼들의 무질서 속 변화를 꾀하였다. 춤의 기법에 있어서도 좌우의 비틀어짐과 굴신을 통한 상하의 움직임을 결합하여 혼들이 흔들거리고 시공을 배회하는 이미지를 잘 이끌어내었다.

---

6. 임학선(1995), 「무속이 한국춤문화에 미친 영향」, 『한국무용연구』 Vol.13, p. 139
7. 임학선(1995), 앞의 논문, p. 140

〈인다리〉는 강신무권降神巫圈에서 구전으로 전해 내려오는 '인다리 현상'을 소재로 차용하여 안무한 작품이다. '인다리 현상'은 신내림을 받은 사람이 신을 거부하면 그 주변의 인물들을 희생시켜서 무당이 되도록 다리를 놓는다는 것을 말한다. 춤작품 〈인다리〉에서는 주인공이 스스로 인다리가 되어 죽음으로써 신의 부름에 응답하고 주변 사람들을 모두 구하는 슬픈 여인의 고뇌를 표현하였다. 이 작품은 이미 〈새다림〉에서 구축한 호흡 중심의 춤기법을 개성 있는 춤사위로 양식화하였다는 데 의미가 있다. 캐릭터의 이미지를 춤의 리듬으로 만들어 이를 군무들의 춤으로 구성하였다. 대표적으로 '말춤'과 '무당춤'은 모두 신내림의 계시를 상징하는 춤으로 주인공의 꿈속에 등장한다. 신성의 상징으로 표현된 '말춤'과 '무당춤'은 역동적인 기운을 내리는 신내림의 현상들을 유감없이 담아내었다. 이 춤들은 '연동적인 춤기법'을 활용해서 다양한 춤사위를 구성하여 개별적인 춤으로 완성도를 보여주었다. 또한 인다리를 상징한 군무 조형의 인교人橋와 그 위를 장엄하게 걷는 여인이 만들어낸 극적 긴장감은 '임학선의 안무 1기'를 대표하는 인상적인 작품으로 널리 알려져 있다.

무속에 기반한 이상의 작품들을 통해 임학선은 '안무 1기'를 구축하게 되었다. 무속적 엑스터시의 황홀경에 대한 임학선의 무속 인식은 '극 긴장과 이완의 연동적 춤기법'이라는 임학선 고유의 춤사위 기법을 구축하는 근간이 되었다. 이 춤기법은 반동적인 원리를 이용한 것으로 극단적인 긴장과 극단적인 이완을 통해 연이어 일어나는 운동법이다. 임학선은 작품의 주제에 걸맞는 춤사위를 안무할 때 이 춤기법을 통해 군더더기 없는 명확한 춤의 구조와 강한 몰입을 이끌어내는 힘 있는 동적인 춤사위를 구축하고 있다.

2. 임학선 안무 2기 : 미니멀적 조형미의 구축

'임학선의 안무 2기'는 작품의 소재에서부터 큰 변화가 보인다. 그간 집중적으로 관심 갖던 제의적이고 신화적인 무속적 작품 소재는 보다 현실적이고 사회 참여적인 일상적 소재로 변화를 보인다. 이는 무용 대중화에 대한 중견 안무가로서의 사회적 책임과 연관이 있어 보인다. 다음의 내용을 살펴보면 임학선의 생각을 명확히 이해할 수 있다.

> *"작가가 춤을 추고 작품을 만드는 직접 경험을 통해 삶의 가치를 인식하고 누리듯이 관객들도 예술 감상이라는 간접 경험을 통해 삶을 풍요롭게 할 수 있는 기회를 제공받는다는 사실은 모든 예술이 마찬가지겠지만 특히 춤은 더한 것 같다. 예술가들은 책임의식을 보다 진지하게 지니고 작품 만들기에 열중해야만 하는 의무가 주어진다고 할 수 있다. 나는 이러한 의식 속에서 많은 사람들과 함께 나누는 춤을 만들기 위해 소재 확대와 그에 따르는 새로운 춤언어 및 표현기법 개발에 역점을 두고 작품 만들기에 열중하였다."*[8]

위의 글은 관객을 배려한 중견 안무가의 사회적 책임이 명확하게 엿보인다. 글 속에는 관객과의 소통을 위해 작품의 소재적 측면이나 춤의 양식적 측면을 개발

---

8. 임학선(1999), 『여유와 극복의 춤새김질』, 현대미학사, p. 13

해야 한다는 그녀의 생각이 잘 드러나 있다. 실제 그녀는 작품 속에 관객들이 경험하는 일상과 사회적인 관심사를 소재로 활용하여 작품의 내용적 축을 구축하고 있다. 그리고 이 소재를 공감할 수 있는 표현방법의 다양성을 연구하여 작품 속에 투영하였다. 바로 '임학선 안무 2기'의 작품에는 관객과의 공감과 소통을 이끌어내려는 안무자로서의 의지와 작품 표현에 대한 개성 있는 그녀만의 방법을 엿볼 수 있다.

'임학선 안무 2기'의 작품은 내용적인 측면에서 크게 세 가지 양상이 발견된다. 첫 번째는 여성으로서의 삶에 대한 자전적 작품들이다. 두 번째는 우리 민족의 강인한 생명력을 통해 미래지향적인 희망을 염원하는 작품들이다. 그리고 세 번째는 사회에서 벌어지는 부조리한 일들을 예술가의 시각으로 담아낸 작품들이다.

1) 여성으로서의 삶을 표현한 자전적 작품

여성적 삶에 대한 자전적 작품으로는 〈우리, 둘〉(1986), 〈날개옷〉(1987)이 있다. 이 작품들은 일상의 삶에서 느끼게 되는 감정과 중년 여성이 느끼게 되는 자아에 대한 내적 갈등을 보여준다. 이 작품들은 소극장의 특성에 맞는 춤의 형식으로 안무되었다. 다채로운 구성 중심의 대극장 춤과는 명확히 구분되게 호흡과 무게 중심 등의 내밀한 인간 생명의 표현을 안무에 이용하였다. 근접해 있는 관객들은 진지한 몰두와 감동으로 같은 공간감空間感을 인식하였다.

〈우리, 둘〉은 자매 무용가인 임학선이 동생인 임현선과 함께 성장하며 겪은 갈등과 사랑, 그리고 성장하여 각자의 독립적인 길을 가는 자매의 삶을 춤으로 이야기하였다. 2인무로 안무된 이 작품은 공간에 대한 다양한 해석과 시간 구성을 통해 둘 간의 심리적 갈등을 표현하였다. 춤의 리듬으로 완성된 이 작품은 2인이 만들 수 있는 조형성을 최대한 찾아내어 안무로 표현하였다. 그리고 반복과 변화의 미적 요소를 통해 밀도 있는 긴장감을 만들어내었다. 특히 두 사람의 춤은 근력을 통한 힘의 원리를 이용하여 대립과 통일, 상호 의존, 상호 변화 등의 기법이 명료하게 전개되었다.

작품명	소재	초연
우리, 둘	자매	1986
날개옷	날개옷	1987

여성으로서의 삶에 대한 자전적 소재에 기반한 안무작품

〈날개옷〉은 창무춤터[9]에서 발표한 소극장 작품으로 유안진의 시 〈날개옷〉을 무용시로 표현한 것이다. 원작은 전래설화 '선녀와 나무꾼'의 날개옷에 모티브를 둔 것이다. 무용 역시 두 아이의 어머니로써의 삶과 일하는 여성으로서 삶이 극적인 갈등으로 전개되며 중년 여성의 자기 성찰을 표현하였다. 임학선은 섬세한 내면의 연기로 어머니의 갈등을 깊이 있게 표현하는 성과를 거두었다. 자식들과 어머니의 춤은 문답 구성의 방법을 통해 서로 간의 관계를 보여주었다. 극적인 긴장감을 유지한 이 작품은 시와 같이 감정을 함축하는 상징의 기법으로 무용시舞踊詩로서의 질서를 보여주었다.

9. 1985년 개관한 창무춤터는 1988년 말까지 신촌시장에 개관한 국내 최초 춤전용 소극장이다. 문을 닫을 때까지 다양한 실험작품을 기획하여 한국창작춤의 소극장춤을 새롭게 시도하는 데 기여하였다.

2) 우리 민족의 끊임없는 생명력을 노래한 작품

우리 민족의 생명력을 소재로 하는 작품으로는 〈민들레 왕국〉(1989), 〈마음꽃〉(1992), 〈고구려의 혼〉(1994), 〈밝산〉(2000)이 있다. 이들 중 〈민들레 왕국〉과 〈마음꽃〉은 독립 안무가로서 안무한 작품들이고, 나머지 두 작품은 직업예술단의 안무가로 재직하면서 안무한 작품들이다. 특히 〈민들레 왕국〉과 〈마음꽃〉에는 임학선의 안무 표현기법인 '미니멀적 조형'이 명확히 드러나 있다. 〈인다리〉부터 보이기 시작한 군무 조형적 안무 특성은 〈민들레 왕국〉과 〈마음꽃〉을 통해 보다 정리되어 보다 함축적이고 군더더기 없이 절제된 '미니멀적 조형미'로 개성 있게 구축되었다.

작품명	일상 소재	초연
민들레 왕국	민들레	1989
마음꽃	바느질	1992
고구려의 혼	고구려의 고분벽화	1994
밝산	한민족, 치우	2000

우리 민족의 강인한 생명력에 기반한 안무작품

〈민들레 왕국〉은 우리의 역사 속에서 경험되고 있는 외부로부터의 침략과 저항, 강탈과 유린의 문제를 춤으로 상징하거나 풍자하려 했다.[10] 한 뿌리의 민들레에 모티브를 두고 완성한 이 작품은 민들레라는 들풀이 도시 속에서 생명을 유지하기 위해 겪어야 되는 고단함을 우리 민족의 수난사로 상징화하였다. 그 표현 방식에 있어서도 여성 특유의 서정성이 돋보여 아름다운 감성을 불러일으켰다. 특히 '새싹의

10. 김태원(1989), 「한국무용제전 – 민들레 왕국」, 『객석』, 1989년 6월호

발아 장면'은 많은 이들이 이 작품을 수작으로 느끼게 하는 강한 인상을 심어주었다. 춤평론가 김태원은 "공연 후반부, 마치 봄 대지의 지열의 전파를 상징하는 듯한 여인의 중첩되는 팔들의 움직임, 그리고 끝 장면에서 시달리고 쓰러진 사체들 사이에서 하나 실같이 오르는 손가락의 움직임은 신비스러울 뿐만 아니라 최면적이기까지 하였다"고 하며 이 장면의 표현기법에 주목하였다. 이상일도 "'뿌리'에서 뻗어 오르는 생명력과 '꽃씨'로 흩어져 나르는 자유와 해방에 이르기까지 손끝과 팔의 유연한 선 만들기는 아주 인상적이었다"[11]며 민들레의 생명에 대한 표출을 집중도 높게 형상화하고 있음을 피력하였다.

평론가들이 주목했던 '새싹의 발아 장면'은 극소 표현으로 최대 효과[12]를 발휘한 독창적인 표현기법이었다. '새싹의 발아 장면'은 바닥에 누워 어깨를 중첩한 무용수들 간에 팔을 이어 카논 구성을 통해 시간적 반복을 유도하였다. 어깨의 움직임은 팔꿈치와 손목 관절의 이어짐을 통해 3차원의 시공간으로 확장됨으로써 줄기에 물이 올라 식물이 자라는 착시를 만들어내고 있다. 그리고 춤의 형태로 귀결된, 발아된 씨앗이 꽃을 피우는 장면은 숨을 멈추게 하는 절제의 아름다움을 한층 과시하였다. 이 선형적 조형성은 미술에서 보여주는 정적 조형이 아닌 동적 조형으로 임학선의 생명력 있는 표현기법을 보여준 것이다.

〈마음꽃〉은 바느질을 소재로 안무되었다. 부드러운 실과 천의 이미지, 강한 바늘의 이미지를 결합해서 삶의 다양한 모습을 형상화하여 한국 여인들의 마음속에

---

11. 이상일(1989), 「한국무용 폭발적 장세 확인시켜 – 〈민들레 왕국〉」, 『음악동아』, 1989년 6월호
12. 홍콩의 평론가 톰 보렉은 임학선의 표현기법에 대해 1990년 10월 30일 『홍콩 스탠더드』에 "극소 표현으로 최대 효과를 발휘하는 미니멀리스트 맥심(minimalist maxim)의 좋은 예가 되었다"고 평을 실었다.

수놓아진 슬픔과 기쁨을 표현하고자 하였으며, 바느질을 통해 삶을 이어간 한국 여인들의 모습을 통해 오늘 우리의 모습 을 뒤돌아보고자 하였다.[13] 이 작품은 우리의 어머니들이 시집살이로 인해 심상에 만들어진 '한'의 정서를 표현하는 추상적 극무용의 형식을 유지하였다. 바로 한국 어머니들이 갖고 있는 '한'의 정서가 '바느질'이라는 일상에 몰입하면서 스스로를 인내하고 내적 심상에 변화를 주어 마음의 평정을 찾아가는 내용을 무용극화한 것이다. '실-혼례-바늘방-매듭-마음꽃'으로 이어지는 일련의 장면들은 작품 속 주인공의 내면이 변화하는 현상을 나타낸다.

작품은 선명한 주제 동작과 군무 조형을 통해 의미를 생성한다. 〈마음꽃〉의 주제 동작 '누에의 춤'과 '바늘의 춤'은 작품의 갈등을 대변한다. 전반부를 이끌어가는 '누에의 춤'은 꿈틀거리는 누에의 생명력으로 실을 뽑아 천을 짜는 일련의 과정을 군무들 간에 연결된 실의 선형적 조형과 천의 입체적 조형으로 공간의 변화를 꾀하며 춤의 완성도를 이루었다. 후반부를 이끌어가는 '바늘의 춤'은 신체의 일부분을 작품 이미지의 주된 표현으로 차용하는 임학선의 안무 조형적 감각을 돋보이게 한다. 무릎의 굴신과 연동되어 어깨 위로 올려 뾰족하게 모인 손바닥은 날카로운 바늘을 이미지화하였다. 그리고 무용수들의 하체가 결합되며 마치 바늘이 동적으로 움직여지는 이미지를 만들었다. 또한 군무 조형으로 구성된 '바늘방'은 바닥에 누운 군무들 간의 하체가 이어져 입방체의 공간을 만들었다. 그리고 무릎 관절과 발목의 관절이 연동적으로 결합되며 조형적 움직임 공간인 '바늘방'을 동적으로 만들었다. 바늘방을 통해 여인은 고통이 배가 되어 작품을 절정을 이끈다.

---

13. 임학선(1999), 『여유와 극복의 춤새김질』, 현대미학사, p. 79

바늘방을 이겨낸 여인은 비로소 마음의 꽃을 피운다. 바늘방을 통과하여 겪은 고통은 매듭을 풀고 다채롭고 자유로운 마음의 수를 놓는 것으로 〈마음꽃〉은 대단원의 막을 내린다. 한국 여인의 미의식인 '한'이 승화되어 넉넉한 어머니의 마음으로 꽃을 피우는 것이다.

〈고구려의 혼〉과 〈밝산〉은 임학선이 직업무용단에서 안무한 작품이다. 따라서 이 작품들은 서사극으로서의 특성을 보인다. 작품의 제목에서부터 대중적 공감을 겨냥한 서사물임을 인식할 수 있다. 각기 역사의식이나 민족의식을 전제로 한 작품이며 스펙터클한 변화를 감지하게 한다.

〈고구려의 혼〉은 2막 8장으로 구성된 장막의 작품으로 서울예술단에 재직하며 내놓은 야심 찬 작품이었다. 당시 고구려 고분벽화전으로 사회는 우리의 고대사를 새롭게 인식하게 되었다. 북방의 거목으로 자리 잡았던 고구려의 기상이 도상기호 문화를 통해 한눈에 펼쳐졌다. 이 감동적인 벽화의 모습을 담은 작품은 무덤 속의 인물들을 깨우는 시간여행의 형식으로 시작되었다. 작품은 고분 속에 잠들어 있는 두 남녀를 고구려의 상징적 인물로 설정하여 가상적으로 꾸며진 이야기를 토대로 시간의 벽을 넘고 오늘의 의미로 대상을 바라보는 해석적 시각을 보여준다.[14]

1막은 '수렵도'를 중심으로 구성하여 고구려의 웅혼한 기상을 담아내었다. 따라서 춤의 주를 이루는 것은 남성 군무들이다. 채찍을 들어 말 타는 장면을 묘사하고, 이 시각적인 확장은 만주 대륙을 활보하던 고구려인들의 기상을 표현하였다. 특히 활춤은 수평적 무대공간을 가로지르는 규칙적인 리듬과 계산된 구성으로 끊임없

14. 임학선(1999), 앞의 책, p. 91

는 도전의식을 보여주었다. 2막은 '무용도'를 중심으로 구성하여 고구려인의 예술혼을 담아내었다. 제의와 신화로 보이는 비천도飛天圖의 재현과 무용총 무희들의 모습은 조화를 이루며 하늘을 섬기는 천손자손으로서의 고구려의 선민의식을 유감없이 담아내었다. 이는 오방의 용이 춤을 추며 승천함으로써 신화적 판타지로 작품의 아름다움을 마무리했다.

〈밝산〉은 서울시무용단에 부임해 만든 작품으로 서울예술단에서 안무한 〈고구려의 혼〉에 이은 두 번째 서사적인 작품이다. 백제 대향로를 소재로 마고 신화와 치우, 그리고 황제 헌원 등 고대 동북아시아 신화 속 인물들을 등장시켜 우리 민족의 시원성에서 인류 미래의 꿈을 찾는다는 것이 기획의도였다.[15] 이 작품은 천지 창조의 신화시대를 배경으로 시작된다. 마고, 소희, 궁희의 삼신에서 치우로 이어진 우리 한민족의 탄생 신화는 축복받은 민족을 상징한다. 신화시대의 축복 속에서 역사적인 문명의 신神 환원을 등장시켜 갈등구조를 만들어내었다. 거대한 수레바퀴(지름 5미터)를 타고 등장한 환원의 공격으로 치우의 민족은 심각한 전쟁에 휘말린다. 치우와 환원의 팽배해진 대결은 남성 전투춤으로 확대되어 대립구도를 명확히 하였다. 그러나 두 무리의 군무진은 사실적인 전투 장면을 묘사하기보다는 절제된 대형을 유지하며 극소화된 움직임으로 전진과 후퇴를 통해 전쟁의 장면을 양식화하였다. 이러한 해석적 장면의 창조는 임학선의 중요한 표현기법이 된다. 스케일이 큰 장면에서 갖게 되는 작품 제작 여건을 예술적으로 상징화하여 이를 극복함으로써 작품의 스케일을 확장한다. 작품은 두 무리 군무의 대립과 공격, 즉 치우와 환원의 대립으

---

15. 성기숙(2000). 『스포츠조선』. 2000년 11월 15일

로 대치되며 긴장을 유지하였다. 제한된 무대공간을 명확한 계산으로 밀도 있게 활용하며 명확한 극무용의 구조를 성공적으로 보여주었다.

치우와 환원이 펼친 전쟁의 은유적인 대결구도는 급기야 두 인물이 오케스트라 피트 속으로 사라지며 마무리된다. 현대인들은 치우가 사라진 어두움의 세상에서 치우를 상징하는 붉은 부적을 끊임없이 써 내려간다. 현대인들은 빨간 부채로 만든 부적을 통해 신화시대의 치우를 일깨워 한민족의 번영을 꿈꾸고자 하였다. 스펙터클한 붉은 부채의 부적춤은 임학선의 춤기법이 고스란히 반영되어 힘 있고 역동적인 극장춤의 면모를 과시하였다. 이처럼 〈밝산〉에는 신화 속의 인물로 사라진 치우천왕을 통해 민족적 자긍심을 일깨우고 미래의 무궁한 기원을 담으려는 임학선의 염원이 남겼다.

3) 사회의 부조리한 일들을 문제의식을 갖고 표현한 작품

'임학선 안무 2기'의 작품 중 사회의 심각한 문제를 작가적 시각에서 예술적으로 표현한 작품으로는 〈흰 새의 검은 노래〉(1991)와 〈나무비〉(1992), 〈비무장지대에 서서…〉(1995)가 있다. 이 작품들은 환경, 민족의식, 남북 분단 등 현대사회의 누적된 문제들을 무용작품으로 담아 관객과 소통하려 하였다.

〈흰 새의 검은 노래〉는 걸프전으로 인해 기름띠를 두른 바닷새 한 마리를 통해 받은 충격을 작품으로 창작한 것이다. 당시 걸프전에서 이라크군이 쿠웨이트를 철수하면서 버린 검은 기름은 그대로 바다를 오염시켰고, 그 바다에 사는 모든 생명에게 치명적이었다. 작품은 인간들이 만든 문명의 이기가 자연을 파괴시키고 결국 인간의 생명을 앗아간다는 경고를 말하고자 하였다. 그리고 이를 이겨내려는 생태계의 자전적 노력을 통해 생명의 존엄성을 이어나갈 것을 기원하였다. 이 작품은 바다의 자생적 치유와 흰 새의 치밀한 생명의 갈구가 함께 엉켜져 대자연이 갖는 생명력을 유감없이 발휘하였다. 또한 무대 위의 아이콘들이 상징적으로 작용하여 이야기를 설득력 있게 이끌었고 작품 의도를 전달하기에 충분했다. 폐타이어를 활용해 만든 장치인 기름통과 바다의 기름띠를 표현한 긴 밧줄이 무대공간을 수평적, 수직적으로 확장시켜 무용수들의 움직임을 새로운 공간을 통해 다이내믹한 극적 긴장을 만들어내었다. 또한 기름띠를 뒤집어쓴 흰 새의 울음을 표현한 어미새 임현선의 춤 연기는 서정성을 반영한 애조를 띤 생명의 살풀이로 보여진다.

〈나무비〉는 일제 치하에 힘없는 국가에서 태어난 위안부 여성들에 대한 사회적 냉대를 고발한 작품이다. 이 작품은 드라마의 갈등구조를 구축하여 극무용의 특성을 살렸다. 극의 진행은 제의춤, 재건춤, 해방춤, 위안부 여인들의 현장춤, 열녀문 파괴의 춤, 증언대의 춤으로 구성되었다. 이는 우리 근대사의 희생물이 되었던 위안부 여성들의 고통을 재현하고 이들을 냉대한 우리 전통사회의 시각을 재현한 것이다. 우리의 전통적 가치에서 바라본 여성관은 가문과 남성을 위한 희생적인 여성관이었다. 리어스크린에 비춰진 열녀문과 이름 없이 죽어간 나무비의 영혼들(위안부)이 펼치는 이중적인 시공간 구조가 팽팽하게 대치되며 남성 중심의 권위적인 사회에서 버려진 위안부 여성들에 대한 사회적 편견과 학대를 강하게 비판하였다. 이 작품에서 임학선은 무용적 리듬으로 풀어가던 그간의 작품 경향과는 사뭇 다른 연기적 몸짓을 통해 보다 현실감이 강한 메시지를 전하고자 하였다.

〈비무장지대에 서서…〉는 서울예술단의 광복 50주년 기념공연이다. 임학선은 이 작품으로 한국예술평론가협의회가 선정한 '1995년의 최우수예술가상'을 수상

작품명	소재	초연
흰 새의 검은 노래	걸프전의 바다오염	1991
나무비	위안부	1992
비무장지대에 서서…	DMZ의 수풀	1995

사회의 부조리한 일들을 문제의식을 갖고 표현한 안무작품

하였다. 이 작품은 분단의 현실을 휴전선의 경계에 있는 풀초 하나의 애절한 절규로 '이미지춤' 이라는 춤의 형식을 이끌어내었다. 전체 6장으로 이루어진 각 장은 극적 긴장을 유지하고는 있으나 독립적인 옴니버스 형식으로 주인공이 없는 군무들의 춤이 작품을 완성하였다. 이 작품은 '풀잎'을 상징하는 무용수들의 동작을 통해 또 다른 그녀의 작품 〈민들레 왕국〉에 비견될 만한 서정성을 발견하게 한다. 풀잎의 시선을 좇아 여행하는 과정으로 만들어진 작품[16]은 군무진의 휘어지고 미끄러지는 곡선적 자세와 움직임으로 풀초들의 가냘픈 모습을 이미지로 담아내었다. 긴장을 유지한 채 춤의 내적 에너지와 유연한 몸놀림을 통해 표현된 춤의 표현은 분단을 지켜본 풀잎들의 절규와 함성을 느끼게 하는 깔끔한 이미지를 남겼다.

3. 임학선 안무 3기 : 동양철학에 기반한 동양적 미의식 구축

임학선이 동양적 미의식을 인식하기 시작한 것은 1998년 안무한 〈태극구조 기본춤〉을 고안하면서부터이다. 그리고 〈위대한 스승 공자〉(2004)를 통해 동양철학

16. 임학선(1999), 앞의 책, p. 95

에 바탕한 미의식이 작품 속에 녹아져 안무되었다고 할 수 있다.

작품명	소재	초연
태극구조기본춤	태극구조	1998
위대한 스승 공자	공자, 문묘일무	2004

동양적 미의식에 바탕한 예술철학을 담은 안무작품

〈태극구조기본춤〉(1998)은 그녀의 박사학위논문 「명무名舞 한성준의 춤구조 연구」를 통해 안무되었다. 당초 그녀가 무속 연구를 통해 획득한 한국 무속의 현상적인 미의식은 이 연구를 계기로 확장되었다. 「명무 名舞 한성준의 춤구조 연구」는 한성준의 '승무'와 '태평무'를 대상으로 춤사위를 분석하여 한국무용동작의 본本을 추출하고, 이를 한국무용 구조 분석을 위한 기본 틀로 활용하였다. 연구 결과 한국 전통무용의 춤사위는 크게 필체, 학체, 궁체의 세 유형으로 구분할 수 있었고, 이들 춤사위 유형들이 특징적으로 갖고 있는 동작선이 점, 선, 원이라는 태극太極의 원리를 반영하고 있음을 발견하였다. 이는 한국무용의 실체와 정신의 상관성을 밝히는 귀중한 연구였다.

이러한 연구의 결과물이 반영되어 안무된 것이 바로 〈태극구조기본춤〉이다. 이 춤은 한국 창작무용의 기본무용으로 임학선 스타일의 춤을 이해하기 위해 숙지해야 할 중요한 기본무용이 되었다. 이 기본무용은 무속 특징이 반영된 임학선의 초기 작품 〈새다림〉과 〈인다리〉 등에서 구축된 춤사위 기법과 춤사위 형상들을 재정립의 과정을 통해 새로운 논리로 창조하였다. 따라서 '태극의 구조'라는 동양적 사유의 방식으로 재정립된 임학선류의 한국 창작무용 기본이 탄생하게 된 것이다.

〈위대한 스승 공자〉는 유학의 위대한 스승, 공자의 일대기를 그린 서사적인 무용극이다. 이 작품은 임학선이 유교철학에 매료되면서 연구했던 예악사상이 많은 부분 반영되어 있다. 성균관대학교에 재직 중인 그녀가 유교철학에 관심을 갖게 된 것은 지극히 자연스러운 일일 것이다. 성균관은 조선시대까지 국립교육기관으로서 우리나라의 학문을 관장하며 문화적 전통을 이끌어가던 곳이다. 따라서 예술가의 입장에서 철학적 논리를 명확히 갖고 있는 유가예술을 연구하고 싶은 의지는 너무도 당연한 일로 보인다. 임학선은 유가예술의 꽃으로 보이는 석전대제를 참배하면서 문묘일무에 대한 연구를 시작하여 2005년『문묘일무보 도해』와 2006년『문묘일무의 이해』를 저술하였다. 그리고 2011년 문묘일무의 내적 질서를 이루는 사상적 기반 시각『문묘일무의 예악사상』을 저술하였다.

〈위대한 스승 공자〉는 바로 그녀가 문묘일무 연구 과정에서 발견한 석전대제의 주향인 공자를 이야기한 것이다. 작품 속 공자의 이야기는 기원전 551년에 태어나 기원전 479년 72세로 임종할 때까지 전 생애를 다루었다. 그리고 정신적인 스승 공자의 사상이 다시 꽃필 것을 염원하며 '꽃의 일무'로 작품의 대미를 장식하였다. 아마도 단순한 춤의 공연이 아닌, 자본과 기술의 시대의 '새 예악禮樂 문화의 발흥'[17]을 이야기하고자 한 것으로 보인다.

〈위대한 스승 공자〉는 옴니버스 형태의 상황적 무용극으로 전체 다섯 개의 장으로 구성되었다. '탄생–학문–고난–임종–부활'로 이어지는 각 장면은 공자의 삶을 연대기적 서사체계로 유지하면서도 각 장은 또 다른 구조로 장면을 마무리하고

17. 김태원(2008),「〈공자〉 공연의 문화적 의미」, 〈위대한 스승 공자〉 공연 팸플릿

있다. 이는 공자의 삶의 행적을 바라보는 현대인들의 공경의 마음을 나타낸 것이다. 이는 '축복의 일무–감사의 일무–위로의 일무–환희의 일무–꽃의 일무'로 공자의 삶을 문묘일무의 예로써 감사를 올리는 의식으로 볼 수 있다. 작품을 이끌어가는 서사체계와 제의체계의 이중구조[18]는 〈위대한 스승 공자〉만이 갖는 특별한 형식으로 성현 공자의 위상을 성공적으로 표현하였다.

또한 작품의 무용 표현에 있어서도 임학선만의 개성 있는 춤들로 작품의 완성도를 높이고 있다. 제1장 탄생의 장면은 추상적인 춤의 구성을 통해 극적 전개를 이끌었다. 공자가 태어난 니구산의 정기를 '물'과 '불'의 대립적 상징물로 표현하며, 공자의 어머니 안징재가 그곳에서 공자를 낳는 모습을 탯줄을 상징하는 붉은 천으로 절제되게 상징화하였다. 제2장 학문은 공자의 학문적 완성을 이루는 장면으로, 공자와 제자들의 문답적인 구성의 춤으로 표현하였다. 『논어』 구절이 낭송을 통해 구체적인 장면을 설명하기도 하고, 대나무로 만든 책 '죽간'을 통해 힘 있는 군무로 학문에 정진하는 모습을 스펙터클하게 담아내었다. 제3장 고난은 공자가 자신을 이겨내는 수신修身의 모습과 고뇌의 모습을 보여주었다. 인간적인 공자의 면모를 보여주는 장면이다. 이 장면에는 공자의 인仁 사상이 함축적으로 담겨 있다. 남자 부인의 유혹에 금琴을 타며 마음을 다스리기도 하고, 제자의 죽음으로 학문의 부질없음을 표현하는 모습에서 공자의 사상이 단지 학문에 그치지 않고 인본을 근간으로 함을 역설적으로 보여준다. 금을 타는 장면은 여성 군무로 선형線型적인 금의 줄을 이미지적인 춤으로 표현하였다. 한국 산조춤의 절도를 느끼게 하는 음악 구성과 어우

---

18. 이상일(2008), 「〈The Great Teacher 공자〉의 탄생과 부활」, 〈위대한 스승 공자〉 공연 팸플릿

러진 춤의 조합은 탄력 있는 리듬감으로 변화되며 악樂에 심취하는 공자의 수신을 멋지게 보여주었다. 그리고 이와는 반대인 고뇌의 장면은 제자들의 죽음을 슬퍼하는 공자의 탄식을 표현하고 있다. 공자가 완성했던 학문이 부질없음을 표현하는 장면이다. 찢어진 죽간을 통해 황폐해진 공자의 마음을 격정적인 춤사위로 표현하며 스승으로서의 번뇌를 보여주고 있다. 그리고 다시 공자는 평정을 찾는다. 제4장의 임종은 천명天命을 따르는 공자의 모습과 공자를 그리워하는 제자들의 슬픔과 탄식을 보여주었다. 한국의 솟대를 장치이자 소품으로 활용하여 애도의 분위기를 만들었고, 군무들의 솟대춤은 긴 솟대와 일체감 있게 공간을 새롭게 창조하며 공자의 죽음을 바라보는 제자들의 슬픔을 한층 고조시켰다. '공무도하가'의 노래와 어우러진 제자의 감성적 솔로는 대중성을 배려한 임학선의 치밀한 계산을 엿볼 수 있다. 제5장 꽃의 일무는 공자의 사상이 다시금 꽃피길 바라는 임학선의 염원을 환상적으로 보여주었다. 마지막 장면에서 엎드린 무용수들이 든 소담스러운 흰 목단 꽃은 조명의 계산으로 공중에 부유하는 환상을 만들어 마지막으로 공자의 이미지를 강하게 부각시켰다.

임학선은 무용작품 〈위대한 스승 공자〉에서 정감 있고 애잔한 한국적 미의식으로 수수지례授受之禮의 정신을 담아내었다. 작품 속에 그대로 녹아 있는 공자의 인仁 사상은 세계화를 지향하는 한국 창작무용의 좋은 본보기로 귀감이 되고 있다.

지금까지 임학선 춤예술의 변화와 표현에 대해 살펴보았다. 임학선의 안무 작업들이 성공적인 평가를 받았던 것은 안무에 대한 치밀한 연구와 노력이 남달랐기 때문이다. 그녀는 작품을 안무할 때 소재주의적 탐닉에 머물지 않고, 그 스스로 우리 현대문명과 그 속의 한국 문화를 보는 나름대로의 문화적 시각을 넓게 그 속에 편재시켜왔음을 우리는 느끼게 된다.[19] 임학선은 그녀만의 개성 있는 춤동작을 구축하고 있고, 독자적인 표현기법을 완성하고 있으며, 한국창작춤 안무가로서 지녀야 할 미의식과 예술철학을 갖고 있어 탄탄한 작품 안무로 한국창작춤의 장르 성립과 발전에 커다란 기여를 했다고 볼 수 있다.

---

19. 김태원(2008), 앞의 글

김기화(金基和: 1965 ~) 무용평론가. 성균관대학교에서 박사를 취득하고 성균관대학교 및 한국예술종합학교 전통원 등에서 한국무용이론을 강의한 바 있다. 안무가이자 연출가로도 활동하고 있으며, 2014~2016 이데일리 문화대상 심사위원으로 활동하였고, 현재 한국체육대학교에 출강 중이다. 수상으로 2015년 제29회 한국무용제전에서 〈독도며느리〉로 최우수 작품상을 수상한 바 있다.

〈버즈아이뷰〉 임학선댄스위 아르코예술극장 대극장 2013

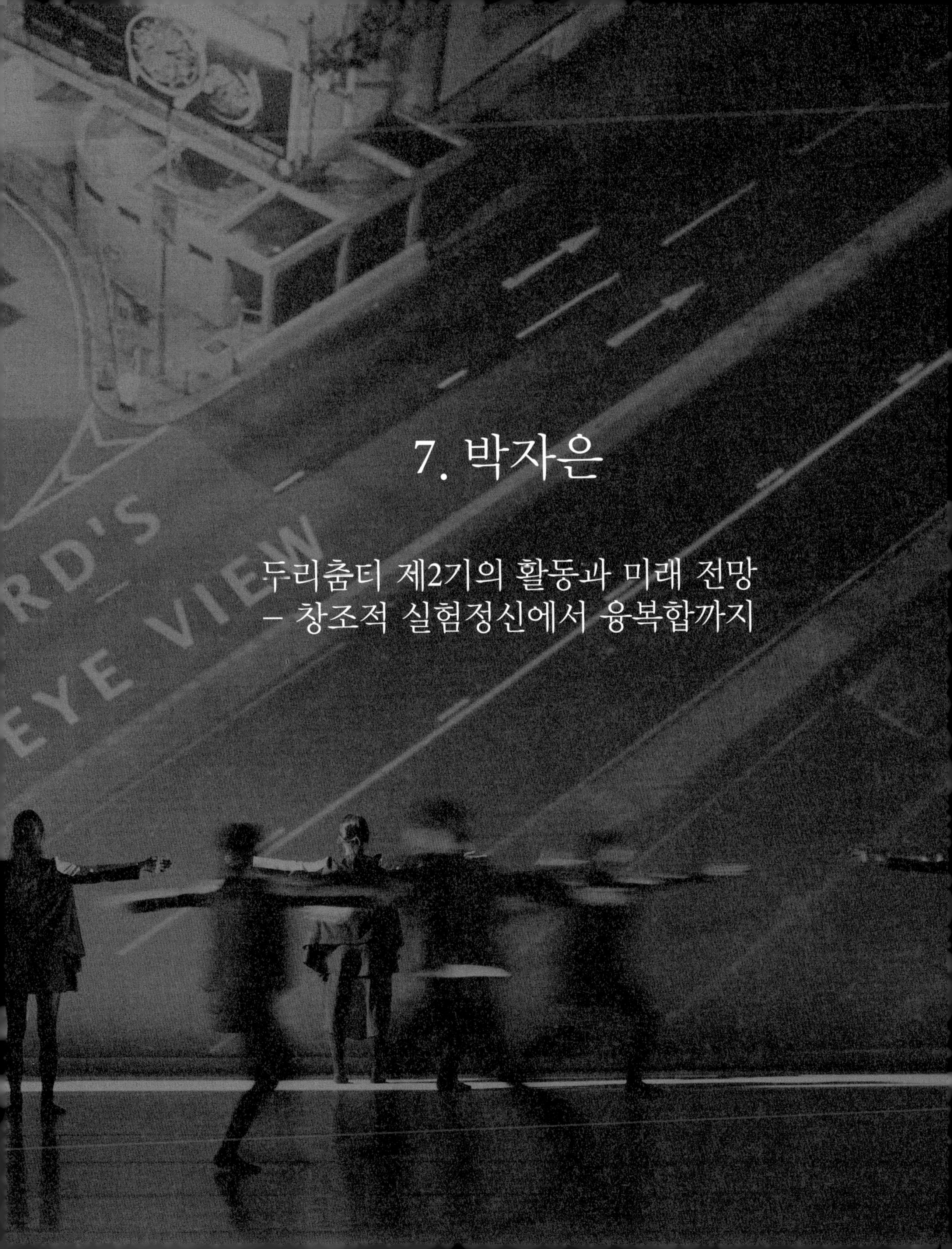

7. 박자은

두리춤터 제2기의 활동과 미래 전망 – 창조적 실험정신에서 융복합까지

두리춤터 제2기의 활동과 미래 전망 –창조적 실험정신에서 융복합까지

박자은 / 임학선 춤 50년 학술심포지엄 2014. 12

1. 들어가는 글

2014년은 임학선의 춤인생 50주년이자 임학선무용단(임학선댄스위) 창단 30주년을 맞은 해이다. 때문에 상반기에 이어 하반기에 내내 두리춤터가 소리 없이 분주했고, 오늘도 그 열정은 현재 진행형이다.

예술가이자 교육자 또 두리춤터의 극장대표 등 그녀의 춤인생을 두고 이미 많은 수식어들이 따라붙는다. 한국 전통춤을 기반으로 성숙된 임학선의 예술세계는 21세기 한국창작춤의 마스터로서, 무엇보다 아카데믹한 연구와 춤 현장을 직결시킬 수 있어야 한다는 탁월한 신념으로 거듭났다. 특히 초창기 한국창작춤의 대표주자로서, 오늘날 임학선을 대변하는 수많은 작품들은 다름 아닌 그녀의 작업실인 두리춤터에서 탄생되었을 만큼 두리춤터는 그녀의 춤인생 전반을 통틀어 든든한 터전으로 자리매김하고 있다.

필자는 임학선의 춤을 관통하는 그녀의 춤세계를 대략 네 개의 기점으로 구분한 바 있는데, 그 출발점은 그녀가 대학원에 다니던 1973년으로부터 소급하는 관점을 갖고 있다. 시기별 춤세계관의 특징을 압축하면 다음과 같다.

- 1기 : 무속과 제의에 기반한 춤세계(1973~1985)
- 2기 : 삶과 사회를 반영한 춤세계(1986~2000)
- 3기 : 유가사상을 반영한 춤세계(2001~현재)
- 4기 : 유가사상과 융·복합을 포함한 미래 춤세계(2011~현재)

위와 같은 구분의 기준은 그녀의 춤세계관이 춤꾼이기 이전 학문의 연장선에서 획득된 것이라 보는 견해이며, 그 출발은 1973년부터로 소급하고 있다. 임학선의 「진오귀굿의 무당춤에 대한 고찰: 이지산 씨를 중심으로」(1975)는 바로 이러한 사실을 입증해주는 중요한 단서라 본다. 실제로 무속굿에 대한 현장연구는 아카데믹한 그녀의 예술세계에 고스란히 반영되었기 때문이다. 주관적이지만, 초창기 공동안무 작업을 제외한 주요 안무작에 대해 구분하면 다음과 같다.

제1기(1973~1985)의 세계관은 '무속과 제의식'에 천착한 작품들을 탄생시키게 된다. 주요 안무작으로는 〈고시래〉(1981), 〈새다림〉(1983), 〈불림소리〉(1984), 〈지혼〉(1985), 〈인다리〉(1985)가 있으며, 이후 1994년도 작품 〈천도〉의 경우 주제의식은 동일하나 기점상으로는 제2기에 해당한다. 이중 작품 〈새다림〉과 〈인다리〉에 대해 안무자 임학선은 이후 그녀의 안무론에서 '굿의 재해석을 통해 춤언어와 표현기법을 찾게 된 작품'이라 정의하고 있다.

제2기(1986~2000)의 춤세계관은 '삶과 사회'를 반영한 다양한 관점의 춤들을 선보인 시기이다. 주요 안무작으로 〈우리, 둘〉(1986), 〈날개옷〉(1987), 〈민들레 왕국〉(1989), 〈흰 새의 검은 노래〉(1991), 〈나무비〉(1992), 〈마음꽃〉(1992), 〈고구려의 혼〉(1994), 〈비무장지대에 서서…〉(1995), 〈태극구조기본춤〉(1998), 〈밝산〉(2000)이 여기에 속한다. 안무가 임학선은 이후 그녀의 안무론에서 〈태극구조기본춤〉을 '한국창작춤의 기본체계를 구축한 춤'으로 정의하고 있다.

제3기(2001~현재)의 춤세계관은 '유가사상을 반영한 춤세계'로, 그녀의 학문세계와 또다시 깊은 상관성을 드러내게 된다. 실제로 2000년을 전후로 약 2~3년 동안은 문묘일무文廟佾舞 연구를 위한 필드워크와 자료를 취합한 시기였다고 한다. 유가의 예악사상禮樂思想을 발현한 일무에 대한 연구는 2003년으로부터 이어졌고, 일무의 춤사위와 무위無位 등에 따른 원전고증과 복원에 대한 연구로 본격화되었다. 따라서 그녀의 춤인생 3기의 세계관을 '유가사상을 반영한 춤세계'로 정의하였다. 이 시기의 대표작으로는 고대 자료를 복원한 〈문묘일무〉와 창작춤 〈위대한 스승 공자〉(2004)가 있다. 이러한 두 작품에 대해 임학선은 이후 그녀의 안무론에서 '수신修身의 춤철학을 확고히 하게 된 작품 〈공자〉와 〈문묘일무〉'라 정의하고 있다. 제3기의 춤세계관은 제1기 무속에 대한 연구에서와 마찬가지로 이론적 연구가 먼저 기반이 된 것을 주목할 수 있다. 한편 제3기 '유가사상을 반영한 춤세계'는 제4기의 춤세계관과 사실상 공존되는 양상을 보인다는 것 또한 특이한 점이다.

제4기(2011~현재)의 춤세계관은 그런 의미에서 '유가사상과 융·복합을 포함한 미래 춤세계'로 압축된다고 말할 수 있다. 실제로 이 시기의 특성은 먼저 제3기의 예술수행의 연속선상에서 임학선의 아카데믹한 환경, 즉 학문세계가 더욱 심화되고 있는 시기이며 동시에 작업환경을 염두로 한 구분이다. 2000년대 이후 현재 그녀의 예술세계는 일무 연구 등 유가의 사상을 지속적으로 반영하면서, 동시에 융복합을 지향하는 미래지향적 콜라보레이션 형태의 작업들을 확대해가는 시기로서의 특성을 갖고 있다고 사료되기 때문이다. '융·복합을 포함한 미래 춤세계'의 안무작으로 〈Bird's Eye View〉(2011), 〈Bird's Eye View〉(2013), 〈Bird's Eye View〉(2014)가 있다. 최근의 주요 작품들은 두리춤터에서 시도된 콜라보레이션 작업들과의 상관성을 배제할 수 없다. 두리춤터에서 시도된 작업들은 2013년도 이후 임학선(안무총괄), 강낙현(연출), 고지인(음악), 정보경·김영은(협동안무) 등의 〈Bird's Eye View〉(2013)로부터 더욱 구체화되었고, 이를 한 단계 업그레이드한 2014년도의 새 버전은 〈Bird's Eye View〉(2014. 10. 27~28)로 그 완성도를 재검증받은 바 있다.

이처럼 임학선의 예술세계는 각각의 시기가 성격적으로 구분되고 있지만, 현 시점에서 볼 때 그녀의 춤세계는 제3기와 제4기가 공존하는 양상을 보인다는 점에 주목하게 된다. 이는 임학선의 초기 예술세계가 필드워크와 리서치에서 비롯되었다는 견지에서 볼 때, 그녀의 후기 양상 또한 이러한 패턴을 그대로 보여주는 것이라고도 할 것이기 때문이다. 물론, 창작의 터전을 이루는 '공간'을 기준으로 한다면 제4기는 두리춤터 제2기(2009~현재)와 동일한 선상에서 이해될 수 있다.

2015년 1월 현재 '두리춤터'는 개관 이후 사상 최대의 공연량을 소화하며 21세기 한국창작춤[1] 발전에 있어서도 선두적 공과를 보이고 있는 예술공간이다. 한국

1. 김태원은 "한국창작춤이란 1970년대 중반 이후 형성되기 시작해서 현재에까지 이어지고 있는 한국 예술춤의 중요한 장르이다"라고 정의하였다. 김태원(1999), 『춤의 미학과 교육』, 현대미학사, p. 422

춤의 초기 소극장 활동은 1985년 5월에 개관되어 1988년 12월 말까지 지속되었던 '창무춤터'의 활동을 빼놓을 수 없다. 사실 1970년대 중·후반 발현된 한국창작춤은 1980년대를 기점으로 우리춤의 정체성을 새로운 시각으로 고민하기 시작하였고, 그 사회적 분위기는 1976년 12월 창단된 창무회의 활동으로 구체화되었다. 당시 임학선을 초대 회장으로 한국춤의 현대화를 이끈 창무회의 활동에 대해 무용평론가 김태원은 '한국창작춤 1세대'로 정의하기도 하였으며, 이들의 주요 활동처는 창무춤터였다. 이처럼 초창기 한국창작춤이 창무춤터 등 소극장 춤운동으로 확산되었음을 감안할 때, 한국창작춤의 40년 역사를 지탱해온 근저로 '두리춤터'(1990)의 역할 또한 간과할 수 없는 부분이다. 실제로 두리춤터는 1988년 12월 창무춤터의 폐관을 즈음한 소극장 춤활동이 다소 주춤해 질 당시, 1990년도에 춤전용 소극장으로 개관되면서 한국창작춤의 침체를 부분적으로나마 만회할 수 있었다. 뿐만 아니라, 재개관 이후 2000년대 공연계의 침체를 다시금 회복하는 데 있어서도 주목할 만한 예술공간이었다.

따라서 이 글은 창작춤 1세대로서 초기 한국창작춤의 모토를 소명의식으로 오늘날까지 일관한 예술가 임학선의 예술세계와 그녀의 예술적 터전인 두리춤터에 대한 소고小考가 될 것이다. 미흡하지만 임학선의 춤 50주년을 즈음해 한국창작춤의 시대적 산실인 두리춤터의 역사와 재개관 이후의 소극장 춤 활동을 가늠해보는 차원에서 이해되었으면 한다.

2. 소극장춤의 발생과 두리춤터 개관(제1기)

우리나라에서 서구적 프로시니엄 무대의 개막은 협률사의 공연으로부터 소급할 수 있다. 협률사協律社[2]는 1902년 12월 2일 〈소춘대유희笑春臺遊戲〉[3]라는 유료 공연을 올렸는데, 이 공연을 우리나라 가무악歌舞樂 공연의 효시로 보는 관점이다. 다시 말해, 〈소춘대유희〉는 한국춤을 극장이라는 공간에서 행한 첫 사례가 된다는 것이다.

한편 한국의 근대춤이 창작춤으로 탈바꿈하게 되는 시기는 1970년대를 기점으로 본격화된다고 할 수 있다. 1960년대부터 일기 시작하던 한국학 부흥과 더불어 신무용에 대한 대안은 '한국창작춤'이라는 혁신을 일으켰다. 이러한 상황은 1980년대에 우후죽순으로 가속화된 여러 단체와 무용단의 탄력적인 생성을 부추기며 한국춤의 새로운 판을 형성하였고, 한국춤은 비로소 현대화의 시대를 맞이하게 되었다.[4] 한국창작춤 1세대로서 당시 임학선의 캐치프레이즈인 "이 시대의 우리춤을 추자!"는 창작정신을 고취한 한국춤의 자생적 돌파구였던 셈이다.

필자는 한 리뷰에서 초창기 한국창작춤을 이루는 가시적 관건을 크게 세 가지 영향에 의해 좌우된다고 말한 바 있는데, 그 첫째가 '춤 양식'의 변화요, 그다음은 '춤

---

2. 1902년 고종 등극 40년 기념행사를 위해 협률사를 중심으로 전국 예인을 모이도록 했으며, 첫 유료 공연이 〈소춘대유희笑春臺遊戲〉였다고 기록된다. http://ko.m.wikipedia.org 참조

3. 〈소춘대유희〉는 협률사가 우리나라 최초의 근대식 극장이었던 '희대'(戲臺. 현 새문안교회 자리)에서 펼쳤던 전통 연희공연이다. 이 공연은 기녀들의 춤, 판소리, 명창들의 소리, 재인들의 무동춤 등 가무악이 어우러진 화려한 무대로, 우리나라 최초의 서구 극장식 공연이었다는 점에서 의의가 있다.

4. 박자은, 「팀원의 개성과 집단의 팀워크가 만들어내는 한국창작춤」, 『댄스포럼』 2012년 12월호

주체'와 '춤 공간'의 변화를 들었다. 즉 한국창작춤의 발달에 있어서 '공간'은 엄밀히 말해 그 기능적 측면이 매우 중대한 요건이 아닐 수 없으며, 그런 의미에서 특히 우리나라에서의 소극장 춤공연은 한국창작춤의 발달과 그 맥을 같이한다고 사료된다.

근대 이후 우리나라에서 소극장 춤공연이 본격화된 것은 1980년대 '공간사랑'의 공연들로부터 그 역사를 소급할 수 있으며, 앞에서 언급한 바와 같이 1985년도에 개관한 '창무춤터' 역시 당시 소극장 춤운동에 있어서 매우 고무적인 역할을 담당했다. 한편 '공간사랑'은 건축가 김수근(1931~1986)이 '공간' 사옥에 마련한 소극장으로, 전통예술의 밤과 현대음악의 밤(1977년 4월 22~29일), '공옥진 1인 창무극'(1978년 2월 2~17일)과 '공간 전통무용의 밤'(1978년 4월 18~22일)이 공연되기 시작하였다. 그러나 창작 계열의 현대성을 보여주기 시작한 공간사랑 첫 공연은, 1980년 3월 현대무용협회가 주관한 '현대무용의 밤' 당시 박명숙의 〈종이꽃, 나무〉부터가 된다. 또한 문일지와 한국춤아카데미의 '공간춤판'은 1983년부터, 발레블랑 주관의 '공간 발레의 밤'은 1985년부터 시작되었다. 당시의 기록에 따르면 각각의 기획은 '현대무용의 밤' 48회, '공간춤판' 23회, '공간 발레의 밤' 11회씩 1986년 6월까지 진행된 것으로 집계되고 있다. 공간사랑의 공연에 대해 무용평론가 김태원은 다음과 같이 언급한 바 있다.

> *"이 공연들은 특별한 캐치프레이즈라든가 이념을 지향한 것도 아니었다. 쉽게 말해 각 무용인들의 '개성의 발현', 각 주관 춤단체의 '지속적 활동' 정도를 내세우는 가운데 막연하게나마 무엇인가 '실험적'인 것을 의도했었다."*[5]

그는 또한 이러한 실험성을 1973년도의 홍신자(재미 안무가)의 공연에서 영향을 받은 것이라고도 했다.

이와 같이 1980년대 이후 한국창작춤의 역사는 곧 소극장의 역사와 함께 이룩된 것이라 해도 과언이 아닐 만큼, 창작춤의 발달과 소극장의 발달은 태생적으로 깊은 상관성을 갖기 시작했다. 이렇듯 극장의 등장과 발달은 공연예술의 발전에 있어 가장 중요한 환경적 요인이 아닐 수 없다. 실제로 극장이 갖는 공간성은 오늘날 무용예술의 양식화를 촉진시키는 것은 물론, 상업적 기반으로서 대중성 확보에 있어서도 촉매와 같은 역할을 담당해오고 있기 때문이다.

일반적으로 무대예술의 스펙터클함을 극대화시키는 것은 물론 상업적 흥행성을 기대하는 공간이 '대극장'(1000석 이상)이라면, '소극장'은 300석 이하의 규모가 작은 공간을 이르며 시장경제의 상업성보다는 '실험'과 '자율성' 등의 차별화된 공간으로 구분한다. 그런 점에서 본다면 소극장은 대극장에 비해 무대와 객석이 협소하지만, 스태프의 동원인력뿐 아니라 무대와 관련된 제반요소 등 경제적인 측면에서 매우 실용적인 공간이다. 그럼에도 소극장의 시각성은 예술가의 행위나 장면을 밀도 높은 현장감으로 채워줌으로써 작가의 의도나 전개방식을 신랄하게 전달하는 이점을 지닌 '실용적 공간'이 아닐 수 없다. 이처럼 소극장이야말로 한국창작춤의 태생적 공간이자 시대문화의 특성을 임팩트하게 반영하는 공간임이 분명하다. 우리춤의 내밀한 정서를 더욱 밀도 있게 감상할 수 있게 하는 곳으로서, 오늘날 컨템포러리 댄스의 생동감을 가장 솔직하게 표출하는 소극장이야말로 컨템포러리 춤창작의

5. 김태원, 「창조적 춤소극장 혹은 글로벌한 춤문화의 한 모델」, 『공연과 리뷰』 65호(2009년 여름) P. 20

산실[6]인 것이다.

흔히 1980년대를 무용의 르네상스기라 부르는 것은 당시의 연간 춤공연 횟수가 400회에 이를 만큼 춤공연의 양적 팽창[7]이 그 이유를 대신한다. 특히 창작춤공연의 경우 실제로 1970년대 말까지 한 해에 20~30회 정도였던 것이 1980년대로 접어들어 1983년까지 연 70회에 이르렀고, 1984년 100회, 1985년 150회, 1986년 136회 등 한 해에 100회가 넘는 공연이 상연될 정도로 비약적인 발전 속도를 보이고 있던 것으로 집계되었다. 이처럼 춤예술의 양적 증가와 더불어 사회문화적으로 춤문화의 대중화가 비약적으로 발전을 꾀한 시기이기 때문일 것이다. 80년대는 흔히 컬러TV의 시대라 할 만큼 개인의 문화욕구가 강렬하던 시기였고, 국제문화교류도 활발했다. 이러한 여파는 86아시안게임이나 88올림픽으로 확산되는 등 춤의 대중화로 이어져 급물살을 타기 시작했다. 1990년대 후반 IMF의 여파로 이러한 현실이 좌절되기 전까지, 1990년대는 실로 많은 작품이 극장에 올려졌을 정도로 특히 소극장의 역할이 컸지만, 이러한 부흥에도 불구하고 80년대의 열정을 오랫동안 가속화하진 못하였다. 이러한 원인에 대해 평론가 김태원은 다음과 같이 말하고 있다.

> *"1990년대의 산발적 소극장 공연 대부분이 어떤 창조적·기획적 활력을 갖지 못하면서, 공연을 통해 확보할 수 있는 수입과 지출 사이의 큰 괴리를 경제적으로도, 또 다른 여타 예술 가치이념으로도 잘 메울 수는 없었다.(중략) 따라서 대부분의 춤예술 단체들은 자생력을 상실한 채 정부의*

---

6. 박자은, 「컨템포러리 춤창작의 산실」, 『댄스포럼』 2013년 1월호

7. 『연합뉴스』 1990년 6월 2일자 기사 참조

지원금이란 '외부수혈'에만 의존해 있는 형국이 벌어졌다…."[8]

결국, 1988년 12월 신촌에 근거한 '창무춤터'가 재정난으로 문을 닫은 지 1년 반 만인 1990년 6월 16일 두리춤터가 개관되었다.

두리춤터는 개인 소유의 최초 극장으로 동생인 임현선(現 대전대학교 교수)이 극장대표를, 언니인 임학선(現 성균관대학교 교수)은 예술 총감독을 맡았다. 소극장으로서의 두리춤터 개관 당시 모습은 62평 넓이에 약 200석 규모의 가변형 이동식 무대와 고무바닥, 100여 개의 장면 기억이 가능한 최신형 조명장치와 음향시설을 갖추고 출발하였다.[9] 방배동 카페골목을 근거리에 두고 있지만 붐비지 않는 주택가에 위치한 아담한 건물이었다. 또한 당시의 개관은 무용공연의 폭발적 증가로 공연장 부족에 허덕이던 무용계에 숨통을 터주는 한편 활력소가 될 것으로 기대를 모았으며, 초기 개관은 곧 두리춤터 제1기의 시작이 되었다. 도입부에서 언급한 바와 같이, 임학선의 예술세계 중 1990년대 이후 2009년 재개관 이전까지의 모든 창작활동과 교육활동은 두리춤터 제1기의 성과로 포함시킬 수 있다. 두리춤터 제1기를 예술가 임학선의 춤인생을 기준으로 본다면 그녀의 예술세계 제2기와 제3기가 여기에 해당한다.

"주거지역인 강남에 위치한 지역적 특성을 고려해 주민들을 위한 무용비

---

8. 김태원, 「창조적 춤소극장 혹은 글로벌한 춤문화의 한 모델」, 『공연과 리뷰』 65호(2009년 여름) P. 24

9. 이은경, 『국민일보』 1990년 6월 1일자, 「자매춤꾼 무용전용극장 두리춤터 연다」, 임학선 춤작가 데뷔 20년 『여유와 극복의 춤새김질』, 현대미학사, p. 147에서 재인용

디오 감상, 가족프로그램 개발 등을 통해 무용관객의 저변 확대에도 주력할 것이며, 이 밖에 외국 무용단체 초청을 통한 무용교류도 적극 추진하고, 비교적 공연이 뜸한 여름철에는 무용전문인·교사·학생을 대상으로 한 무용학교를 개최할 계획을 가진다."[10]

위의 내용은 개관 당시 임학선의 기획방침을 엿볼 수 있는 내용으로 주변 환경이 세밀히 고려되고 있음을 확인할 수 있게 한다. 무엇보다도 두리춤터는 이전의 무용전용극장인 창무춤터가 폐관된 이후 무용전용극장의 계보를 잇는 공간이자 독자적인 예술공간으로 1990년대 초 무용계에 일익을 담당하게 된다. 그녀는 1990년 6월 16일 두리춤터 개관공연 프로그램에서 공간의 의의를 다음과 같이 말하고 있다.

"피라미드 꼭대기의 한 개 돌을 얹기 위하여 그 아래 수많은 또 다른 돌들이 밑받침되어 있듯이 하나하나의 작업을 소중히 여기면서 열심히 하자는 약속에 이제는 우리 둘뿐만 아니라 사랑하는 제자들이 함께하고 있습니다. 항상 춤출 공간이 부족함을 안타깝게 여겨오셨던 부모님의 배려로 이 작은 공간이 탄생하게 되었습니다. 활짝 꽃피울 2000년대의 무용계를 생각하며 누구나 춤출 수 있고 연구할 수 있는 귀중한 공간으로 만들기 위해 '두리춤터'라 이름 지어 새롭게 시작하고자 합니다. 아무쪼록 이 춤터를 발판으로 우리 단원들은 물론 재능 있는 신인들이 발굴되고

---

10. 『춤』, 1990년 6월호, p. 66

육성되길 기대하며 보다 열려진 공간으로 좋은 춤, 새로운 춤 그리고 창조적인 춤을 지향하여 춤문화 활성화와 대중화에 기여했으면 하는 바람입니다."

위의 내용에서 알 수 있듯, 두리춤터의 건축은 부모님의 배려로 마련된 임학선, 임현선 두 자매의 공간에서 단원들의 공간으로, 신인 발굴의 터전으로 춤 대중화의 기반이 되어 2000년대 춤문화마저 꽃피우길 소망하고 있다. 또한 임학선은 "창무춤터의 폐쇄로 그동안 발표무대를 갖지 못했던 무용인들이 자신의 창작세계를 마음껏 발휘할 수 있는 공간으로 발전시키겠다"[11]라고 언급한 바 있다.

두리춤터의 개관의의와 공간의 상징성은 '두리 로고'에서도 확인할 수 있다. 진정한 창작춤을 창조적 공간에서 연출하는 2인의 무용으로 표현했으며, 그림에서 나타내는 타원형은 전문성과 예술성을 추구하는 고급예술로서의 터전과 이론적 춤의 정착을 통한 무용인구의 저변 확대를 표현한 것으로 고안되었다고 한다. 따라서 '두리 로고'는 창작활동과 신인 육성 및 발굴, 무용학교 운영 등을 통한 한국 문화예술 발전에 기여하는 두리춤터의 설립 배경을 표현하고 있다.

한편 두리춤터 개관 기념공연은 총 6일에 걸쳐 진행되었다. 6월 16일 첫 공연은 임학선의 〈지혼〉과 임학선, 임현선의 〈우리, 둘〉 그리고 현대무용가 이정희의 〈검은 영혼의 노래 I〉로 두리춤터의 실질적인 서막을 열었다. 당시 임학선, 임현선의 〈우리, 둘〉은 "한국창작춤의 또 다른 새 길을 예시하였다"[12]라는 평을 받기도 했

---

11. 이대현, 『한국일보』 1990년 6월 2일

다. 이 밖에 두리춤터의 주요 기획들로는 '두리춤 페스티벌', '소극장춤 베스트5', '두리춤 신인 안무가전', '두리춤 레퍼토리' 공연 등 무용인들의 창작공간으로 운영되었으며, 국제교류를 도모하는 '해외 무용가 초청공연' 등이 있었다. 또한 박재희, 임학선, 김영숙, 임현선 등으로 하여금 전통과 창작 레퍼토리 실기수업과 강의를 진행하는 등, 연간 2회에 거쳐 '두리무용학교'를 개설해 무용교육 사업을 추진하기도 했다.

이상과 같이 1990년에 설립된 두리춤터는 무용공연의 장기화 시대를 위해 기획전과 국제교류, 교육활동 등을 동시에 시도할 만큼 춤문화의 양적·질적 향상을 적극적으로 주도했다. 그러나 1980년대 말부터 급물살을 탔던 소극장운동은 대자본과 거대 기획의 시대적 흐름 안에서 점차 타격을 받기 시작했고, 이러한 영향은 두리춤터도 예외일 수 없었다. 86아시안게임과 88올림픽 이후 예술은 이전에 비해 대형화되는 추세였고, 이윤 추구에 취약했던 두리춤터와 같은 소극장은 결국 자체적인 침체를 면치 못한 결과라고 할 것이다. 두리춤터 제1기 중 대표성을 띠는 공연들은 1994년까지 약 4~5년의 기간으로 압축되지만, 이러한 공연장으로서의 한계는 이후 극장대표(임학선)를 중심으로 작품 창작과 제작 등, 공연보다는 순수 기능으로서 지속화된다.

이러한 점을 반영하는 대표적인 공과로는 임학선의 박사학위논문 「명무名舞 한성준의 춤구조 연구」(1998)를 바탕으로 만들어진 〈태극구조기본춤〉과 〈호흡표기법〉을 들 수 있으며, 특히 〈태극구조기본춤〉의 고안은 두리춤터에서 그 체계를 완성하였다고 할 수 있다. 이 밖에도 두리춤터는 문묘일무文廟佾舞를 둘러싼 다각적

---

12. 김채현, 「무용 확산을 위한 전제 조건」, 『춤』 1987년 2월호

인 고증과 문무文舞와 무무武舞의 원형 복원, 유가사상의 현인賢人 공자를 소재로 한 창작춤 〈위대한 스승 공자〉(2004) 등의 비중 있는 작업들을 일으킨 절대적인 기반이 되었다. 소규모 스터디를 구성하는 등 연구와 창작·수련의 차별적 운용력 또한 주목하게 하는 부분이다.

3. 두리춤터 제2기의 활동(2009~현재)

두리춤터는 2009년 10월 30일 두리춤터 BLACK BOX 극장에서 임학선댄스위 정단원 3인의 축하공연을 시작으로 재개관하였다. 당시의 공연은 유혜진의 〈지금 여기〉, 정보성의 〈길 위의 사람들〉, 이보름의 〈공감〉이었다. 그러나 춤공간과 의식의 리모델링을 표방하며 본격적인 재개관 활동으로 진입하게 된 것은 2010년 3월 30일의 전통공연 〈옛 춤 새 얼굴〉 무대부터가 타당하다고 본다.

재개관 당시 두리춤터 공연장의 구조는 지하 1층과 지상 1층으로 나뉘어 있었다. 지하 1층에는 65평의 좌석공간이 마련되어 있는 소극장 BLACK BOX 극장이 있고, 지상 1층에는 FOYER라는 현대적 공간이 새롭게 자리했다. 공간 안에 차를 즐길 수 있는 카페와 좌우 옆 공간으로 60평 규모의 60좌석이 가능한 가변형 공연장과 작은 야외 공간으로 개조되었다. 2층에는 50평 규모의 갤러리와 3층에 리허설이 가능한 50평 규모의 스튜디오, 4층과 5층에는 사무실과 휴식공간이 마련되었다. 그러나 이러한 외관과 규모는 2014년 9월 현재까지도 개조와 보수가 계속되고 있는 형편이다. 현재 지하 BLACK BOX 공간은 가변형 무대를 기본으로 하고 있지만, 검은색 사각 위주로 배열했던 객석은 메이플의 밝은 컬러를 그대로 살려 아치형의 계단식 객석으로 한층 모던하게 변화를 주었다. 사실 이보다 먼저 개조된 곳은 1층 공간이었다. 2012년부터 증축·보수된 곳으로 지하 BLACK BOX 극장을 리모델링하는 동안 2014년 8월 공연까지, '테마가 있는 한국춤 시리즈'를 비롯한 두리춤터의 대표 기획은 1층 FOYER 무대에서 소화했다. 그러나 공간의 성격상, 1층 FOYER 극장은 처음부터 창작춤이나 융복합 작업을 염두로 했던 공간이나 다름없었다. 지하 BLACK BOX 무대와는 차별화된 이 무대는 2층을 증축해 무대의 천장을 높임으로써 수직적 깊이를 더했다. 또한 1층에서 확장된 구조로서 2층의 통행로를 ㄷ자형 객석으로 살려낸 점이 특이하다. 따라서 객석은 1층의 100석과 2층 객석 약 70~80석을 추가로 확보함으로써 이전보다 많은 수의 관객 유치가 가능해졌다. 1층 FOYER 극장은 이처럼 카페와 공연장을 융합한 공간을 모색하며 수차례의 시행착오와 리모델링을 반복하면서 오늘의 모습을 완성했다. 2014년 연말에는 심포지엄과 시상식 등 다채로운 이벤트 공간으로 활용될 만큼 FOYER 극장은 두리춤터를 상징하는 공간으로 거듭났다.

'공간과 의식의 재건'을 표방하며 두리춤터가 최근 공연문화의 중심에서 21세기형 소극장 춤공연을 주도하며 춤문화의 새로운 메카로 그 세를 구축하고 있다. 재개관 이듬해인 2010년 3월, 두리춤터는 자체 내 특별좌담회를 갖는 등 다각적인 측면에서 공간의 실질적 운영방안 및 사업계획 등을 논의한 바 있다. 재개관을 둘러싼 좌담회 당시 두리춤터의 가장 큰 슬로건은 '인재지원의 등용문'이자 '친밀감 넘치는 실험공간'이었다. 개관 당시 두리춤터의 주요 사업들은 '교육'과 '창조'에 초점을 두었고, 제2기의 활동에서도 두리춤터의 맥은 전통적 명분을 기본적으로 이어가고 있다. 이에 걸맞게 두리춤터는 이제 '전통'은 물론 '전통 재구성', 그리고 '한국창작춤'과 현대적인 '콜라보레이션' 작업 등의 다양한 작업들을 만날 수 있는 복합예술공간으로 개관 이래 실로 최대 공연량을 소화하고 있다.

1) 두리춤터 2기의 특성화 프로그램

1990년대의 춤 활동을 두리춤터 1기(1990~2008)로 본다면, 두리춤터가 재도약을 시작한 2009년 이후 최근의 활동들은 제2기(2009~현재)에 해당한다. 두리춤터 재개관을 본격화한 첫 공연은 2010년도 3월 30일에 첫선을 보인 〈옛 춤 새 얼굴〉이라는 전통춤 기획으로 포문을 열었다. 한국 문화재보호재단(현 한국 문화재재단)이 30주년을 맞이해 전통문화의 중요성이 재차 강조되던 당시의 시점에서, 두리춤터의 〈옛 춤 새 얼굴〉이란 프로젝트는 시기적절한 타이밍이 아닐 수 없었다. 그러나 2012년도 이후로는 '테마가 있는 한국춤 시리즈' 상반기 공연(전통부문)들로 흡수된 상태이다.

2015년 현재 두리춤터는 〈한국춤 특성화 프로그램〉, 〈창작춤 특성화 프로그램〉, 〈융·복합 특성화 프로그램〉, 〈국제교류 특성화 프로그램〉이라는 차별화된 기획으로 각각의 세부 타이틀로 공연이 펼쳐지고 있다.

〈한국춤 특성화 프로그램〉은 '대학생 춤축제 DDF'(전통무대), '두리춤터의 테마가 있는 한국춤 시리즈'(전통, 명무~젊은 무용가 대상), '이 시대의 춤, 명작을 춤추다'(40·50대 전통춤꾼 대상), '젊은 춤꾼전… 21C 전설을 꿈꾸다!'(20·30대 무용가 대상)가 대표적이다. 이 중 '두리춤터의 테마가 있는 한국춤 시리즈'는 대규모 프로젝트 공연으로 전통과 창작은 물론 신개념 장르인 융복합을 포함한 이 시대 한국춤 전반을 새롭게 읽어낸다는 취지 아래 기획되었다. 한국춤 전체를 아우를 만큼 방대한 규모의 이 기획은 두리춤터 테마연구원들(김기화, 김지영, 박자은)의 사회와 해설로 진행되고 있다. 한편 '이 시대의 춤꾼, 명작을 춤추다'와 '젊은 춤꾼전… 21C 전설을 꿈꾸다!'는 묵묵히 명무의 길에 매진하고 있는 무용가들의 진정성 있는 춤공연을 일으키고자 의도된 것으로, 한국춤의 균형과 다양성 확보를 위한 기획이다. 이들 공연의 차별화는 매 공연마다 임학선(두리춤터 극장대표)의 정갈한 해설과 함께 한국춤공연의 신뢰와 품격을 더하는 파격을 보여주고 있다. 이와 같은 기획은 오늘날 명무를 향한 중견 무용가들과 전설을 꿈꾸며 홀로 매진하는 신진춤꾼들에게 도약의 원천을 제공하는 힘을 실어주는 프로그램이라 할 수 있다.

	기획 공연명	시행 연도
한국춤 특성화 프로그램	대학생 전통무대(대학생 춤축제 DDF)	2010~
	두리춤터의 테마가 있는 한국춤 시리즈(上)	2012~
	이 시대의 춤꾼, 명작을 춤추다	2012~
	젊은 춤꾼전… 21C 전설을 꿈꾸다!	2012~

〈창작춤 특성화 프로그램〉은 '대학생 춤축제' DDF(Deviced Dance Festival), 임학선댄스위 'Creative Stage'(20·30대 신진무용수)와 '차세대 안무가전'(30·40대 신진안무가 대상), '두리춤터의 테마가 있는 한국춤 시리즈'(창작, 중견~젊은 무용가 대상), '차세대 안무가 페스티벌'(30·40대 안무가 대상)을 매년 진행하고 있다. 컨템포러리 댄스로서의 한국춤의 현주소를 가늠할 수 있게 하는 기획으로, 이 중 '대학생 춤축제 DDF'와 '차세대 안무가 페스티벌'은 시리즈 공연 형식으로 두 프로그램 모두 경연방식이라는 점이 기획의 특성이다.

	기획 공연명	시행 연도
창작춤 특성화 프로그램	대학생 창작무대(대학생 춤축제 DDF)	2010~
	임학선댄스위 Creative Stage / 차세대 안무가전	2012~
	두리춤터의 테마가 있는 한국춤 시리즈(下)	2012~
	차세대 안무가 페스티벌	2014~

〈융·복합 특성화 프로그램〉은 FOYER PRODUCTIONS[13]의 대표 강낙현을 중심으로 한 작업으로 다양한 장르의 협업을 통한 공연과 워크숍 형태의 공연을 주로 하는 기획이다. 이 기획은 현대예술의 다양성과 융합성을 토대로 공연의 효과를 극대화시킬 것을 지향한다는 방침을 고수하는 프로그램으로 복합예술의 현주소를 생생하게 반영하고 있다. 융복합 특성화를 위한 대표작업들로는 〈Drive-Thru〉(2010), 〈Plastic Studio〉(2010), 〈Elena Elena〉(2010), 〈Ida/Me〉(2010), 〈Bird's Eye View〉(2011) 등이 있다.

	대표작(FOYER PRODUCTIONS)	시행 연도
융·복합 특성화 프로그램	〈Drive-Thru〉	2010~
	〈Plastic Studio〉	2010~
	〈Elena Elena〉	2010~
	〈Ida/Me〉	2010~
	〈Bird's Eye View〉	2011~

13. FOYER PRODUCTIONS(포이어프로덕션)은 강낙현 감독을 대표로, 신개념의 복합장르를 지향하는 단체이다.

〈국제교류 특성화 프로그램〉은 FOYER PRODUCTIONS과 현대춤 전공자인 정재연, 류희주와의 협업작품인 〈Elena Elena〉가 영국 'GATEHEAD INTERNATIONAL FESTIVAL OF THEATER 2011'에 공식 초청되면서 국제교류의 첫 도약을 이루었다. 2013년에는 두리춤터·FOYER PRODUCTIONS(대표 강낙현)이 국제교류로 초청한 대만 저우슈이의 〈About Living〉(2013)과 저우텅옌의 〈Emptied Memories〉(2013)가 공연되었다. 2014년도에는 스페인 빌바오 액트 페스티벌(Bilbao Act Festival)과 연계해 두리춤터도 '두리 액트 프라이즈(Duri Act Prize)'라는 상을 제정하여 우수한 무용가와 작품을 세계무대로 지원하게 되었다. 이 밖에도 2014년 11월에는 독일 바우하우스(Bauhaus)와의 작업에 새롭게 참여하면서 협업장르를 주도하고 있다. 오프닝 무대를 시작으로 한 〈바우하우스의 무대실험 – 인간, 공간, 기계〉(2014)는 2015년 2월 22일까지 국립현대미술관에서 워크숍 형태의 실험무대로 진행되었다.

이 밖에도 무용예술아카데미 '인문·춤 Humanitas Dance'라는 타이틀로 동양철학과 미학, 춤과 예악사상 등 공연예술과 접목한 한국춤예술의 다양성을 아카데믹한 관점으로 대중화하는 일종의 교육 프로그램이 있다. 또한 두리춤터 국제교류전 및 융복합 공연 등, 지난 2013년에는 아카이브 작업의 초보적 단계로 사진전으로까지 기획의 폭을 확대하여 복합공간으로서의 새로운 면모를 과시하고 있다. 이처럼 두리춤터는 극장대표 임학선을 중심으로 이 시대 한국춤의 역사 전반을 아우르는 차원에서 다채로운 기획의 묘를 살려 관객과의 소통의 장을 이끌어내고 있다.

	국제교류 공연 및 시상 제정	시행 연도
국제교류 특성화 프로그램	〈Elena Elena〉 영국 GATEHEAD INTERNATIONAL FESTIVAL OF THEATER 2011 공식 초청	2011~
	두리춤터·FOYER PRODUCTIONS 초청 국제교류 공연 〈About Living〉 by Chou Shu Yi, 〈Emptied Memories〉 by Chou Tung Yen	2013~
	Spain Bilbao Act Festival 공연 'Duri Act Prize' 제정(2014)	2014~
	Bauhaus 워크숍 및 연계 공연 〈바우하우스의 Bauhaus 무대실험 – 인간, 공간, 기계〉(2014)	2014~

2) 두리춤터와 임학선 댄스위

한편 두리춤터가 재개관된 이후 가장 직접적인 수혜자들을 꼽으라면 그건 당연히 임학선댄스위라 할 것이다. 성균관대 졸업생 및 교강사로 구성된 임학선댄스위는 한국창작춤 무용단으로서뿐 아니라, 임학선 예술감독을 주축으로 한 최정예 단원들로 두리춤터의 명실상부한 상징적 단체가 되었다. 2007년부터 시작된 'Creative Stage'와 '차세대 안무가전'은 임학선댄스위의 미래 비전을 제시하는 한국창작춤 특성화 프로그램의 하나이다.

앞서 언급한 대부분의 공연이 한국춤의 역사와 문화사적 의의를 간파하기 위함이라면, 두리춤터를 거점으로 한 임학선댄스위의 'Creative Stage' 그리고 실험과 다양성을 지지하는 '차세대 안무가전' 등은 임학선무용단(임학선댄스위)의 자체 기획으로 운영되는 무용단의 개별 프로그램들이라 할 수 있을 것이다. 여기에 2014년도는 임학선 춤인생 50년·임학선무용단 30년 기념사업의 일환으로 '임학선 댄스위 발자취'라는 스페셜 타이틀이 추가로 진행되었음을 주목할 수 있다. 이는 2014년도의 스페셜 기획으로 무용단 30주년의 모든 의의를 함축·시사하는 공연으로 그 첫 번째 무대는 임학선댄스위 단원대표인 '정향숙의 춤'으로 무용단 30년 기념사업의 포문을 열었다.

사실, 임학선무용단 30년의 역사는 초창기 수원대학교 무용학과 재임 시절 창단한 임학선무용단(1984)으로 소급된다. 그 후 임학선 교수가 1998년 성균관대학교에 부임하면서 2004년 임학선댄스위를 창단하며 임학선무용단의 초창기 명칭은 사실상 '임학선댄스위'로 모아져 현재까지 지속되고 있는 것이다. 무용단의 춤적 개성이나 스타일을 논한다는 것은, 결국은 그 단체의 예술감독이 추구하는 예술성을 이해해야 가능한 것이다. 그런 의미에서 '임학선댄스위 발자취' 무대는 임학선 춤인생 50주년 안에서 무용단으로서의 30년을 가늠하는 중요한 작업이 될 것이다. 하나의 '세대'를 완성하는 단계로서, 2014년은 분명 임학선무용단에 있어 새로운 터닝포인트가 되는 해가 아니었을까 싶다. 2014년 1월 '정향숙의 춤'으로 시작된 임학선무용단 30년 기념 발자취 무대는 2월 조인호/김동민, 3월 이보름/박지선, 4월 정보경, 5월 노한나, 6월 김미영, 7월 유혜진, 8월 김수정, 9월 박완주/김라희/이혜민, 10월 김세정/김주빈/조민아, 11월 김유진/박연주, 12월 김영은 단원의 작품 순으로 펼쳐졌다. 각각의 작품들은 기념공연을 축하하는 의의와 함께 임학선댄스위 단원들 개개인의 창작의지와 개성을 펼쳐 보이는 가운데, 두리춤터를 1년 내내 훈훈한 열기로 채웠다. 특히 한국창작춤꾼들로서 단원들의 고른 기량에 비해 다채로운 성향으로 각각의 무대를 탄력적으로 연출해낸다는 점은, 임학선댄스위를 한층 성숙하게 한 새로운 발자취였다고 할까? 그들의 프로페셔널한 예술적 감성을 고스란히 읽게 한다는 점에서 '힘학선댄스위 발자취' 공연은 1년 내내 스포트라이트를 받았음이 분명하다.

3) 두리춤터 2기의 대표기획 '테마가 있는 한국춤 시리즈'

2009년 재개관 축하공연과 함께 명실공히 제2기에 접어든 두리춤터는 2010년 이후, 특히 2012년부터의 공격적 마케팅과 더불어 소극장 공연의 메카로 빠르게 급부상하게 되었다. 실제로 당시 두리춤터가 공연예술 현장에서 새로운 활로를 개척하며 세간의 이목을 집중시킬 수 있었던 원동력은, 다름 아닌 '두리춤터의 테마가 있는 한국춤 시리즈'였음에 이견이 없으리라 본다. 전통과 현대를 총망라하며 2012년도 첫해 동안 총 69개의 공연을 유치하였고, 2013년 역시 100일간 100개의 공연을 원칙으로 테마는 지속되었다. 2014년 한 해 동안의 집계만 보더라도 135인의 안무가와 310개의 작품이 참여하는 등, 12개월 12테마는 실로 총력을 다해 전력 질주한 기획이 바로 '테마가 있는 한국춤 시리즈'이기 때문이다.

'두리춤터의 테마가 있는 한국춤 시리즈'를 월별 순으로 보면 1월 기본춤으로 보는 한국춤의 흐름, 2월 춤의 갈래–, 3월 레퍼토리–, 4월 지역 중심 유파별–, 5월 인물 중심 유파별–, 6월 무형문화재춤(명작명무)–, 7월 전통 재구성 안무–, 8월 남성 무용가–, 9월 안무가–, 10월 소극장 춤(젊은 춤꾼)–, 11월 무용단–, 12월 융복합으로 보는 한국춤의 흐름의 순이다. 이와 같이 테마 시리즈는 말 그대로 한국춤의 역사와 문화사적 의의를 가늠하게 할 만큼 거대 기획임이 분명하다.

테마 구분	테마별 공식 명칭	시행월
제1테마	기본춤으로 보는 한국춤의 흐름	1월
제2테마	춤의 갈래로 보는 한국춤의 흐름	2월
제3테마	레퍼토리로 보는 한국춤의 흐름	3월
제4테마	지역 중심 유파별로 보는 한국춤의 흐름	4월
제5테마	인물 중심 유파별로 보는 한국춤의 흐름	5월
제6테마	무형문화재춤(명작명무)으로 보는 한국춤의 흐름	6월
제7테마	전통 재구성 안무로 보는 한국춤의 흐름	7월
제8테마	남성 무용가로 보는 한국춤의 흐름	8월
제9테마	안무가로 보는 한국춤의 흐름	9월
제10테마	소극장 춤(젊은 춤꾼)으로 보는 21세기 한국창작춤의 흐름	10월
제11테마	무용단으로 보는 한국춤의 흐름	11월
제12테마	신개념, 신양식(융복합 및 기타 테마)으로 보는 21세기 한국창작춤의 흐름	12월

'두리춤터의 테마가 있는 한국춤 시리즈' 월별 프로그램[14]

그럼에도 규모가 큰 만큼 테마 시리즈가 정착하기까지 부분적으로 보완·변경된 내용도 생겼다. 예를 들어 2012년 12테마 '신개념, 신양식으로 보는 한국춤의 흐름'은 2013년부터 '융복합으로 보는 한국춤의 흐름'으로 명칭을 조정했고, 2012~2013년에 걸쳐 6테마 '무형문화재춤으로 보는 한국춤의 흐름'이 2014년부터

14. 위의 프로그램은 '두리춤터의 테마가 있는 한국춤 시리즈' 중 2012년 최초 연도의 프로그램을 토대로 당시의 명칭에 준한 것이며, 괄호 안의 명칭은 재검토된 것으로 2014년도의 명칭으로 사용되었다.

'명작명무로 보는 한국춤의 흐름'으로 바뀌었다는 점은 중장기 프로젝트의 실체를 고스란히 드러내는 결과였다고 본다.

즉 '무형문화재춤'으로 국한했던 6테마의 참여 범위를 '명작명무名作名舞'로 개칭하면서 무형문화재로 분류된 춤은 물론, 재구성 안무작품이나 순수창작 혹은 소위 문화재로 지정되진 않았지만 공신력을 갖는 춤들을 최대한 수용하겠다는 주최측의 의지를 엿볼 수 있었기 때문이다. 〈옛 춤 새 얼굴〉, 〈연화향〉 등의 기획이 그러했듯, 앞에서 언급된 '이 시대의 춤꾼, 명작을 춤추다'와 '젊은 춤꾼전,… 21C 전설을 꿈꾸다!'와 같은 단독 기획물이 조만간 '테마가 있는 한국춤의 흐름'으로 수용될 것인지에 대해서는 좀 더 시간을 두고 지켜봐야 할 것 같다. 단독 공연으로 행해지는 칭직춤공연을 포함한 융복합 공연들도 각각의 타이틀에 맞추어 12개의 테마 범주로 흡수되어 공연될 가능성도 충분한 듯 보인다. 적어도 한국춤 시리즈에서 '융복합'을 12월 마지막 테마로 설정한 것은, 21세기 한국춤의 트렌드를 가장 현대적으로 반영한 것이자 동시에 테마 시리즈에서만 볼 수 있는 독자적인 기획력을 읽게 하는 부분이라 사료된다.

4) 융복합작업 및 기타 국제교류 공간으로서의 두리춤터

두리춤터가 재개관하면서 제1기의 활동과 가장 두드러지게 변화된 내용이 있다면, 그건 아마도 '콜라보레이션의 본격화'를 들 수 있을 것이다. 장르의 콜라보레이션은 도입부에서 밝힌 임학선의 예술세계 제4기에 대한 부분적 규정이자 특징을 자연스럽게 상징화하는 측면을 보이고 있다. 앞서 잠시 언급한 바 있지만, 두리춤터의 융복합 공연은 독립영화감독인 강낙현이 이끄는 상주 프로덕션인 FOYER PRO-

DUCTIONS을 주축으로 진행되고 있다. 실제로 FOYER PRODUCTIONS의 처녀작이자 대표작인 〈Drive–Thru〉(2010)를 시작으로 〈Drive–Thru with IDA〉(2010), 〈Plastic Studio〉(2010), 〈Elena Elena〉(2010), 〈IDA/ME we are going to London〉(2010), 〈Drive–Thru flash flash flash back〉(2010), 〈Plastic Studio Movement Studies〉(2010), 〈Drive–Thru Mysterious Mr. Verry Christmas〉(2010), 〈IDA/ME I have been before〉(2010), 〈Bird's Eye View〉(2011) 등을 지하 BLACK BOX 극장과 1층 FOYER 극장에서 선보였다.

2013년 12월 1층 FOYER 극장에서 12테마 '융복합으로 보는 한국춤의 흐름'이 선보이는 동안, 지하 BLACK BOX 극장에서는 RUFXXX와 FOYER PRODUCTIONS이 협업한 〈Dedman Walking〉(2013)[15]이 12월 한 달여 동안 상설 공연되었을 정도로 두리춤터는 이미 복합장르 구현에 진일보한 공간으로 차별화된 기획력을 보이고 있었음이 분명하다. 〈Dedman Walking〉에 대해 필자는 한 리뷰에서 다음과 같이 말한 바 있다.

> *"다른 공연장을 차치하고라도 2013년도 한 해는 두리춤터 개관 이래 사상 최대의 공연량을 소화하며 우리춤계의 호황에 중추적 역할을 했음을 부정할 수 없을 것 같다. 이런 시점에서 이제 막 한 달 동안의 장기공연을 시작한 복합장르 공연 〈Dedman Walking〉은 다양성을 추구하는 두리춤터의 벤치마킹을 확실시하는 프로그램 중 하나일 것이다. (중략)*

15. 〈Dedman Walking〉은 한국 문화예술위원회의 '실험적 예술 및 다양성 증진 지원' 사업으로, 정확히 2013년 11월 29일부터 두리춤터 BLACK BOX 극장에서 무려 한 달간 지속된 공연이다.

〈Dedman Walking〉은 어둠의 빛과 소리의 세계를 진한 소울(soul)의 감성기법으로 투영하고 있다…. 삶과 죽음의 경계를 뒤흔들 듯한 그 긴박함은 움직임의 가파른 회전성과 강렬한 소리의 충돌로부터 영혼의 난장무대를 극화시킨다…. 하지만 그들의 독창적 무대가 이지적인 세련미로 완성도를 높이기 위해선 다소 시간을 두고 지켜봐야 할 것 같다…."[16]

한편 2013년도 대표 흥행작이었던 〈Bird's Eye View〉(2011)는 2011년 6월 첫 공연이후 소극장을 중심으로 무려 50여 회 이상의 공연 기록과 10여 개의 버전을 갖고 있을 만큼 두리춤터의 융·복합 작업 중 대표성을 띠는 작품이다. 이는 두리춤터를 모태로 출발한 작업의 변화와 실험성 높은 성숙과정을 완성도 높은 결과물로 입증한 사례였다. 이에 대해 필자는 특히 〈Bird's Eye View 2013〉을 '비움의 끝에서 완성된 직관적 메타포'라 압축한 바 있다.

"〈Bird's Eye View 2013〉은 일상적인 콜라보레이션의 경계를 확장해 '희망'의 메시지를 컨버전스(convergence)한 작품이다. (중략) 움직임과 영상 그리고 음악이 이루는 삼분법은 작품에서 줄곧 일정한 메타포(metaphor)를 연상시키지만, 그들의 개연성은 우연적이리만치 순간적이고 스피디함 속에서 펼쳐진다는 것은 이 작품의 숨은 매력이다. 특히 '한옥영상' 속 어미새(정보경)의 조감鳥瞰은 움직임과 영상, 영상 안의 화면과 무

16. 박자은, 「죽음의 소울(soul) & 소리가 만드는 블랙 패러다임 – 〈Dedman Walking〉」, 『댄스포럼』 2013년 12월호

대 위 화면이 하나의 완벽한 융합을 보이는 지점이었다."[17]

또한 이 작품의 매력과 특성은 첫째 움직임의 비트를 독창적 에너지로 발산시키는 '세련된 안무', 둘째 작품을 더욱 흡인력 있게 하는 '라이브 음악', 셋째 시공간을 총체화시키는 '탄력적 연출', 넷째 '개성적인 팀워크'로 정리할 수 있었다. 이처럼 〈Bird's Eye View〉는 지속적인 작업과정을 통해 최대치의 공연작으로 드러내 보임으로써 융복합 작품의 특징을 여실히 보여주는 모범적인 사례가 아니었나 싶다. 이처럼 융복합의 가치는 콜라보레이션의 효율성을 극대화하는 것에 달린 것이라 말할 수 있으며, 필자는 이와 같은 특성을 지닌 융복합(convergence)을 일컬어 '콜라보레이션의 21세기형 결정체'라 하였다. 때문에 이러한 작업 속에서 구축되는 움직임이란 하나의 완성된 춤을 지향하기보다는 새로운 장르 속에서 탄생될 또 하나의 코드(code)로 읽혀야 하는 것일지도 모르겠다.

한편 2013년 5월에는 '두리춤터'와 'FOYER PRODUCTIONS'이 주관한 제1회 국제교류로 대만 무용계에서 주목받는 스타 저우슈이와 연출자 저우텅옌의 두 작품의 초청공연이 있었다. 현대예술의 콜라보레이션 작품인 〈About Living〉과 〈Emptied Memories〉 이 두 작품은 무의식적 코드에 잠재한 깊은 철학적 아우라를 느끼게 하는 작품으로 필자는 당시 인터뷰를 진행한 바 있다. 대만의 예술가 저우텅옌은 귀국 후 두리춤터에 다음과 같은 인사를 보내왔다.

---

17. 박자은, 「비움의 끝에서 완성된 직관적 메타포(metaphor) – 〈Bird's Eye View(鳥瞰) 2013〉」, 『댄스포럼』 2013년 8월호

"우리에게 두리춤터는 고급스럽고 매우 좋은 다목적의 공간이었다. 우리가 머무는 동안은 내내 그 특권을 누릴 수 있었고, 극장은 늘 우리가 원하는 세부적인 것까지 항상 모든 도움을 지원해주었다. 스태프들 또한 친절하고 무척 협조적인 분들이었다. 두리춤터는 국제교류를 장려하는 곳으로 프로그램에 참여하는 젊은 예술가들에게 정말 유익한 곳이라고 생각된다. 두리춤터에 다시 가길 희망한다."

〈2013년 5월 29일 저우텅옌의 이메일 인사 中〉

이는 두리춤터가 춤전용 소극장 이외에도 다목적 공간으로서 예술가들에게 긍정적인 인상을 남기고 있음을 확인할 수 있게 하는 부분으로, 차별화된 예술 공간으로서 두리춤터가 지향할 향후 방향성을 시사해주는 대목이기도 하다. 사실, 두리춤터는 1990년 초기 개관 이후 약 4~5년 동안 비록 단기간이지만 스튜디오 춤과 소극장 춤의 상승기류에 적극적으로 편승해 무용계에 합류했다. 하지만 1994년을 기점으로 춤전용 소극장으로서의 기능이 쇠퇴하게 되면서 당시의 기획들도 사실상 유명무실해졌다. 그럼에도 대략 6년여의 공백을 깨뜨리고 2010년도에 재개관할 수 있었던 것은, 두리춤터가 예술창작의 최전방에서 춤창작 산실로서의 기능을 잃지 않고 있었기에 가능한 것이었다. 이는 극장대표 임학선의 두리춤터 재개관의 취지(2010년 3월 6일 좌담)에서도 지속적으로 언급되고 있는 내용이다.

"오늘날 무용인구가 증가함에 따라 좋은 작품 또한 많이 생산되는 것은 사실입니다. 하지만 이를 적절히 소화해낼 공연장은 턱없이 부족한 것도

문제입니다. 때문에 이에 대한 구체적 대안이 시급하다고 봅니다. 전통에서부터 창작을 아우르기까지 무엇보다 전통연구에 기반한 창작활동이라면 좀 차별화된 그런 작품들 내지는 우리가 기대하지 못했던 그런 결과들을 가져오지 않을까 하는 생각이 들어요. 그래서 일단은 기존의 춤 역사를 진단해보고 그런 다음에 미래를 한번 예측해보면서 자기 발전을 대비할 수 있는 그러한 장이 되었으면 하는 생각을 갖고 있습니다. 때문에 제가 염두에 두는 기획이란 것이 지금까지 획일적으로 누구에게나 똑같이 주어졌던 그런 공연의 기회보다는, 각 개인의 특성에 따라 차별을 둔 상태에서 탄력적으로 운영할 수 있었으면 하는 것이 이제 제 바람입니다. 잘 될지는 잘 모르겠지만, 여하튼 창작에 활력소가 될 수 있는 창고가 됐으면 하는 것이지요. 실상 대부분의 공연은 일회성으로 끝났다는 것도 문제예요. (중략) 좀 더 적극적인 자세로 이런 공간을 활용해줬으면 하는 것이지요. 1970년대 이후에서 2000년도까지, 겨우 그래봐야 한 20·30년 동안 창작춤이 급발전한 거라면, 21세기는 그보다 더 빠를 거라는 거죠. 그런 생각에서 시대 변화의 흐름을 직시하면서 그 변화에 발맞추어 나가서 발 빠르게 움직이지 않으면, 우리는 제자리에 정체될 수밖에 없다는 겁니다….”[18]

요약하면 첫째 전통을 기반으로 한 창작활동이어야 할 것, 둘째 획일적 기회

18. 2010년 3월 6일 좌담 내용 인용, 방배동 두리춤터 1층 FOYER (좌담 참석자는 임학선, 김지영, 조성윤, 박자은, 정향숙)

제공의 측면보다는 개인별 특성을 고려하여 좀 더 탄력적이고 차별적으로 운영되어야 될 것, 셋째 매 순간 무용가의 자기 주도적인 대처방안을 고민해야 할 것 등이다. 또한 그렇게 될 때 소극장 공간이 뛰어난 인재와 예술작품을 지속적으로 양산할 수 있는 곳으로 거듭날 수 있다는 내용이다. 이는 임학선의 극장 운영방침이자, 곧 그녀의 예술관을 동시에 읽게 하는 중요한 단서로 부각된다.

이와 같은 공간에 대한 이념의 구체화는 같은 해 10월『공연과 리뷰』의 한 좌담에서도 언급된다. 이 좌담에서는 두리춤터가 지역 사회의 교육의 장으로, 몸의 표현과 사상을 연구하는 장으로, 자신의 안무를 개발하기 위한 장으로, 즉 창조·교육·연구가 함께하는 공간이 될 것임을 밝혔다.[19]

재개관한 지 6년에 접어든 지금, 현재 두리춤터는 어떠한 모습일까? 앞에서 잠시 언급한 바 있지만, 두리춤터는 현재 전 층을 '문화공간화' 하는 방침으로 1층 공간을 최근까지 리모델링하였다. 두리춤터를 상징하는 두 개의 차별화된 공간은 지하 BLACK BOX와 1층 FOYER 극장이다. 지하 BLACK BOX 공연장은 '실험성 강한 공간', 1층 FOYER 극장은 '선별적인 작품으로 지속적인 작업이 가능한 공간'을 위주로 하지만, 물론 두 극장은 상황에 따라 용도 스위치가 가능하다는 것도 이 공간의 장점이다. 이 밖에도 연말에는 심포지엄과 시상식 등 다채로운 이벤트 공간으로 활용될 만큼 FOYER 극장은 두리춤터를 상징하는 대표적인 공간으로 거듭났다. 이처럼 1990년대 초기 개관 당시의 두리춤터가 춤전용 소극장이었다면, 재개관 이후 2014년 현재(2기)는 무용이라는 장르에 국한하지 않고 다양한 예술들을 '융합'시

---

19. 김태원(2010),『공연과 리뷰』70호(2010년 가을) p. 17

키는 공간으로, 또 대중과 밀착적인 소통을 실현하는 장으로 또 한번의 도약을 꿈꾸고 있다고 해야 마땅할 것이다.

4. 나가는 글

소극장의 탁월한 생명력은 현실을 초월케 하는 강도 높은 현장성에 있다. 하지만 춤공연이 단지 볼거리로만 끝난다면 이는 화폭 속에 정체된 한 장의 춤동작과 크게 다르지 않다고 본다. 예술의 생명력을 일깨우는 단초로서 소극장 춤공연에 대한 중요성은 20세기 한국창작춤의 태동에 이어 21세기에도 꾸준한 화두가 될 것이다. 소극장은 전통과 현대가 공존하고 교차되는 지점이자 연속성을 지니는 곳이며, 소극장이야말로 소통과 참여의 기회를 동시에 개방하는 공간이기 때문이다. 그러므로 두리춤터 제2기의 춤 활동을 중심으로 다음과 같이 예견해본다.

첫째, 두리춤터는 과도한 실험성이나 테크닉에 치중한 공간이기보다, 캐주얼함으로 대중들의 가슴속 깊이 파고드는 '친숙한 공간'으로 거듭나야 할 것이다. 소극장은 개성적인 모티브와 무한한 창작의 세계를 가능케 하는 공간이지만, 창작자들이 일상성과 무대의 경계를 의식하지 않을수록 관객과의 소통은 오히려 친밀해지리라 생각된다. 또한 문화예술을 다양한 각도로 융합시키는 장으로, 예술가와 관객이 소통하고 예술가와 예술가가 그리고 예술과 사회가 화합하는 장으로 두리춤터가 앞장서야 할 것이다. 최근 1층 FOYER 극장이 카페극장으로 변모 중인 것도 이러한 모든 가능성을 긍정적으로 예견하게 한다. 두리춤터는 오늘의 춤에 대한 새로운 화두를 던지고 이에 대해 끊임없이 논의를 재생산함으로써, 춤의 생명력을 기운생동氣

韻生動케 하는 문화 소통의 장이 되어야 할 것이기 때문이다.

둘째, 두리춤터는 21세기 '융복합 예술의 공급처'로 거듭날 수 있어야 할 것이다. 그런 점에서 제2기의 활동 범주는 콜라보레이션의 영역이 한층 확장될 것을 기대해보는 것도 좋을 듯싶다. 또한 두리춤터만의 독자적 공간(무대 메커니즘)을 적극 활용할 수 있어야 한다는 점에서, 두리춤터 2기의 특성화는 융복합 메소드를 어떻게 활성화시키는가에 그 해법이 달려 있다고 사료되기 때문이다. 소극장은 춤꾼에게 있어 끊임없는 수련의 공간이요, 실험적 공간이자 밀착적 소통을 갈망하는 공간이다.[20] 그런 의미에서 두리춤터 제1기가 초기 소극장운동의 실험성과 장르의 현대화를 모색하던 곳이었다면, 모쪼록 두리춤터 제2기의 활동은 실험정신과 창작정신을 현대적으로 아우르는 '융합의 공간'이 되길 기대한다.

셋째, 이상과 같이 21세기를 선도하는 미래지향적 공간이지만, 한국춤의 역사와 전통춤의 본질을 올곧게 계승하는 공간이어야 한다는 것이다. 전통시대 우리 민족의 마당이 그러했듯, 부디 두리춤터가 전통과 창조가 어우러진 문화예술 공간으로, 이 시대 춤예술의 한복판에서 21세기 문화 소통의 요람으로 거듭나길 바란다.

---

20. 박자은(2013), 「컨템포러리 클래식댄스 밀착적 소통을 말하다」, '2013 테마가 있는 한국춤 시리즈 상반기 결산', 『댄스포럼』 2013년 7월호 참조

박자은(朴姿垠: 1972~) 무용비평전공. 성균관대학교에서 「무용비평가 강이문의 예술관과 비평적 특성에 관한 연구」로 박사학위를 취득하였다(2008). 2009~2010년 무용전문지 『몸』에 서평을 기고한 바 있고, 2012년부터 『댄스포럼』에 공연 리뷰를 게재하고 있다. 2014년 두리무용예술상 〈평론상〉을 수상하였고, 두리춤터 연구원, 성균관대 겸임교수로 활동 중이다. 이 글은 『공연과 리뷰』 86호(2014년 가을), 「'두리춤터 제2기'의 소극장 춤 활동」을 수정, 보완한 것임 – 필자

Ⅱ. 임학선 춤작가 데뷔 30년

〈위대한 스승 공자〉 성균관대학교 600주년기념관 새천년홀 2008

1. 김태원

〈공자〉 공연의 문화적 의미

임학선 춤작가 데뷔 30년 기념공연, 위대한 스승 공자 2008

〈공자〉 공연의 문화적 의미

김태원 / 〈위대한 스승 공자〉 2008 공연프로그램

임학선 교수와 임학서댄스위 무용단이 〈공자〉 춤공연을 처음 올린 것은 2004년으로 기억된다. 당시 무용계는 공자를 가까이할 수 없는 먼 성인聖人의 한 사람으로만 알았을 뿐이다. 따라서 그것이 어떻게 무용으로 이야기될 수 있으며, 더군다나 공연장이었던 예술의전당 오페라극장과 같은 대무대에 올려질 수 있을지 모두들 의아해했었다. 이른바 거대 물량을 내세운 또 다른 행사용 공연이 아닐지 모두들 깊은 의구심 속에서 지켜보았다. 나도 솔직히 그같이 적지 않은 의아심을 가졌던 사람 중의 한 사람이었다.

그런데 공연은 그 같은 많은 기우와 관계없이 성공적으로, 또 인상 깊게 무대화되었다. 궁중의식무인 '일무佾舞'가 효과적으로 삽입되어 장중한 예禮의 분위기가 공연을 크게 감싸는 가운데, 임학선 교수의 춤 구성은 가까이하기 어려운 성인의 모습이 아닌, 깊이 배우고 즐기고 또 사랑하고 아파하는 한 학인學人의 모습을 무대 위에 그려놓았다. 말하자면 '인간 공자'의 모습이 큼직한 타블로같이 일견 서사적 구성을 갖고 그려져서, 사실 나도 그때쯤 공자를 또 다른 시각으로 봐야 할 필요성을 내심 크게 느꼈다.

사실 임학선 교수는 이전에도 그 같은 몇 번의 담대한 창작춤 작업을 했다. 1980년대 우리 창작춤의 기념비작인 〈인다리〉(1985)의 발표를 전후해서 우리의 무속巫俗을 창작춤의 소재로 깊게 끌어들여 샤먼적 의식성과 공동체적 집단무의식적 심리성이 가미된 춤작업을 했었고, 이어 1990년대 들어서는 〈흰 새의 검은 노래〉와 같은 걸프전 때의 해양오염을 문명비판적 시각에서 크게 묘사해보았으며, 서울시립무용단 단장 시에는 〈밝산〉(2000)과 같은 작품을 통해 우리의 고대신화(치우왕 신화)를 거대한 스펙터클 형식으로 세종문화회관 대무대에 올렸다. 그렇게 보면 일견 무모해 보이는 듯한 그녀의 춤 도전은 지금까지 일관되게 진행되어 왔다 하겠는데, 그 결과 일단 임 교수의 춤작업은 새롭게 발견된 춤소재에 대한 어떤 소재주의적 탐닉에 머물지 않고, 그 스스로 우리 현대문명과 그 속의 한국 문화를 보는 나름대로의 문화적 시각을 넓게 그 속에 편재시켜왔음을 우리는 느끼게 된다. 그 중 80년대의 무속적 제의성을 띤 춤형식에 대한 깊은 천착, 이어 2000년대 접어들어 〈밝산〉 이후 현금의 〈공자〉까지 동아시아 문화의 뿌리에 대한 새 무안舞眼의 착근은 그 같은 선구자적 시야까지도 보여주고 있다 할 수 있다.

그렇다면 또다시 성균관에서 〈위대한 스승(The Great Teacher) 공자〉를 올리는 의미는 무엇인가. 단지 동양정신문화의 한 뿌리로서의 공자 예찬일까. 그것은 아닐 것이다. 우리가 성균관을 중심으로 수백 년간 고집스럽게 간직한 '문묘일무'와 함께 우리 문화 속에 살아 숨 쉬고 있는 유교적 가치관과 인간주의(윤리적 휴머니즘)를 공자의 삶과 더불어 되새김질하면서, 우리 정신문화의 한 근간을 깊게 성찰하고 그

곧은 줄기를 각 문화의 분야에서 새롭게 세워보자는 뜻이 그 속에 있는 것이 아닐까. 즉 지난 70~80년대를 지배하였을 이른바 민중문화와 무속의 카오스적 세계가 아닌, 건강한 질서와 화합과 의미 있는 수수지례授受之禮의 예禮의 세계를 다시 부활시켜볼 수는 없을 것인가. 그런 뜻에서 이번 〈위대한 스승 공자〉 공연은 단순한 춤의 공연이 아닌, 자본과 기술 시대의 '새 예악禮樂 문화 발흥'의 한 증표라 할 수 있을 것이다. 즉 이것은 죽어가는 인문학과 예술, 인간 마음 역사의 재건이요, 적어도 잊혀진 삶의 가치관의 또 다른 균형 맞추기가 아닐 것인가.

임학선 춤작가 데뷔 30년 기념공연, 위대한 스승 공자 2008

성균관대학교 안에서의 〈위대한 스승 공자〉 공연의 의미

김태원 / 『공연과 리뷰』 2008. 겨울

지난해 연초에 우리 창작춤 운동의 큰 견인차 역할을 했던 창무회 30년을 기리는 국제 세미나를 했던 것 같다. 기록상 1976년에 창무회가 결성되었다고 하니 그럴 수 있다. 그러나 정작 그 첫 번째 공연은 1978년 12월이고, 이때 임학선·임현선은 그들의 공동안무작으로 〈거미줄〉을 올렸다. 따라서 창무회의 실제적인 집단적 춤공연 활동은 올해가 정확히 30년이 된다. 사실상 나는 이 연도를 매우 의미롭게 보는데, 왜냐하면 창작춤이 하나의 예술적 운동으로 집단화되어 공개적으로 표출되는 그 첫 번째 의미 있는 공연이기 때문이다. 이 이전의 공연으로 김매자·문일지·배정혜·이청자·이애주 등이 각각 나름대로의 방식으로 한국춤의 새로운 방식의 창작을 시도했는데, 그것은 적지 않게 개별적이었고 또 단편적이었다고 할 수 있다. 그와 연관해서 현재 나름대로 비평적으로 의미 있게 기록되어 있는 것은 1977년 배정혜의 〈타고 남은 재〉 공연이 있다. 그런 뜻에서 이번 '임학선의 창작춤 30년'을 자축하는 공연인 〈위대한 스승 공자〉(2008년 10월 9~11일 총 4회, 성균관대 600주년기념관 새천년홀)는 임학선 창작춤 활동의 한 마침표이자, 또 다른 의미의 출발이 될 수 있다.

이 공연은 이미 2004년 예술의전당 오페라극장에서 초연되어 적지 않은 놀라움을 주었다. '공자'라고 하는 한 인간에 대한 대담한 주제 설정에서부터, 그 연장에서 돌연하고 대담한 동양주의적 사고, 더불어 대부분 중·소극장을 무대로 펼쳐 보였던 이른바 한국창작춤이 예술의전당 오페라극장과 같은 큰 무대를 어떻게 채울 수 있을까 하는 일종의 기우 등이 그와 관련된 것이었는데, 임학선의 이 공연은 그 모든 부분을 긍정적으로 바꾸면서 서사적 감성을 띤 제의적 형식의 스펙터클한 하나의 창작무로 살아남았다. 더불어 이 공연은 은근히 우리의 창작춤이 좁은 미학적 테두리를 벗어나, 이제 더 넓은 시각으로 일종의 새로운 교육적·문화적 가치를 가지며 대중에게 다가가기를 촉구하고 있기도 한다.

사실 이번 공연의 가장 큰 성과를 나는 '대학 속 숨은 관객층의 발견'에 있다고 본다. 그간 한국 현대춤이나 창작춤의 경우, 특히 지난 70년대부터 대학 안에서의 공연은 기피의 대상이었다. 그것은 마땅히 대학 안에서 공연할 만한 공연장도 없었을 뿐 아니라, 새로운 예술의 실험은 당시 의당 대학 바깥에서 검증을 받고 매스컴과 대중의 관심을 끌어야 할 필요가 있었기 때문이다. 1970년대 육완순 안무의 〈슈퍼스타 예수 그리스도〉와 같은 작품은 그같이 대학 바깥으로의 예술춤 운동을 견인했고, 그것을 창작춤 활동도 뒤따랐다. 하지만 대학 바깥에서나 대학 안에서나, 진지한 무용예술을 위한 안정된 큰 관객이 없기는 마찬가지. 그러다 보니—외부 활동에 전념하다 보니—오히려 대학 안의 관객과 그 기반을 우리는 그사이에 경시하고 잃었다. 물론 대학의 분위기도 그간 크게 변해서 대학이 하나의 자족적 삶의 공간과 시스템을 가진 마을(village)이 되고 있고, 여기에 극장 건물과 같은 하드웨어의 급격한 증가가 덧붙여져 이젠 사실 대학 안의 관객도 그 바깥의 관객만큼의 수를 갖게 되었다. 이번 〈위대한 스승 공자〉 공연은 그런 뜻에서 성균관대학교의 600년 건학이념—유교의 이념이자 우리 문화의 주요 이념이기도 하다—과 맞아들면서, 4회에 걸쳐 1500명 이상의 대학 안의 관객을 성공적으로 끌어들였다. 그런 뜻에서 임학선과 임학선댄스위의 역발상적인 기획은 그만큼 적중했고, 대학 안에서도 예술로서, 또 유용하고 가치 있는 교육적 수단으로서 무용의 위상도 한층 견고히 확보한 것 같다. 어쩌면 임학선댄스위의 이 같은 시도는 육완순의 〈슈퍼스타 예수 그리스도〉가 했던 것만큼의 획기적인 무용문화적 가치를 향후 지닐 수 있으리라 본다. 건전한 기획력에 의해 고등교육제도 안에서 춤의 제 위치 지키기와 그 예술적인 문화적 힘의 전파로 말이다.

초연 때와 다르게, 이번 공연에서 공자 역의 김주빈, 공자를 사모하는 남자南子 부인 역의 전민정, 공자 제자 역의 조인호가 각각 새로운 주목을 모았다. 김주빈의 굴곡성 있는 남성다운 외모는 다듬어지지 않은 남성적 체모를 지녔다는 공자의 모습에 훨씬 근접했고, 타는 듯 붉은 의상을 입고 날렵하게 감도는 듯한 감각적인 춤을 추었던 전민정은 동양적(고대 중국적) 여인상의 한 전형적 미모와 용태를 보여주었다. 그리고 조인호의 춤은 공자와의 갈등을 유려한 춤동작으로 잘 엮어 삭혀가고 있었다. 이와 함께 이 공연에서 돋보였던 것은임학선댄스위 남성들의 군무群舞. 고른 기량과 탄탄한 유기적 응집력을 발휘했던 그들 집단춤은 이 안무자가 80년대에 안무했던 〈민들레 왕국〉에서의 견고한 남성 춤을 내게 어느 정도 상기시켰다.

우리 창작춤의 미학과 더 잘 맞아떨어질 수 있는 거친 고대 원시성의 첨가(특히 첫 번째 '니구산에서의 탄생' 장면)와 함께 공자와 제자들 간의 대화와 갈등의 부분(세 번째 '고난'의 장면)에서 좀 더 다채로운 역(캐릭터)의 설정에 의해 다양한 춤의 변화가 따라준다면, 이 공연은 지금보다 더한 흥미로움을 갖게 될 것 같다. 크게 봐서 공연의 끝을 장식한 '문묘일무'의 의식성儀式性을 생각한 탓인지, 이번 공연은 시종 매우 담담하면서 말끔했고 안무자도 억지로 인위적인 장면의 효과를 덧붙이지 않았다. 따라서 그만큼 춤의 흐름은 스펙터클함에도 불구하고 정중하면서도 일견 미니멀하다 할 정도로 단정했다고 하겠다.

김태원(金泰源 : 1953~) 무용평론가. 현 『공연과 리뷰』 편집인. 무용평론가. 동아대학교 교수를 역임하였으며, 주요 저서로 『후기 현대춤의 미학과 동향』(1992), 『예술춤시대의 탐색』(1995), 『춤의 미학과 교육』(1999/개정판 2004), 『현대무용의 미학과 비평』(2003), 『우리시대의 춤의식과 운동 2』(2011) 등 다수의 저서와 편서가 있다. 이 글은 '임학선 춤 50년 기념 세미나(2014.11.1)'를 위해 『공연과 리뷰』 86호(2014 가을) 속 '임학선 특집'란에 쓰여졌던 「임학선의 춤창작과 춤 활동에 대한 비평적 메모」를 다소 수정, 보완한 것임 – 필자

〈위대한 스승 공자〉 성균관대학교 600주년기념관 새천년홀 2008

2. 이만주

동양적 정신의 춤 개척,
일무와 〈위대한 스승 공자〉

임학선 춤작가 데뷔 30년 기념공연, 위대한 스승 공자 2008

동양적 정신의 춤 개척, 일무와 〈위대한 스승 공자〉

이만주 / 『공연과 리뷰』 63호

한 무용예술가가 특정한 춤을 추고 어떤 춤 작품을 창작한다는 것도 운명적인 만남이 있는 걸까. 성균관대학교 무용학과 임학선 교수에게 무슨 연유로 무용 〈공자〉를 하게 되었으며 그 이전에 어떻게 '문묘일무文廟佾舞'를 만나게 되었는지를 물었을 때, 그녀는 성균관대학교로 오게 된 것이 계기가 되었다고 했다. 길고 긴 춤인생 끝에 '일무'와 '공자'를 만난 것은 그녀가 작품에서 즐겨 사용하는 기다란 천의 끈이나 밧줄처럼 인연의 실타래가 이어져 있었던 걸까.

2008년 9월 28일엔 성균관 석전제에서 임학선이 총감독하는 '문묘일무'가 행해졌고 10월 9~11일 사흘에 걸쳐 그녀의 안무로 성균관대학교 600주년기념관 새천년홀에서 창작무용 〈위대한 스승 공자〉(73분) 작품이 올려졌다. 공연은 그녀의 '춤작가 데뷔 30주년'을 기념하는 의미도 곁들였다. 유학의 본산인 성균관에서 하는 〈공자〉 춤공연은 의의가 새로웠다.

춤추고, 만들고, 연구하고, 가르친 45년

13세, 여중에 입학하고서부터 춤을 배우기 시작했으니 그때로부터 치면 45년, 1978년 〈거미줄〉이라는 첫 한국창작춤을 안무해 무대에 올린 때로부터 계산하면 2008년 올해가 30년이 된다. 그녀의 춤작가 데뷔 30년, 길게는 반세기의 춤의 역정을 정리해본다.

임학선은 지금 이 순간 무용계를 떠난다 해도 그녀의 여러 가지 행적은 우리 무용사에서 특별한 기록으로 남을 것이고 세월이 지나면 전설이 될지도 모른다. 그만큼 그녀는 우리 무용사에서 특별한 존재이며, 그녀 춤인생의 행로는 많은 이야깃거리를 갖는다.

첫째, 임학선은 우리 것을 천착했다. "전공분야가 무엇이든 지식인은 자기 민족문화의 바탕을 알아야 한다"는 말이 있지만, 그녀는 한국무용에서 시작했고 아예 처음 학문적인 연구 자체를 우리춤 뿌리 찾기에 매달렸다. 우리 겨레의 멀고 먼 옛날의 제의와 원시 공연예술 형태가 큰 변질 없이 전승되어 내려온 것이 한국의 무속이고, 우리 문화의 원형이 비교적 고스란히 남아 있는 것이 굿이다. 그녀는 대학원 시절부터 10여 년 넘게 굿판을 쫓아다니며 열심히 채록하여 한국 최초로 무당춤을 연구, 석사학위(「진오귀굿의 무당춤에 대한 고찰」, 1975)를 받았다. 굿판의 섭렵 끝에 내놓은 한국창작춤들이 한국적 제의와 무속에 바탕한 〈새다림〉, 〈지혼〉, 〈인다리〉 같은 작품들이다.

그 후 스케일을 키워 만든 고구려 고분벽화를 소재로 한 〈고구려의 혼〉(1994)이나, 단군을 넘어 우리 민족 태초의 상징적 인물인 치우천황蚩尤天皇이 중국의 시

조인 황제黃帝와 겨룬 '탁록涿鹿의 전쟁'을 다룬 〈밝산〉(2000)은 그녀의 우리 것에 대한 지식과 관심 범위가 얼마나 깊고 넓은가를 알게 한다.

둘째, 한국무용의 창작춤 시대를 여는 데 선구적 역할을 했다. 광복 이후 한국무용, 소위 전통춤이란 것이 전수교육 수준에 머물러 있고 무대 공연을 위해 새로움을 모색한다는 것이 신무용의 수준을 벗어나지 못하고 있을 때, 1976년 '이 시대의 우리춤을 추자'는 모토 아래 이화여대 한국무용 전공자들로 결성된 창무회를 창설하여 초대 대표로서 9년간 이끌며 한국무용의 창작춤 시대를 성공적으로 열었다. 물론 윗 연배로 한국춤의 현대화 작업에 기여한 인물들이 있지만, 유학이나 외부의 도움 없이 자체적으로 실패와 시행착오를 겪으며 계속되는 도전으로 한국창작춤이라는 새로운 장르를 구축한 것은 임학선의 공이다. 그녀의 시도는 당나라로 유학을 떠나던 도중 "신라에 없는 진리가 당에는 있고 당에 있는 진리가 신라에는 없겠는가" 하며 당나라 유학의 필요성을 느끼지 않고 되돌아와 독자적인 공부로 독창적인 한국불교사상을 정립한 원효를 상기시킨다.

셋째, 아카데미즘과 철저한 기록성이다. 어느 누구보다 학구적이었고 모든 것을 명확히 기록으로 남겼다. 그녀는 옛 전통무용인들에게서 비의를 전달받는 방법으로 전통춤을 배운 마지막 세대이면서 대학에서 학문적인 예술방법론을 접하게 된 세대이다. 그러한 전통과 현대의 엮음고리로 그 자신 열심히 발품을 팔아 앞서 기술한 대로 무당춤을 학문적으로 연구했고, 박사학위논문 「명무 한성준의 춤구조 연구」(1997)로 우리춤의 춤사위 유형 구분, 춤기법의 범위, 동작선의 흐름, 호흡의 변화를 체계적으로 정리했다. 그 바탕 위에서 우리춤이 점-선-원-점의 반복구조의 태극 원리에 의한다는 것을 밝히고 〈태극구조기본춤〉(1998)을 고안하여 우리춤의 이론적인 근거와 과학적인 훈련법을 제시했다.

그녀는 자신의 춤인생의 역정과 자신의 모든 작품의 안무 과정과 학문적인 연구과정을 낱낱이 밝혀 1999년『여유와 극복의 춤새김질』(현대미학사)이라는 두꺼운 책으로 세상에 내놓았다. 성균관대학교으로 옮긴 후론 최근 10여 년간 유교제례무인 '일무'를 연구하기 시작하여 2005년『문묘일무보 도해』, 2006년『문묘일무의 이해』라는 상상을 뛰어넘는 노고가 깃들인 역저 2권을 출간했다. 일무에 대한 체계적 연구는 동아시아에서 처음 있는 일이며 앞으로 두고두고 유교권 역사에서 중요한 저작으로 남을 것이다.

넷째, 그의 춤 작품들은 흥미롭게도 시대별로 구분할 수 있고 주제별로 묶을 수 있다. 바치 파블로 피카소의 작품들이 청색 시대, 분홍색 시대, 큐비즘으로 나누어지듯 그녀의 안무 작품들은 시대에 따라 작품의 성격이 달라진다. 한 예술가의 시대별로 보이는 작품의 주제와 형식상의 변모는 의식이 성숙해가는 궤적의 흔적이자 사상과 상상력이 발전하고 있음을 보여주는 것이다. 예술도 고이면 썩고 변화되지 않으면 정체된다. 그녀는 계속 변해왔다.

1983년 〈새다림〉을 시작으로 80년대 중반(1985년의 〈인다리〉, 1986년의 〈산자를 위한 방황〉)까지 우리의 무속을 바탕으로 한 시대, 80년대 중반부터 90년대 초(1986년의 〈우리, 둘〉, 1987년의 〈날개옷〉, 1989년의 〈민들레 왕국〉, 1991년의 〈흰 새의 검은 노래〉, 1992년의 〈나무비〉와 〈마음꽃〉)까지 관객과의 공감대를 넓히고자 주변의 일상적인 삶과 서정성으로 소재를 넓히고 표현기법을 확대해 나간 시기(대부분의 작품들이 현실의 정서적 수용이었다면 〈흰 새의 검은 노래〉와 〈나무비〉는 역사의 객관적 현실에 대한 인식의 지평을 넓혀 문명비평적인 성격을 띤다), 90년대 중반

(1994년의 〈고구려의 혼〉, 1995년의 〈비무장시대에 서서〉) 우리춤의 세계화를 목적으로 작품을 만든 시기, 2000년대 '문묘일무' 연구와 그를 바탕으로 창작무용 〈공자〉를 발표하는 시기로 나눌 수 있다.[1]

다섯째, 제자들의 발군의 약진이다. 이번 〈위대한 스승 공자〉 공연에서 전민정, 정향숙, 박연주 등 여자 제자들은 물론 조인호, 김주빈, 전건우 등 현재 대학에 재학 중인 20대 초반의 남자 제자들까지 탁월한 기량을 보였다. 20대 중반을 갓 넘긴 정보경과 김수정은 작품을 발표하며 놀라운 안무력을 과시하고 있어 미래가 촉망된다.

앞서 기술한 대로 우리는 전통춤을 현대의 창작춤으로 발전시키는 데 성공한 나라이다. 그 중심에 임학선이 있다. 이제 그녀의 축적된 경험이 제자들을 통해 우리가 과거 가졌던 똑같은 고민에 빠진 아시아 국가들로 전수되고 있다. 2008년 10월 하순 대만 타이베이에 있는 국립대북예술대학 극장에선 정보경의 공연이 있었고, 3일 동안 4회 공연을 하며 1400여 명의 관객에게 한국 전통춤이 어떻게 변화하여 현대 창작춤으로 추어지는지를 보여줘(23분 공연) 그들에게 큰 영향을 주었다. 놀라운 일이 아닐 수 없다.

창작춤 〈위대한 스승 공자〉

하夏, 은殷, 주周 시대 이전부터 있어온 것으로 전해지는 '일무佾舞'는 주나라

---

1. 임학선 춤작가론을 쓴 평론가 김태원, 성기숙의 분류를 참고하였음

시대에 줄을 이루어 추는 춤의 형식을 갖춘다. 태고 시대의 '일무'가 중국에서도 사라졌건만 한국에 전승되어 현재까지 추어지고 있다는 것, 그 '일무'를 바탕으로 세계 4대 성인 중의 한 분이자 동아시아의 영원한 사표인 공자를 창작무용으로 춘다는 것은 세계 문명사적으로 큰 의의를 갖는다.

서양 발레의 역사가 300~400년인 반면 '일무'는 주나라 시대로부터만 쳐도 3000년의 역사를 갖는다. '일무'는 단순히 추고 즐기고 보여지기 위한 춤이 아니라 심원한 예악禮樂사상을 담고 있어 서양의 춤과는 차원을 달리한다. 공자는 예禮를 사람의 겉으로, 악樂을 속으로 보았다. 예로써 사람들의 겉과 행동을 다스리고, 음악으로써 사람들의 마음과 감정을 다스릴 수 있다고 생각했다. 또 "예와 음악을 모두 터득한 것을 덕이 있다고 일컬을 수 있다(禮樂皆得 謂之有德)"라고 했다. '일무'에는 유교의 최고 가치가 담겨 있는 것이다.

중국의 역사는 간혹 공자로부터 일탈하는 때도 있지만 끊임없는 공자로의 회귀를 보여주는 특징을 갖는다. 기원전 221년 진시황의 분서갱유(焚書坑儒: 진시황이 실용서를 제외하곤 모든 서적, 특히 유교서적을 불태우고 수많은 유학자를 구덩이에 생매장하여 죽인 일)가 있었지만, 그 후 한漢나라에선 유교가 국교로 다시 살아났다. 1949년 중화인민공화국 수립 이후 공산정권 아래서 문화대혁명을 거치며 공자는 사라진 것 같았지만, 이번 베이징올림픽 개막식에서 보여지듯 공산혁명의 지도자들은 뒤로 밀린 채 공자는 화려한 부활을 하고 있다.

나는 2008년 10월 9일, 10일 양일간 〈공자〉 공연을 보았고, 30일엔 국립극장에서 장이머우張藝謨가 연출한 중국 국립중앙발레단의 〈홍등紅燈〉을 관람했다. 그 두 작품의 극명한 대비가 흥미로웠다.

나는 〈홍등〉을 보면서는 금박을 넣은 당삼채唐三彩 도기나 촘촘한 문양의 명明, 청清 오채五彩 자기를, 무용 〈공자〉를 보면서는 고려의 상감청자를 떠올렸다. 고려청자가 화려하다지만 그 화려함이나 요즘 시쳇말로 디테일에서 어찌 중국의 도자기를 따를 수 있겠는가. 그러나 세계 유일의 상감기법을 사용한 고려의 상감청자는 독자적인 장식무늬와 함께 갓 맑고 그윽한 푸른색을 띠는 기품 있는 자기이다. 중국으로부터 제조기법을 받아들였지만 고려인이 발전시킨 청자는 동양정신의 극치이다. 이미 송나라 때 중국인들조차 고려청자가 '천하제일'이라 칭송했다.[2] 무용 〈공자〉의 각 장마다 붉은 두루마기(홍주의紅紬衣)를 입은 무용수들에 의해 일무의 군무가 펼쳐질 때는 청자에 진사(辰砂: 산화동 성분이 있어 구우면 짙은 빨간색을 발함)로 상감을 하거나 진사를 다시 덧씌어 구워낸, 붉은빛이 감도는 찬란한 고려자기를 연상시켰다.

5장으로 이루어진 무용 〈공자〉의 제1장은 도입부로 공자의 탄생을 그렸다. 공자는 기원전 551년 지금의 산둥성 취푸(곡부曲阜)에서 60세가 되는 늙은 아버지 숙량흘叔梁紇과 어린 여자인 어머니 안징재顔徵在 사이에서 태어났다. 취푸에는 태산泰山의 한 지맥인 니구산尼丘山이 있고, 사수泗水와 그 지류인 수수洙水가 흘러 다시 회수淮水로 합쳐진다.

공자의 어머니는 니구산에서 아들의 잉태를 기원한다. 어머니의 정성스러운 기원으로 공자는 산의 정기와 물의 기운을 받아 태어난다. 갈색의 옷을 입고 선 출연 무용수들은 꿋꿋한 산의 정기를, 푸른색 옷을 입고 엎드려 있는 무용수들은 꿈틀거

---

2. 송나라 학자 태평노인太平老人은 『수중금袖中錦』이란 책에서 "고려비색청자가 천하제일"이라 썼다.

리는 물의 기운을 나타낸다. 태고의 바람 소리가 들린다. 산과 물의 역동적인 파동의 기운이 절정을 이룰 때 신성한 음향과 함께 니구산을 가로지르는 붉은색 탯줄(붉은색 긴 천으로 처리)이 선명하게 드러나며 아기 공자가 탄생한다. 춤 경력이 오래된 김용복이 공자 어머니의 역을 맡아 출산을 나타내는 춤을 엄숙하게 보여줬다. 공자의 탄생에 대해 '축복의 일무'로 예를 갖춘다.

제2장은 학문과 진리의 길이다. 가르침을 받고자 하는 많은 제자들이 행단杏亶으로 모여든다. 음향으로 『논어』의 구절들 내레이션이 배경으로 깔린다. 학문의 길로 들어선 공자와 제자들은 죽간 속으로 빠져든다. 제자들이 죽간을 펴고 접고 내려치는 다양한 춤동작을 통해 학문적 열정을 보여준다. 접고 펼칠 때 나는 죽간 소리가 공명을 통해 관객에게 전해진다. 학문의 길을 함께하고자 모여든 제자들은 스승과 마주한다. 제자들은 스승의 가르침에 '감사의 일무'로 예를 올린다.

이번 베이징올림픽 식전행사에선 죽간을 든 대규모 행렬이 장관을 이뤘다. 임학선은 이미 2003년 9월 공자 탄신 2554주년 중국 산둥성 취푸시 공묘대성전 특별초청으로 무용 〈공자〉 중 '학문' 부분을 초연할 때, 2004년 9월 공자 탄신 2555주년 기념 국제공자문화절 개막식 초청으로 취푸시 싱탄극장에서 역시 무용 〈공자〉 중 '학문' 부분을 공연할 때 소도구로 죽간을 사용하여 중국 내에 센세이션을 일으킨 바 있다.

제3장은 생의 현실과 고난이다. 안무자는 공자를 연모하는 위나라의 왕비 남자南子 부인의 유혹을 공자의 시련으로 설정했다. 요상한 음악 속에 남자 부인의 독무가 추어지고, 이어 남자 부인과 공자는 마주하고 뿌리치기를 반복한다. 유혹의 춤을 추는 남자 부인 역의 전민정과 유혹에 빠지는 듯하다 헤어나는 공자 역을 맡은 김

주빈은 농염한 춤을 보여준다. 나는 관람을 마친 다음 안무자에게 "나 같으면 남자 부인에게서와 같은 유혹을 받으면 인격이고 학문이고 제자들이고 다 내팽개치겠다"고 농담을 던졌지만, 전민정의 춤은 가히 뇌쇄적이었다. 한국무용에서도 발레 〈백조의 호수〉와 〈로미오와 줄리엣〉에서의 파드되를 능가하는 농염한 2인무가 추어질 수 있음을 보여주었다.

공자는 잠시 혼란스러웠던 자신의 마음을 거문고로 다스린다. 네 개의 줄들을 수평으로 길게 드리우고 길게 늘어선 12명의 여자 무용수들이 선율이 되어 아름다운 음악으로 피어난다. 놀라운 시적 형상화이다. 실제로 공자는 음악을 좋아했고 음악의 달인이었으며 현악기를 완벽하게 연주했음이 기록에 전한다.[3]

아름다운 선율도 잠시, 거문고 줄은 요동치고 죽간이 내동댕이쳐지고 찢기고 불태워지는 엄청난 고난이 닥친다. 그런 와중에도 공자와 제자들의 학문에 대한 열정은 뜨겁게 불타오른다. 혼란으로 세상이 뒤바뀌는 환란 속에서도 그들은 서로의 마음을 주고받는 예禮를 행한다. 제자들은 스승에게 '위로의 일무'로 예를 표한다.

제4장은 공자의 최후를 그린다. 공자의 생애는 그가 끼친 엄청난 영향력에 비해서는 지극히 평범한, 어떻게 보면 보잘것없는 삶이었다. 한때 많았을 때는 3000명의 제자가 따랐다고 하나, 그의 나이 69세 때 50세 된 아들이 죽자 말년에는 부인도 자식도 없는 외로운 처지였다. 70세 되던 해 가장 사랑하던 제자 안연顔淵이 죽자 "아아! 하늘이 나를 망치는구나! 하늘이 나를 망치는구나"하며 통곡했다. 72세 되던 해

---

3. 공자가 현악기를 직접 연주한 사실은 여러 곳에 기록되어 있다. 특히 『사기史記』의 「공자세가孔子歲家」에는 공자가 『시경詩經』을 편찬했는데, 그는 『시경』 305편을 모두 직접 현악기를 연주하며 노래함으로써 소韶, 무武, 아雅, 송頌의 음악에 합치시키려 했다고 기록되어 있다.

다시 아끼던 제자 자로子路가 죽자 절망에 빠진다. 그는 자신의 죽음도 멀지 않았음을 예감한다. 공자도 결국 그 이듬해 돌아오지 못할 먼 길을 떠난다.

하늘로부터 심상치 않은 북두칠성의 붉은빛이 행단으로 내리비치며 공자의 최후를 암시한다. 그는 하늘의 뜻을 겸허히 받아들인다. 공자는 편안한 마음으로 영면의 길을 가지만 남은 제자들은 스승과의 영원한 이별을 서러워하며 절규한다. 삼한 시대의 소도에서 유래한 것으로 전해지는 솟대는 우리 민속신앙의 수호신으로 장대 끝에 새를 올려놓는 모습으로 만들어진다. 솟대의 형상은 하늘을 나는 새가 하늘과 땅, 신과 인간의 메신저 역할을 한다는 믿음에서 유래한 것이다. 솟대들이 등장한다. 공자를 만나고 싶은 제자들은 스승에 대한 그리움을 솟대에 담아 '그리움의 일무'의 행렬을 이룬다.

죽음을 암시하는 음악으로 옛 조선의 노래였으나 요즘 가수 이상은이 곡을 붙여 노래한 '공무도하가公無渡河歌'가 계속 반복되는 것이 이채롭다.

제5장은 인류의 영원한 스승인 공자의 부활이다. 무대에서 5명의 꽃을 든 일무 무용수가 등장하는 것과 동시에 관객의 객석 사이로 2줄, 큰 꽃을 든 일무 무용수들이 무리 지어 행렬을 이루며 무대로 오른다. '환희의 일무'이다. 꽃의 일무는 기쁨과 즐거움으로 마지막 대미를 장식한다. 커튼콜의 응답으로 모든 일무 무용수들이 관객들에게 큰절을 올리는 것도 유교적인 수수지례授受之禮의 본보기이다.

무용 〈공자〉는 성인聖人인 공자의 생애와 유교의 이념인 관념의 세계를 춤의 소재로 삼아 대형무대에 올리는 쉽지 않은 작업이다. 하지만 임학선의 특징인 상징성의 미학, 조형적 춤 형태미가 잘 드러난 작품이다. 이번에 보여준 일무들은 2006년 그녀 자신이 원형을 복원한 일무들이어서 더욱 뜻깊다. 무용 〈공자〉는 일무도 옥

내 무대 위에서 추어져도 좋은 공연이 될 수 있음을 보여준다.

2004년 예술의전당 오페라극장에서의 초연은 성인이 아닌 인간적인 모습의 공자에게 초점을 맞추었기에 부드러운 이미지의 여성적인 분위기의 무용 〈공자〉였다면, 이번에는 스승으로서의 공자에게 초점을 맞추고 공자와 제자들이 함께 열정적으로 학문에 빠져드는 모습을 보여주는 역동적인 춤의 남성적 이미지의 작품이기에 조인호, 김주빈, 전건우 등 남자 무용수들의 춤이 돋보였다. 이제 모두 20대 초반이기에 앞날이 더욱 기대된다.

2004년 초연 때도 그렇고 이번 공연에서도 조명은 피나 바우쉬 무용단의 전 조명감독인 안드레아스 린케스(Andreas Rinkes)가 맡았다. 그에게 공자를 아는가 물었더니 익히 알고 있었다. 4년 전 처음 한국에 왔을 때 한국의 정서와 분위기를 익히기 위해 나름대로 여러 곳을 둘러보았다고 했다. 충실한 조명이 되려면 현지의 문화를 알아야 한다는 반증이다. 무용 〈공자〉의 조명은 요즘의 화려한 방식이 아니라 어둡고 은은하고 점잖은 것이 특징이었다. 그의 의도였는지, 극장시설의 문제였는지 궁금하다.

우리가 모르고 있는 사이, 많은 중국 학자들이 공자가 동이족 출신임을 밝히지만 이제 와서 인류의 큰 스승이 어디 출신인가가 무슨 대수이겠는가. 중요한 사실은 우리는 긴 역사 동안 무슨 종교를 믿든 어떤 정치체제 아래 살든 삶의 기본 질서와 윤리는 한결같이 유교의 가르침에 따라 살았고, 중국이 사회주의니 문화대혁명이니 하며 공자를 폄하할 때도 거르지 않고 봄, 가을로 석전제를 올리며 '일무'를 추어왔다는 것이다. 이는 공자의 대통을 잇는 유교의 종주국이 한국임을 의미한다.

임학선은 동아시아에서 최초로 '일무'를 다시 근원적으로 연구했고 원형을 복원했으며 그 바탕 위에 창작무용 〈공자〉를 만들었기에 감동적이다. 예수의 이야기는 수많은 영화로 만들어졌으며 뮤지컬로도 만들어졌고 우리나라에서조차도 무용극으로 계속 무대에 올려지고 있지만, '공자'를 주제로 한 공연은 흔치 않다. 중국, 대만, 홍콩, 싱가포르, 일본, 베트남은 모두 유교문화권이다. 인본주의와 인륜을 바탕으로 하는 공자의 가르침과 유교의 가치관은 이제는 전 세계적 보편성을 갖는다. 무용 〈공자〉는 이미 그간의 해외 공연에서 긍정적 평가를 받았다. 따라서 한류의 고급문화 전략상품으로 세계로의 진출이 얼마든지 가능하다.

공자는 이미 2500년 전, 자신의 삶을 "도에 뜻을 두고, 덕을 바탕으로, 인에 의지하고, 예술의 세계에서 노닐었다(志於道 據於德 依於仁 遊於藝)"고 했다. 예藝가 없으면 인생도 사회도 국가도 불완전하다. 공자가 다시 살아오신다면 무용 〈공자〉를 보시고 이해하고(알고), 좋아하시는 것을 넘어 기쁜 마음으로 관람을 즐기시리라.

이만주(李晩柱: 1949~)는 춤평론가이자 사진작가이다. 서울대학교, 한국외대 대학원을 졸업(국제관계 전공)하고 터키국영항공사 한국 GSA CEO, 종로구 대한검도회장, 서울국제공연예술제 조사연구위원을 역임하였다. 안양대학교 관광경영학과 출강, 한국춤비평가협회 회원, 서울문화재단 무용평가위원으로 활동하고 있다. 현대미학사 『공연과 리뷰』의 필진이며 세계 70여 개국을 여행한 자유기고가이기도 하다. 2015년 『다시 맺어야 할 사회계약』이라는 시집을 출간한 바 있다.

〈위대한 스승 공자〉 성균관대학교 600주년기념관 새천년홀 2008

3. 김경애

임학선의 〈공자〉, 인간 공자의 삶을
일무를 주축으로 무대화

임학선 춤작가 데뷔 30년 기념공연, 위대한 스승 공자 2008

임학선의 〈공자〉, 인간 공자의 삶을 일무를 주축으로 무대화

김경애 / 『댄스포럼』 2008. 11

공자는 종교적 색이 가장 연한 성인聖人이다. 유학儒學을 기초한 학문적 인물과 유교儒敎라는 종교를 창시한 경계에 있다. 학문과 종교는 어느 면에서 상반된 세계관의 것인데 동일하게 된 것에서 학문도 경지가 높으면 종교가 되는 진리를 얻게 된다. 사실 학문은 논리적인 범주에 있고 종교는 믿음, 불가사의한 세계에 대한 신앙이므로 나란히 할 수 없는 대치적인 것이다. 공자의 학문은 논리를 뛰어넘어 신앙으로 자리를 잡았다. 그러기까지는 비인간적인 신화의 세계가 분명 존재했을 것이다.

어쨌건 공자는 성인으로 학문의 도道가 달인의 경지이기 때문에 이를 소재로 무용화한다는 것은 대담한 작업이다. 예수나 석가모니를 소재로 한 무용은 대체로 종교적 행위의 연장선에서 나온다. 기도의 다른 형태로 작품이 접수되고 있다. 반면 임학선의 공자에 대한 접근은 '무용적'이라는 데 우선 의미를 둘 수 있다. 작품의 소재로 공자를 택했다. 성균관이라는 조선 유학의 본당에 대한 재발견의 의미로서도 이 소재는 안무자 개인에게 충분히 관심의 대상이 되었을 것이다. 즉 학교의 배경이 있었고, '일무'라는 종묘제례악에 대한 탐구가 작품 〈공자〉로 연장이 될 수 있었을 것이다. 즉 공자라는 성인은 성인이기 때문에 춤이라는 자기 발산 형태의 예술과는 거리가 멀지만 또 종묘제례악의 유교적 의식儀式의 저변에 있는 춤과 맞닿아 있는 것이다. 전통춤 '일무'는 임학선의 작품 〈공자〉의 형상화에 기본적 소재가 되고 있다(2008년 10월 9~11일, 성균관대학교 600주년기념관 새천년홀).

그러나 임학선의 〈공자〉는 그의 학문적 완성과 종교적 진입을 다룬 것은 아니다. 순수한 인간 공자의 삶의 행로를 작품 전개의 근간으로 했다. 공자의 인생을 소재로 스토리텔링의 극적 전개를 이룬다. 공자 역의 김주빈, 공자 모 김용복, 제자 조인호, 남자 부인 선민정이 탁월한 춤을 근간으로 군무를 구성했다. 김주빈, 김용복, 조인호, 전민정의 춤은 캐릭터를 드러내는 의상과 특유의 춤실력으로 작품 전체를 구성해 공자라는 인물의 태어남에서부터 학문의 경지를 이루고 이것이 종교적인 숭앙까지 이어지는 상황묘사를 성공시켰다. 2004년 서울 예술의전당 오페라극장에서의 초연 때의 불완전함을 극복하고 분명하게 춤상황극으로서의 감동을 끌어낸 것은 이들의 춤능력이라고 볼 수 있다.

무대는 성균관대 새천년홀의 열악한 무대조건을 극복하기 위해 무대를 간이로 개조해 넓혔고, 좌우 옆으로 당대를 표현하는 그림기둥을 만들어 장치효과를 냈다. 유교적 이미지이다. 각이 진이 크지 않은 장치는 공자 혹은 유학의 엄숙주의, 즉 자기를 누르고 침잠하는 상황을 이미 설정하고 들어가는 역할을 하고 있다. 그래서 무대는 이미 이색적인 한 공간을 제시하고 있다. 5장으로 구성된 작품은 탄생, 학문, 고난, 임종, 부활의 타이틀로 이어진다. 이번 임학선의 〈공자〉가 무용작품으로서의 감동을 끌어낸 것은 이런 구성의 작품들이 대체로 캐릭터들의 설명적 상황묘사가 많았는데, 역할을 맡은 무용수들의 춤으로 매 장면마다 춤을 보는 즐거움을 선사했다는 데 있다. 무대를 점령하는 이들의 에너지가 설명적 상황묘사를 뛰어넘었기 때문에 관객은 늘 예상되는 위인의 이야기 이상을 느낄 수 있었다. 공자 역의 김주빈은 첫 장부터 마지막까지 많은 양의 춤을 성격화해서 보여주는 능력을 발휘했고, 가장 감동으로 이끈 대목은 제자 조인호의 등장이다. 안무자 임학선이 프로그램에서 밝혔듯, 이 작품을 통해 현대에 던지고 싶은 메시지가 위대한 스승에 대한 마음의 진정성이어서 이 부분을 안무자가 강조했을 수도 있지만, 조인호는 제4장 임종의 공자를 보내는 상황을 압도적으로 묘사하고 있다. 심플한 모습의 한국춤 솔로로 한 자락의 춤이 거대한 제자들의 물결, 즉 후대의 공자 행렬을 부활시키는 역할을 해낸 것이다. 가슴의 감동으로 무용수가 무대를 들어 올리듯 커다란 에너지를 보여주었다.

공자의 일생은 유교 내지 유학의 특유한 폐쇄성과 중국 한문의 현대에의 전달력 부족으로 잘 알려진 것은 아니다. 그래서 안무자가 구성한 공자의 일생은 다소 위인의 인생 전말의 상식적인 것이다. 그렇게 큰 선으로 구성해 춤극화 하는 중심에 무용수를 두었다. 각 장을 끌고 가는 주역 무용수들의 춤이, 예컨대 어머니와 부인 등이 군무의 힘을 상대하는 역할을 지녔다. 안무자는 전체를 관통하는 축으로 전통 '일무'의 창작적 적용을 택했다. '일무'의 예禮를 현대적으로 무대화한 군무들이 각 장마다 등장한다. 사실 '일무'는 장중함으로 전체를 특징짓는 정신적인 것이기 때문에 형태 구성은 안무자의 재량권이 큰 것으로 인식이 된다. 제4장 임종 이후 제자들의 공자를 향한 마음의 춤부터 제5장 부활의 춤까지 전통 '일무'의 형식적인 면이 큰 비중으로 장식된다. 흰 도포형 남성 의상 군무에 거문고, 붉은색의 여인 의상,

검은 띠 등 유학의 코드가 세련되게 조화를 이루며 완성미를 준 것은 안무자가 여러 번 이 작품을 거듭하면서 안무의도와 표현 매개물에 대한 확식을 가지고 있다는 데에서 기인한다. 특히 안무자의 뜻을 형상화하는 마지막 라인에 있는 무용수들의 춤이 이를 가능하게 했다.

김경애(金敬愛: 1956~) 무용평론가, 공연기획자, 월간 『댄스포럼』 편집인이다. 월간 『한국연극』, 『춤』 편집장을 역임한 바 있으며, 2005년 한국춤평론가회 회장을 역임한 바 있다. 주요 평론집으로 『동참과 방관』(1990), 『대립과 제휴』(1996), 『박수와 매도』(1996) 등이 있다.

Ⅲ. 임학선 춤작가 데뷔 20년

임학선춤작가데뷔 20주년기념공연 1998

〈새다림〉 문예회관대극장 1998

〈새다림〉 문예회관대극장 1983

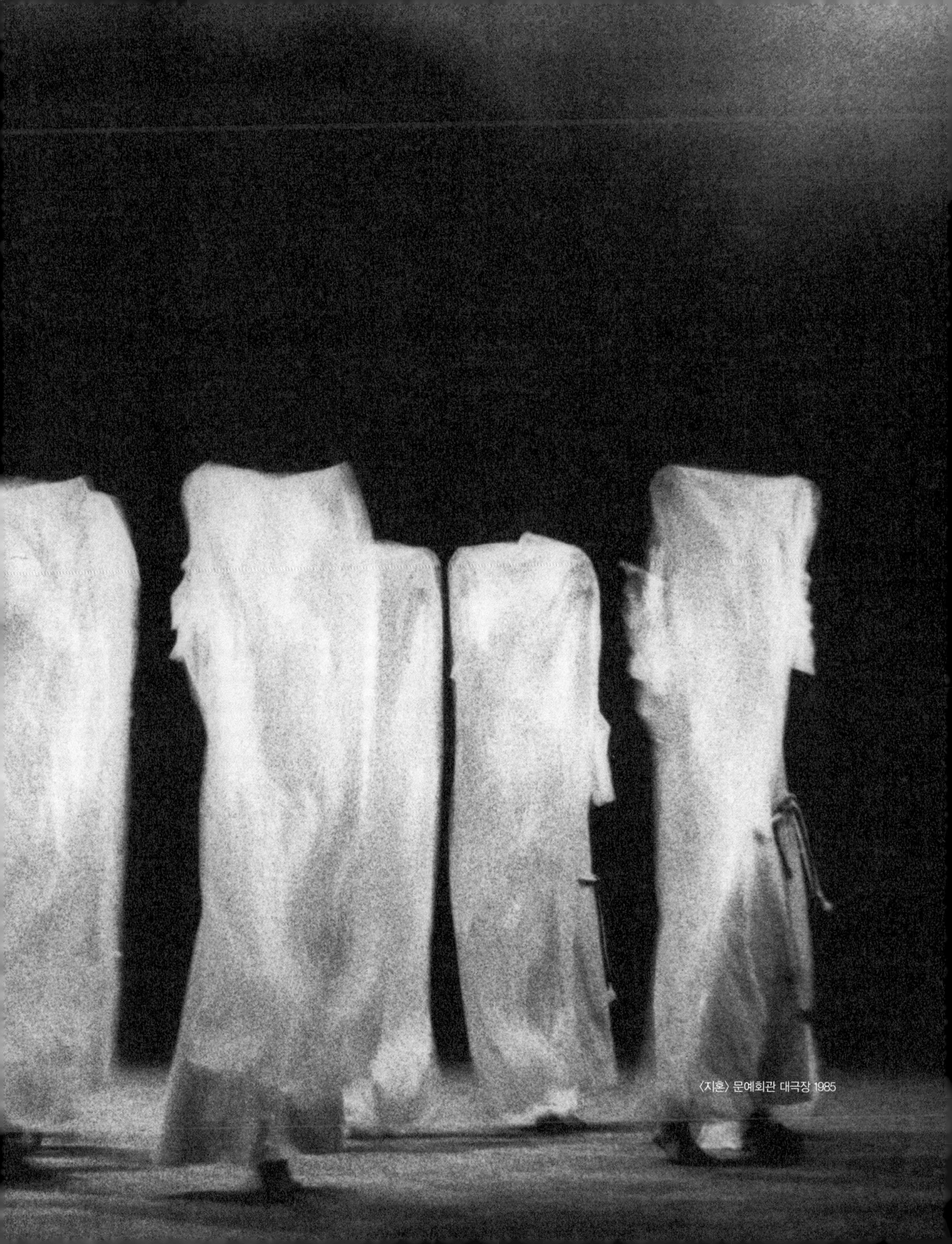

〈지혼〉 문예회관 대극장 1985

〈인다리〉 문예회관대극장 1985

〈인다리〉 문예회관대극장 1985

〈인다리〉 문예회관대극장 1985

〈도르레〉 세종문화회관 소극장 1981

〈우리둘〉 두리춤터 개관기념공연 1990

임학선·임현선의 춤 〈우리둘〉 1986

〈우리둘〉 두리춤터 개관기념공연 1990

〈날개옷〉 창무춤터 1987

〈민들레 왕국〉 문예회관대극장 1989

〈흰 새의 검은노래〉 국립극장대극장 1991

〈흰 새의 검은노래〉 국립극장대극장 1991

〈마음꽃〉 문예회관대극장 1992

〈비무장지대에 서서…〉 문예회관대극장 1995

〈비무장지대에 서서…〉 문예회관대극장 1995

〈태극구조기본춤〉 문예회관대극장 1998

〈태극구조기본춤〉 문예회관 대극장 1998

1. 김태원

입무의 몰아경과 조소적 춤형대미

임학선 춤작가 데뷔 20년

입무入巫의 몰아경과 조소적 춤형태미

김태원 /『여유와 극복의 춤새김질』1999

이른바 한국창작춤(일부에서는 '현대 한국춤', '창작 한국춤'이라 부르기도 한다)의 장르적 형성시기에 대해서는 견해의 일치를 못 보고 있지만, 나의 경우 대략 70년대 중반 이후로 잡고 있다. 그럴 만한 것이 이 장르의 춤이 내심 경쟁의 상대로 삼고 있었던 서구식 현대무용의 경우, 1973년 홍신자의 명동예술극장에서의 전위 현대무용 공연, 이어서 1975년도 말 이화여대 현대무용 전공생들이 주축이 된 한국컨템포러리무용단의 발족 등으로 인해 본격적인 춤의 창작화 기운이 일고 있었고, 또한 이른바 한국무용의 상황도 1973년도에 국립극장이 명동에서 장충동으로 이전하여 직업무용단인 국립무용단이 발레단과 이원화되면서 더 집중적으로, 또 독립적으로 한국무용의 대극장화大劇場化가 시도됨과 더불어 이어 1974년에 직업무용단으로서 비슷한 성격을 갖는 서울시립무용단(현 서울시무용단)의 발족이 있었기 때문이다.

즉 한편에서는 이른바 전위주의까지 가세한 자유로운 춤의 창작 기운이,

또 한편에서는 한국 전통춤의 적당한 개량이나 재현이 아닌 본격적이고도 직업적인—또한 스펙터클한—무대춤의 등장이 예고되고 있었다. 따라서 어떻게 보면 그 '틈바구니' 사이에서 전통춤의 재현이나 이른바 신무용으로 불렸던 꽤 세련된 나름대로의 스타일에 그간 안주해왔던 한국무용으로서는 자유로운 춤의 창작 기운을 받아들이면서, 동시에 많은 경우 솔로(solo)의 차원에서 머물 수밖에 없었던 그간의 춤을 보다 표현적인 군무群舞로 바꿀 수밖에 없었다. 이런 상황 속에서 비교적 발빠르게 집단적으로 대응, 의식 있는 춤 활동의 변화를 꾀하기 시작한 것이 1976년 말에 조직되어 한국춤동작을 근간으로 하면서 무대춤으로 자유스러운 표현성과 군무가 가질 수 있는 역동성을 수용한 창무회創舞會의 활동이라고 볼 수 있다.

당시 이화여대 한국무용선공생을 지노하고 있었던 김매자가 리드했던 이 춤집단에서 제일 먼저 자기 이름으로 창작된 춤을 들고 나오면서, 1979년 대한민국무용제가 창설되어 본격적 극장춤으로 한국무용의 창작화가 요청되었을 때 이 춤집단을 대표해서 자신의 춤을 선보인 이가 임학선이다. 즉 1978년 국립극장 소극장에서 있었던 창무회의 제1회 한국무용 발표회 때 자신의 자매이기도 한 임현선과 공동안무로 발표한 〈거미줄〉, 이어 3년 후 그 춤집단의 리더로서 공동안무작으로 발표한 〈도르래〉와 〈소리·사위〉, 또 같은 해 제3회 대한민국무용제 때 자신의 안무작으로 출품했던 〈고시래〉와 같은 작품들이 자신의 직접 안무, 혹은 공동안무에 의해 만들어진 작품들로서 이런 작품들은 그녀의 안무가로서의 활동이 특히 80년대 초반에 들어서 보다 본격화되어가고 있었음을 예고해주고 있었다 할 수 있다.

첫 안무작이면서 스스로 실패작이라고 하고 있는 작품 〈거미줄〉의 경우 서구식 현대무용과 연극적 표현방식에 비교적 능한 동생 임현선의 안무관이 배어든 작품이라고 할 것 같으면, 후배이기도 한 임현선·최은희·이노연 등과 공동안무한 작품 〈도르래〉에 와서 초기 한국적인 창작춤의 한 원형상原型像을 그녀로서는 발견하게 되었는지 모른다.

그 이후 임학선의 춤경향은 급격하게 '제의적祭儀的' 주제와 소재 찾기에 기울어지게 된다. 곧 1983년의 〈새다림〉, 1984년의 〈불림소리〉, 1985년의 〈지혼〉과 〈인다리〉, 1986년의 〈산 자를 위한 방황〉이 모두 그와 같은 것으로서, 특히 〈새다림〉·〈지혼〉·〈인다리〉에서 임학선은 알게 모르게 한국창작춤의 큰 흐름(혹은 스타일)이기도 한 제의적 춤경향을 대변하는 중심에 서게 된다. 같은 창작춤 계열에서 그녀보다 앞서 우리의 무속巫俗·의식무儀式舞를 활용해 인상적인 작품을 보여준 이로는 배정혜가 있는데, 그녀는 1977년 평자들로부터 호평을 받은 〈타고 남은 재〉를 발표한 후 80년대 초반까지 활동상 긴 공백기간을 가지게 되고, 작품 〈타고 남은 재〉의 경우도 보다 오서독스한(혹은 진정한) 구조의 제의무 라기보다는, 조곡組曲 형식으로 불교적 주제성 속에 〈심청가〉 등 여러 요소들이 조합된 춤의 구조를 가지고 있었다. 거기에 비한다면 임학선의 경우, 앞서 언급된 작품들에서 일관되게 이른바 샤머니즘적 주제성과 그와 깊게 연관된 춤의 전개를 꾀했기 때문에 같은 세대, 어느 누구의 춤보다 한결 더 심층적으로 무속적 주제성과 그에 따른 춤의 전개구조를 보여주었다 하겠다. 이것은 1975년 그녀가 이화여대 대학원을 졸업하는 과정에서 이지산류의 서울굿에 대한 거듭된 현장 관찰과 스스로 「진오귀굿의 무당춤에 대한 고찰」과 같은 석사논문을 준비하면서, 무속무의 구조에 대해 춤계에서는 누구보다 앞서서 깊게 관찰한 탓이 아닌가 싶다.

정갈하게 흰 소복 차림을 한 채 한지韓紙를 가늘고 긴 날카로운 막대기에 꽂아 우리 삶의 터에 스며들어 있는 부정不淨의 기운을 몰아내며, 그것을 태워 별 탈 없는 영생을 기원하는 〈새다림〉은 무속적 제의무가 갖는 청결성, 서슬 퍼른 칼날 위에라도 자신의 신체를 세우고야 말, 단호한 무자巫者의 힘겨운 인생살이의 극복의지가 소담스러우면서도 청명하게 배어든 독무였으며, 작품 〈도르래〉가 갖는 원형적 삼각추의 무형無形을 활용한 작품 〈지혼〉(제1회 한국무용제전 출품작)은 군무의 형식으로, 보다 표현적으로 죽은 자(死者)를 위로하는 '위령무'의 형식을 갖고 있었다. 느린 북소리와 불안하게 현 긁는 소리에서, 긴 끈에 인간의 두개골이 매달려 구르는 다소 그로테스크한 분위기가 연출된 후, 8인의 군무집단(무당들처럼 흰 소복에, 머리에 흰 끈을 동여매었다)은 그 주검들 사이를 누비며 삶과 죽음이 마치 한 공간 속에서 얼굴 마주친 채 대면하고 있는 듯한 춤의 분위기가 만들어졌다. 그런 속에서 공연의 끝은 일종의 난장 속에서, 죽은 자들의 내세를 축원하며 살아 있는 자들의 오늘의 삶의 현장을 되돌아보게끔 했다. 나로서는 이 작품 〈지혼〉에서 거칠게나마 특히 임학선의 후반기 춤이 추구하는 건축미, 대립적 공간감, 때론 거친 표현성이 대담하게 혼재되어 있는 한 뜻있는 모형을 보았다.

거기에 비한다면 작품 〈인다리〉—누구나 임학선의 대표작으로 뽑고 있지만—공연의 전반부는 표현적이기보다는 매우 설명적이다. 즉 한 부부, 혹은 한 가족이 별 탈 없이 일상적인 즐거운 삶의 방식을 유지하다가, 별안간 한 여성(임학선)에게 비밀스러운 '신내림'의 기운이 엄습해서 그녀는 극심한 열병앓이 끝에 입무入巫의 인고를 치르게 된다. 특히 공연의 후반부에서 입무자가 공연자들의 신체가 밀착되어 엎드려 있는 가운데, 굵은 흰 끈을 몸에 두른 채 그들의 등을 밟고 지나가는 장면은 이젠 한국창작춤의 대표적인 장면과 같이 간주되고 있다. 곧 인교人橋를 타고 움직이는 입무자의 자태와 표정에서 보이는 진지함과 몰아경沒我境의 상태, 인간의 신체를 활용해서 단순하나마 강하게 구축되어 있는 건축적 형상미, 그리고 그런 가운데 극도의 균형감 속에 감지되는 춤의 이동성移動性 등이 그런 것이라 할 것인데, 이 장면의 구축에서 임학선의 춤은 공연 전반부와 확연하게 다르게 '높은 춤의 상징성'을 획득케 된다. 이 상징성은 단순함의 미학 속에 춤만이 가진 신체의 균형미와 강한 동성動性, 또 강한 외형적 형태감에서 비롯되는 것으로, 일견 마사 그레이엄의 현대무용이 보여주었던 춤의 미학과 매우 흡사하다고 본다.

나로서는 크게 봐서 임학선이 한국창작춤의 영역에 있어서 70년대 중·후반에 처음 창작춤의 기치를 든 김매자·문일지·배정혜·김현자와 그 이후에 올 창작춤세대의 연결고리 역할을 하면서 특히 80년대 초·중반 창작춤의 영역을 앞서서 개척해 간 것, 또 1998년 〈태극구조기본춤〉을 통해 창작춤의 과학적인(시스템화된) 일련의 체계를 세우려는 데 공헌하고 있는 것 이외에도 그녀의 춤 활동이 한국창작춤의 독자적인 장르 형성에 크게 기여한 부분은 두 가지라 본다. 우선, 앞서 지적한 대로 제의적 주제성과 소재성을 보다 일관되게, 또 구조적으로 자신의 춤에 반영한 것이고, 둘째로는 춤에 강한 상징적 형태감과 균형감을 유지하면서 몰아경 혹은 몰입의 춤의 연기를 펼쳐간 것이라 할 수 있다.

대체적으로 임학선의 앞 세대들이 일말의 신무용적 감상성과 미감美感, 또 이것저것 짜깁기 형식에 의해 춤의 구조를 형성해간 데 비해서 임학선의 제의무에서는 그런 잔재들이 많이 제거되어 있으며, 또한 그녀의 춤은 특히 극도의 균형감 속에서 몰입의 연기력을 펼쳐가면서도 필요한 춤의 씬(장면)에서는 상징적인 이미지를 곧잘 효과적으로 만들어낸다. 1989년도에 발표된 일견 시적인 문명비판적 춤이라 할 수 있는 〈민들레 왕국〉, 그리고 중동 걸프전 때 검은 석유로 뒤범벅이 된 새의 모습에서 착안된 1991년도의 〈흰 새의 검은 노래〉와 같은 작품에서도 그런 점들이 인상적으로 보여졌는데, 특히 〈민들레 왕국〉에서 댄서들이 무대에 누운 상태에서 완전한 집중감 속에서 가냘픈 손의 움직임만으로 지하에서 식물의 싹과 줄기가 지상으로 솟아오르는 이미지를 인상적으로 묘사한 적이 있고, 이것은 동시에 이 공연의 후반부에서 남성 댄서들에 의해 행해진 마치 포클레인으로 지표면을 긁어 올리는 것과 같은 탄탄하며 역동적인 춤과 인상적으로 대립되었다. 따라서 어떻게 보면 임학선의 춤은 극도의 몰아경 속의 정靜의 미학과 섬세함에 빠져 있다가도, 어느 순간 그것이 동動의 미학으로 변환되어가는 과정을 인상적으로 교차시켜주고 있다고도 할 수 있다.

그러나 그러한 정靜의 순간이든 동動의 순간이든, 임학선의 춤은 부드럽고도 매우 입체적인(양감 있는) 신체의 '형태미'를 보여주는데, 그 형태미는 훈련의 과정에서 댄서들의 척추를 인체의 중심축으로 사용, 그것을 단순 생리적인 호흡이 아닌 '리듬호흡'과 결합시키면서 얻어진다고 했다. 이것은 많은 경우 가령 신무용에서, 발레에서의 신체 사용과 같이, 아름다운 맵시미를 인체의 전면성前面性에서만 부각시켜 신체의 후면성을 죽여버린 것에 대한 중요한 반성이자 반작용이며, 동시대에 한국무용의 많은 춤사위들이 움직일 때 180도 안의 평면성平面性에서 움직여지는 것에 대한 입체성의 대항인 것이다(나는 180도 안에서 움직이는 춤의 움직임을 평면적인 '춤짓', 그것을 넘어가는 것을 입체적인 '춤동작'으로 구분해서 부른 적이 있다).

앞서 나는 임학선의 제의무적 경향을 매우 강조해서 얘기했지만 임학선의 춤에는 1986년의 〈우리, 둘〉, 1987년의 〈날개옷〉, 1992년의 〈마음꽃〉과 같이 매우 정감적이면서 동시에 매우 여성적인 감성을 보여주는 춤도 있고, 1991년의 〈흰 새의 검은 노래〉, 1992년의 〈나무비〉와 같이 걸프전의 참화나 일본군 위안부의 비화를 소재로 한 문명비판적인 춤도 있다. 그런가 하면 서울예술단의 무용 상임안무자로서 1994년의 〈고구려의 혼〉과 〈천도〉, 1995년의 〈비무장지대에 서서…〉와 같은 한국의 역사적 상황과 현실을 상징적인 춤동작으로 그려간 춤들도 있다. 그러나 이러한 춤들은 대개는 특별한 장면을 빼고서는 어떤 설명성이나 극적 구성에 의존하지 않는 관계로, 춤은 손쉽게 관객이 기대하는 어떤 종합적 볼거리를 제공하지는 않는다. 가령 같은 소재를 다룬 임학선 안무의 〈비무장지대에 서서…〉와 좀 이후에 만들어진 배정혜와 서울시립무용단의 〈하얀 강〉을 비교해볼 경우, 전자는 극적 장치나 소도구의 활용 없이 거의 상징적인 춤동작과 대립적인 집단무로 작품을 이끌어간 것에 비해서, 후자는 비무용적 요소까지 끌어들여 연극적인 때로는 퍼포먼스적인 볼만한 춤의 전개를 꾀했다. 이것은 달리 말해, 임학선의 춤이 춤예술의 근본이 되는 비설명적인, 상징성의 미학을 특별한 경우가 아니면 벗어나지 않음을 말해준다 하겠다. 사실 그러한 연유 때문에 임학선의 춤은 종종 변화와 예기치 않은 볼거리의 제시가 따라가주지 않는 단조로운 춤의 전개를 보여주기도 한다.

70년대 중반 이후에 발흥되어 이미 20여 년의 역사를 갖게 되는 한국창작춤은 그간 두 세대의 흐름을 지나, 이미 제3세대가 시작되려는 그 입구에 있다. 여기서 연령을 고려해 김매자·문일지·배정혜·김현자·채상묵·국수호·김숙자·임학선까지를 하나의 묶음으로 본다면, 그 이후의 한상근·김은이·임현선·홍경희·오은희·최은희·김영희·백현순·유정숙·김삼진·김선미·강미리·김은희까지를 제2세대로 볼 수밖에 없다. 그런 예맥藝脈 속에서 임학선은 한국창작춤에 일관적인 구조적 논리성의 부여와 변함없는 예술춤의 실천성을 지속적으로 보여주고 있는, 창작춤 1세대와 2세대의 말 없는 '엮음고리'라 할 수 있다.

〈도르래〉 제2회 창무회 정기공연 1981

2. 김영태

현대예술로써 한국춤 좌표 자리매김
– 임학선론

임학선 춤작가 데뷔 20년

현대예술로써 한국춤 좌표 자리매김

김영태 / 『춤저널』 2000. 12

창무회 창단과 임학선 작품들

창무회가 창단된 해가 1976년이었다. 1976년을 전후로 1975년에 컨템포러리 무용단(현대무용)이, 1980년에 발레블랑(발레)이 창단되었다. 홍정희·육완순·김매자 트로이카 시대를 말해준다. 김매자 1세대 제자가 임학선이다. 그는 1976년부터 1984년까지 창무회 대표를 역임했다. 1975년 이대 대학원을 졸업한 임학선은 수원대 교수, 서울예술단 감독, 한국무용연구회 이사장, 성대 교수(1998) 및 서울시무용단 단장(1999)으로 춤 외길을 걸어왔다. 임학선이 〈태평무〉 이수자가 된 것은 1993년이다. 임학선무용단은 1984년에 창단되었다. 창무회 창단 공연(1978) 때 임학선은 〈거미줄〉로 데뷔 공연을 가졌다.

창무회 창단은 버선을 벗은 게 중요한 게 아니라 우리 창작춤을 창무회가 선도했다는 의미를 지닌다. 무용평론가 채희완의 지적대로 현대예술로서의 한국무용을 자리매김했다는 평가와 맞물린다. 채희완은 창무회 창작춤을 '용기 있는 도전'이라고 말했다.

"새로운 한국무용 시대는 시작되었다." 오늘의 춤은 오늘의 춤다워야 한다. 이는 당연한 말이다. 오늘의 우리춤이란 오늘을 살고 있는 이 땅의 사람들의 문제를 유효적절한 우리의 육체언어로 표현해내는 것을 말한다. 곧 현대예술로서의 한국무용이어야겠다는 것이다. 현대 한국무용은 한국 현대무용사 및 나아가 한국 현대예술사 위에 자리를 잡아야 한다.

이른바 한국무용이 오늘의 춤이 되기 위해서는 수많은 오늘을 (언제까지라 할 것 없이) 고통스럽게 보내야 하는 줄 알았다. 한국무용 발표라 하면 으레 아련한 운무 속에 선남선녀가 나와 잘 다음이진 몸매로 사킹놀음하는 것으로 시세심삭한다. 불행히도 한국무용은 이러한 선입감을 어이없이 충족시켜주어서 이러한 전통은 뿌리 깊다. 전통적인 춤판이라고 하더라도 여흥적이거나 사교적인 회합이 아니면, 교양학습이나 고급스러운 취미활동의 장에서 크게 벗어나지 못했다.

지난 1981년 창무회의 한국무용 발표는 한국무용에 대한 그릇된 선입감을 깨뜨리면서 젊고도 신선한 충격을 주었다. 그것은 한국무용인으로서는 기존 무용계와 비우호적인 일반인의 무용관을 향해 던진 하나의 용기 있는 도전이기까지 하였다.

임학선 안무 〈도르래〉는 만남과 헤어짐, 삶과 죽음이 인연의 끈에 의해 묶어지고 풀어지고 또한 굴러가 하나의 굴레를 이루고, 또 그 굴레를 받아들임으로써 오히려 자유로운 어떤 경지를 보여준다. 그러한 경지는 음악과 춤이 무엇이 무엇을 이끈다라는 선후관계나 종속관념 없이 자유로운 불일치를 이루고 있는 진행방식에도 밑받침이 되고 있다. 커다란 굴레 속의 자유분방함은 속 깊은 정한이 단순한 눈물이 아님을, 윤회의 속박을 받아들임이 단순한 체념이 아님을, 절제와 유념이 단순한 도학이 아님을 뚜렷이 해준다. 격렬함을 속에 감추고 정화수 한 그릇에 온몸을 던지고선 잔잔히 날아오르는 한국적 심상을 일깨워준 수작이다.

> *"이번 공연의 화제는 아무래도 〈소리·사위〉인 것 같다. 인쇄기계 소리, 기차 소리, 시계침 소리, 질주하는 차 소리, 물건 부서지는 소리 등 한마디로 소음에 지나지 않는 소리를 배경으로 하여 평상복을 입은 남자가 나와서 춤이랄 것도, 마임이랄 것도 없는 일상적인 동작을 하면, 개조된 한복의 여자들이 이리저리 휩싸이며 쓰러지고 모이고 흩어지다가 종국에서는 신문지 더미에 묻힌다. 인생살이의 굽이길이랄까, 예술로의 험난한 길이랄까, 여하튼 문명사회의 상황 속에 깔묻히는 현대인의 봇물을 말해주는 것 같다. 동원된 음악(소리)이나 의상 및 조명 등의 무작위적인 일상적 처리 또한 이채롭지만, 무엇보다 문제성을 던지고 있는 것은 이른바 현대무용에서나 다룰 법한 '현대적 상황'을 한국무용으로 그려내고 있다는 점이다."*
>
> *–채희완, 『춤』 1981년 5월호*

『객석』지에 1년여간 무용가 소묘 '막간'을 연재했을 때 나는 임학선을 가리켜 '가늘지만 뼈가 있는 여자, 부드럽지만 단단한 여자'라고 썼다.

임학선을 만나면 가늘지만 뼈가 있는 여자, 부드럽지만 단단한 여자, 막연하지 않은 구체적인 여자로 그가 비친다. 창무회원들 공동안무였던 〈도르래〉, 〈소리·

사위〉가 임학선을 만난 계기가 되었다. 그 후 그가 안무하고 출연한 〈고시래〉를 보았고, 대한민국무용제에서 창무회에 대상을 안겨준 〈넋들임〉에 출연했을 때 단단한 여자라는 심증을 굳혔다. 2년 전 "한·일 창작무용제" 때 그가 독무를 춘 〈새다림〉은 이 어두운 사바娑婆에 가늘고 모진 등불이었다. 산사山寺 눈 덮인 개울물을 깨고 손을 씻으면 어디서 흰옷 입은 그림자가 지나갔다.

> *"〈새다림〉은 부정을 좇는 굿거리였다. 이 굿 예식은 마당굿 첫 거리가 떠오른다. 부정 타는 것을 좇는 행위는 한지韓紙를 태워 재를 날린다. 영생을 마중 나가는 정신의 혼백예식이다. 임학선은 이 독무에서 새벽에 내린 서리 같은 걸 보여주었다. 막막한 곳에서 다가오는 빛의 열림은 그 서리를 밟을 때 발목이 젖었다.*
> *소복 차림의 저 영혼을 우리는 만져서는 안 된다. 나부끼는 것은 색종이 휘장들, 임학선의 절규, 그 끝에 꽂는 기, 기들을 모두 불태워 재를 뿌리는 전송일 뿐 두려움은 무엇인가, 두려움, 침묵을 엮는 마음의 망망대해, 스미는 빛살….*
> *〈새다림〉을 끝내고 이듬해 봄에 안무한 〈불림소리〉는 그 새가 사바에 내려와 가진 동참의 어울림이다."*
>
> *—김영태, 『객석』 1985년 2월호*

무용평론가 김경옥은 임학선 안무 〈고시래〉(『제3회 대한민국무용제』 참가작)를 보고 춤 속의 비판정신을 꼽았다.

"임학선 안무 〈고시래〉는 시류적인 주제를 다룬 금전만능주의 시대에 하나의 비판정신을 고취한 작품이다. 그러한 분위기는 돈·돈·돈이라고 외치는 집단적인 합성에서 선명하게 나타나고 있다.
물론 엽전을 굴린다든가 하는 대목에서는 너무나 직설적이었으나 이번 출품작품 가운데서 유일한 문제작이었고, 제작방법에 있어서도 무용계의 후진 양성을 탈피한 현대적 무대였다."

–김경옥, 『춤』 1981년 11월호

무용평론가 이순열도 창무회 창단을, 한국무용 개념에 대해서 다시 한번 생각해보아야 할 계기를 마련했다고 썼다. 그는 임학선 안무 〈도르래〉를 언급하면서 시대적인 요청이라고 했다.

〈도르래〉에서 무대의 밀도는 별안간 짙어갔다. 모노크롬과도 같은 암영이 지배하는 조명 아래 '끊고 또 끊어도 끊이지 않는 끈'을 둘러싸고 끊이지 않으려는 집념과 끊으려는 의지가 갈등을 빚고 있었다. 그런 줄다리기 속에서 상징적인 그 탯줄이 늘어졌다 죄어졌다 하면서 무대의 숨결은 사뭇 가빠졌다.

이 작품은 현대의식이라는 의상 속에 우리춤이 지니고 있는 고유의 맥락을 살려냈고, 하나의 초점으로 집중된 그들의 숨결이 무대공간을 팽팽하게 채워주면서 그대로 객석에 대한 강한 인력으로 작용했다. 그리고 김영동의 음악도 이 작품의 밀도를 높이는 데 커다란 보탬이 되고 있다.

"〈소리·사위〉는 상당히 많은 사람을 당황하게 했을지도 모르는 작품이

었다. 윤전기가 회전하는 요란한 리듬 속에 갖가지 소음이 뒤섞이면서도 오네게르(Arthur Honegger)의 〈퍼시픽 231〉의 긴장감보다 더욱 짙은 열기로 윤전기는 계속 회전한다. 그 속에서 단 한 사람 남성 무용수는 일체의 무용동작을 배제한 채 방황하고 그 주변을 여성 무용수들이 어지럽게 오간다. 이 발표회가 한국무용으로 못을 박고 있는 터에 이것이 어떻게 한국무용이냐는 반발이 있음직하다. 그러나 한편으로는 그 참신한 착상과 우리 무용의 틀을 왜곡해서 한정시키고 있는 고정관념을 깨뜨리고 어디론가 날아오르려는 그 자세를 높이 평가하는 관객도 있었을 것이다. 그들이 표현하고 있는 것은 숨길 수 없는 우리의 현실, 오늘의 단면이었다.

최근 몇몇 의욕적인 작품이 나오기까지 한국무용은 오랫동안 방향을 찾지 못한 채 방황을 거듭해왔고 바람직하지 못한 방향으로 표류해왔다.

〈소리·사위〉의 뿌리가 충분히 깊게 뻗었고 어제와의 맥락이 고스란히 살아 있다고 할 수 없어 우리의 토속적인 냄새가 좀 더 아쉬웠다. 그러기 위해서는 앞으로 더 많은 노력과 성찰이 필요할 것이다. 그러나 창작무용이 오늘의 무용이라면, 시대적인 요청과 생활환경이 그 속에 반영된다는 것은 지극히 당연하고 창무회에서는 그 당연한 일을 해냈다. 당연한 것이기는 하지만 변화와 발전을 바라고 있는 사람에게조차 예상을 훨씬 앞질러 돌연변이처럼 등장했다.

이번 창무회 공연은 오랜 흐름 속에 가시지 않고 이어져온, 그러나 지금은 그 맥락이 아슬아슬하게 끊어지려고 하는 우리의 얼과 숨결을 고스란

히 간직한 채 우리가 살고 있는 시대와 환경 속에 우리가 어떤 몸짓을 할 수 있는가를 다시 한번 생각하게 해주는 공연이었다."

—이순열, 『서울신문』 1981년 4월 9일

문제작 〈새다림〉과 〈인다리〉

〈새다림〉은 "한·일 창작무용제"(1983)에 올려진 임학선의 춤 특징을 〈인다리〉(1985)와 같이 가장 명료하게 드러낸 작품이다(1999년 일본 아오모리 초청 재공연).

무용평론가 성기숙은 임학선 춤의 네 가지 특징을 우리 전통의 근원과 원형(《새다림》, 〈불림소리〉, 〈인다리〉) 일상 속에서 춤 소재 찾기(《우리, 둘〉, 〈날개옷》), 민족과 역사 문제를 열린 의식으로 접근하기(〈민들레 왕국〉, 〈흰 새의 검은 노래〉, 〈마음꽃〉), 한국적 주제(〈고구려의 혼〉)로 세분한 바 있다(성기숙, 『여유와 극복의 춤새김질』, 현대미학사, 1999).

"임학선의 〈새다림〉은 창작춤 초창기 모토가 된 전통 재해석 작업의 전형으로서 설명될 만하다. 〈새다림〉은 제주도 무속의 부정풀이로서의 의미를 갖지만, 또 다르게는 다시 태어나도 오로지 춤꾼이기를 간절히 갈망하는 안무자의 희망이 내포돼 있기도 하다. 이렇듯 창작품 초창기의 전통 재해석은 무속이 지닌 원래의 의미에 안무자의 의도를 하나 더 덧씌우면서 전통의 창출을 교묘하게 확장해가는 역락을 발휘한다.

앞서 배정혜가 〈혼령〉에서 의상, 무구, 춤사위 등 전통적 요소를 직접 차용해 썼다면, 〈새다림〉에서는 전통적 요소를 접목하되 약간 변형된 형태로 묘사한 흔적이 짙다. 예컨대 춤의상은 흰색 소복 차림이지만 이는 무당이 착용하는 무복巫服이 아닌 한복이 변형된 형태로서 가슴을 싸매는 형식으로 고안돼 있다는 점을 들 수 있다. 이러한 한복 변형 의상은 이후 전통 재해석 작업의 창작춤에서 얼마 동안 지속적으로 선호하는 의상이 되어왔다는 점에서 〈새다림〉에서의 춤의상은 한복 변형 의상 기점이 된다고 볼 수 있다. 〈새다림〉에서 마지막 신기를 불태우며 혼을 불사르듯 춤추는 장면은 엑시터시에 다다른 무당의 부활이 아닌가 싶을 정도로 강한 인상을 남겼다. 임학선은 〈새다림〉 이후 〈불림소리〉, 〈인다리〉, 〈지혼〉 등 굿에 기초한 창작춤의 고전을 남겼다는 점에서 〈새다림〉은 그러한 작업의 원초적 전형으로 의미가 깊다."

—성기숙, 『몸』 1998년 7월호

1984년 창무회는 국제무용의 날(유네스코 제정)을 기념하는 공연을 가졌다. 임학선 안무 〈불림소리〉(그 밖의 창무회 작품 〈하늘에 묻어버린〉, 〈터〉)에 대해 김경옥은 인간 의식의 내면에서 우러나오는 율려律呂를 감각적으로 육체로 언어화했다고 평했다.

"임학선의 〈불림소리〉는 인간 의식 내면에서 우러나오는 율려를 감각적으로 육체 언어화하는 데 큰 성공을 거두면서 무대를 형상화하는 데 성

과를 보여주었다. 이것은 전통을 현대화하는 접근방법으로도 바람직한 방법이다. 우리의 고전정신과 고대무용에 배태되어 있는 미학적 요소를 형상화하는 일을 이루어놓았던 것이다. 한국무용이 항시 염려했던 대숙제를 풀었다고 할 것이다.

1930년대에 현대무용을 수련하던 몇몇 선각들은 한국무용을 무대화하는 데 급급한 나머지 형식적으로 우리춤을 무대화하는 작업에는 어느 정도 성공했으나, 실제 미학적인 면에서는 여러 가지 논란이 많았다. 이번에 공연을 가진 창무호, 특히 임학선은 그것을 보다 본질적으로 해결하는 실마리를 풀어놓은 것이다.

한국의 전통무용을 현대화하는 데 있어서 이러한 미학적 접근방법은 대단히 바람직한 일이다."

—김경옥, 『수원대학보』 1984년 5월 25일

"〈불림소리〉(임학선 안무)는 정신적 심상집합心像集合에 의한 자화상적 작품으로, 이 작품은 전통적 소명이라는 대중적 기반에 몰입한 자신의 착잡한 심상을 자문자답으로 전개하되 재치 있는 수법으로 형상화하고 있다.

도입부에서는 중후하고 주술적이며 생명력 있는 춤으로 심상의 갈등을 승화시킴으로써 여기에 소제와 오브제, 회전무대 효과를 도입하여 세월의 흐름과 신념의 변화과정을 잘 나타내주었다. 도입부에서는 박진감 있게 실상과 상념의 대응을 실루엣과 조소적 수법과 조명의 명암철 등으로

표현해 원근감과 환상을 더해주었고, 종결부에서는 동경과 영롱한 꿈 이미지를 시사해주었다."

－강이문, 『창무회』 3호, 1984년

"임학선 안무 〈불림소리〉는 무당굿의 의식무를 무용예술로 승화시킨 작품으로 그동안 임학선이 추구해온 전통민속무용을 새로운 한국무용상으로 정립하려는 정열의 표상이었고, 그간 다져온 기량이 견주려져 엑스터시한 춤의 기법이 한층 돋보이는 세련된 무대였다."

－이병옥, 『객석』 1985년 6월호

필자는 〈불림소리〉를 보고 "사람 사는 세상의 아픔을 넋으로 달래고, 마음의 고름을 대신 짜주는 신명의 넋풀이"라고 썼다.

1980년대 한국무용 작품에서 임학선 안무 〈인다리〉가 주목을 받았던 것은 무용평론가 박용구의 지적대로 '정서적 감정'을 춤 속에 융화시켰기 때문이다. 박용구는 〈인다리〉를 임학선의 대표작으로 꼽는 데 주저하지 않았다.

"무당이 되어야 할 운명의 여인이 이를 거부하면 인다리를 건너 황천으로 가야 하다고 들었다.

인생의 극적 요소로는 더할 나위 없이 적절한 소재이다. 삶과 죽음의 사이클에서 이처럼 심각한 모순이 있을 수 없고, 그 모순은 부조리의 고발이 될 수도 있고 종교적 신비체험을 우리에게 던져줄 수도 있다.

안무자 임학선은 우리춤의 상투적 무용언어를 높은 조형감각으로 피하면서 모순의 고발이나 신비체험보다는 정석적 감정에 호소하려고 한다. 히로인과 사나이의 짝춤은 그래서 극적인 상황의 애절함을 떠난 하나의 에로스의 세계로 빠져들게 한다. 그러나 인생의 극적 요소로 작품 의도가 뚜렷했다면, 기승전결의 클라이맥스가 설정되어야 했고, 그 정점은 아마도 그녀의 손에 무당 방울이 쥐어진 순간이었으리라.

그 심적인 광란 상태가 춤으로 고조되지 않은 상황에서 그 뒤에 오는 심각한 고뇌는 춤추는 사람만의 것이 되고 만다. 보는 사람의 정서적 감정에 호소하는 힘을 잃고 지루함을 느끼게 한다.

극적 요소로 작품을 못 박지 못한 아쉬움은 이승에서뿐 아니라 저승에서도 보인다. 새로운 히로인의 원귀에 대해서 선배 격인 원귀들의 반응이 전혀 보이지 않는다. 아마도 〈인다리〉가 갖는 인생의 극적 요소가 좀 더 뚜렷이 살았더라면 창무회와 임학선의 대표작 하나로 기록될 수 있는 작품이 아니었을까.”

—박용구, 『춤』 1985년 11월호

“임학선 안무 〈인다리〉는 신들린 자가 신내림을 거부할 때 신령이 다른 생명을 희생시켜서라도 무당을 점거하는 다리를 놓는다는 무속 소재이다.

이것은 안무자 임학선이 그동안 무속을 바탕으로 한 한국의 삶을 표현하면서 무속을 예술로 승화시키려는 남다른 노력의 소산으로 평가된다.

게다가 깔끔한 표현력과 매끈한 구성, 그리고 무용수들의 뛰어난 기량을 바탕으로 클라이맥스까지 진행되는 동안 관객의 혼을 빨아들였으나 마지막 종결 처리에서 차단된 것이 흠이었다.”

–이병옥, 『문화예술』 1985년 12월호

“〈인다리〉는 1985년 대한민국무용제에 출품된 것을 무대장치와 작품 구성에서 수정하여 다시 올려진 작품이다. 무대장치가 전혀 없던 것을 이번에는 무대 왼쪽에 둥근 제단을 설치하고, 오른쪽 공중에는 강철 파이프로 나무의 가시살 같은 형상물을 얽어놓아 분위기를 일신한 면이 있었고, 또 안무 구성에서도 말의 형용을 한 5명의 무용수와 발미에 부리들의 해방과정을 새로이 추가하였다. 이 작품은 무속의 인다리 현상을 오늘의 선율과 장치를 동원하여 재현한 것으로, 처음 공연 때보다 훨씬 다이내믹하였다. 연한 황토색 변형 한복에 무당의 전복을 변형한 것을 위에 걸친 여성 무용수들과 연한 황토색 변형 한복 차림의 다섯 남성 무용수들이 펼친 작품 줄거리는 다음과 같다. 제단 위에 남녀 둘과 무대 위에 8명이 앉은 채로 느리게 적막을 깬다. 잠시 후 강한 철금 소리에 맞추어 8명이 퇴장하고, 제단 위의 둘이 가볍게 춤을 즐긴다. 다시 8명이 재차 등장해서 모두 철금과 가야금의 흥겨운 가락에 맞추어 춤을 즐긴다. 이 부분까지는 세상의 안온한 흐름을 표시하며, 다음에 벌어질 숙명적 비극의 사건과 대조를 이루는 도입부에 해당한다. 작품 시작 6분이 지나 여성 하나만 남겨두고 나머지 무용수들이 모두 퇴장하며, 동시에 방울과 피리

음향이 뒤섞여 내림굿이 벌어지지 않을 수 없음을 암시한다. 여자는 자신을 주체할 수 없을 만큼 신들리고 이리저리 방황하다가 제단 위로 올라간다. 제단 위에서 여성이 계속 신들린 비정상적인 동작을 해대는 가운데 강한 나팔 소리와 함께 말차림을 한 남성들 5명이 등장해서 집단의 포악스러운 강제력을 상징하고 저주스러운 무당이 탄생하여야 함을 알린다. 남성 무용수들 차림은 연극 〈에쿠우스〉에 등장하는 말을 연상시키며, 그들의 동작은 양팔을 추켜올린 연풍대가 주축을 이루었다. 무대를 휩쓴 말들이 사라지면 변형된 전복 차림을 한 여성들 군무가 격렬한 음향에 따라 전개되다가 다시금 그들이 제단 위로 가서 점지 받은 장래의 무당을 홀리고 집단무의식을 연출한다. 여성들이 모두 퇴장하면 신들린 강신무 혼자 남아 발광하듯 춤추지만, 저주받은 자기 신세를 자각한 반작용인 듯하다. 이 강신무는 신들린 면도 있지만 공동체 강요에 의해 마지못해 그런 처지에 빠지게 되었다는 한탄의 일면도 지니고 있는데, 왜냐하면 그다음에 이어지는 부분에서 이 여성에 대해 남성뿐만 아니라 여성들까지 폭력을 행사하는 장면이 3분간 지속되기 때문이다. 그러나 그런 집단적 행각을 안무자가 부정적으로 본다는 사실은 그 남녀들이 모두 쓰러지고 인다리를 만드는 데서 드러난다. 그런데 이 순간은 또 굿에 함축된 일종의 신비체험으로 해석되어야 한다. 즉 신딸의 어떤 영험스러운 힘이 모두를 함몰시키고 새 사람들로 부활시킬뿐더러 이미 신딸 자신은 일상계 내의 자기 과거에 종지부를 찍어 그런 영력을 발휘한다는 점이다. 그러므로 이 부분은 합리적인 사고로는 납득될 수 없는 부분이기도

하며, 무속제의를 춤으로 형상화시키도록 하는 묘미가 이런 데서도 발견된다고 생각된다. 이 부활의 부분은 첫 번째 공연 때 그다지 부각되지 않았다. 이번 공연에서 안무자는 이 끝부분을, 부활한 무용수들(신딸은 제외)이 다시 일어나 지그재그 동작소를 통하여 무대 앞에서 뒤로 이동하고 제단 위로 올라가 둥근 춤 대형을 어깨동무로 만들어 천장을 주시하는 것으로 마무리 지었다. 동시에 제단 안에 미리 설치된 전등들이 빛나면서 위로 추켜올려진 무용수들의 몸과 얼굴을 비추어 전진적인 분위기를 연출하는 효과도 있었다."

–김채현, 『춤』 1987년 2월호

임학선은 1986년에 〈산 자를 위한 방황〉, 1987년에 〈달바래기〉를 안무했다.

"강강술래는 그 옛날 달 밝은 밤에 여자들이 춤췄던 민속 원무이고, 원무를 출 때 흥에 겨워 부르는 노래이기도 하다. 지난번 아시안게임 폐막식 때 강강술래는 폐회식 마당을 우의로 다지기도 했다. 〈달바래기〉는 임학선 안무 빛깔이 도처에 묻어 있다. 그 빛깔을 쉬운 말로 풀어 쓰면 '정석 속에 배어 있는 감미로움' 같은 것이다. 〈달바래기〉 초반 삼삼오오 부채꼴 군무는 의상 배색도 그렇듯 연꽃 물결을 연상케 했다. 수변을 일렁이게 하는 큰 파문이랄까?"

–김영태, 『춤』 1987년 6월호

"〈산 자를 위한 방황〉은 죽음에 대한 안무자의 독특한 시각을 드러낸다. 죽음의 공포나 서글픔은 간데없고 오히려 이승의 질서가 저승에도 연속되어 있다는 느낌, 혹은 저승의 질서가 이승에도 연속되어 있다는 느낌을 유발한다. 저승에 대한 인식은 사람마다 차이를 보이게 마련이다. 물론 한 문화권 내에서 통용되는 생사관이 유력하게 작용하는 것은 부인할 필요도 없겠지만, 그러나 죽음이 삶의 연속으로 파악됨은 그다지 무리가 아닐 것이다. 안무자는 저승이 자유의 천국이 아니라 속박의 체제임을 시사한다. 이 관념을 우리의 개념으로 이동시켜 재해석하면 안무자의 현실 인식이 어떠한지 짐작되지 않을까? 1986년 4월 '제2회 한국무용제전'에 출품되었을 때와는 달리 장치 면에서 대대적인 덧붙임이 있었는데, 일반적으로 발레에 등장하다시피 무대 천장, 전면 부분에다 그런 장치를 늘어뜨려 깊은 맛을 돋우었다. 가면, 소복, 흰색 천으로 만든 수질(상복을 입을 때 머리에 두르는 테), 요질(상복을 입을 때 허리에 두르는 대)을 걸친 지하의 영혼들이 갖가지 동작으로 지하세계의 본성을 드러내는데, 그중에서도 가장 돋보인 것은 앞부분에서 무용수들이 각각 하얀 사각형 천을 머리 위에서 아래로 길게 늘어뜨려 빠른 박자에 맞추어 집단적으로 흔들어대는 착상으로 훌륭하다고 생각된다. 소위 관 속의 춤이라 이름 붙여진 이 춤이 암흑 속에서 파란색의 야광효과가 나는 천으로 펼쳐지는 것은 극장식 무대에서가 아니라면 도저히 불가능할 것이다. 춤이 진행됨에 있어 급전이나 기승전결은 드러나지 않았으며, 주인공도 없었다. 집단무로 일관하는 이 춤은 말하자면 지하세계의 그 누구도 가릴 것

없이 같은 처지를 피할 길 없다는 지하의 민주적 풍토를 그렸다고 지적 해도 무방하다고 믿어진다. 그렇다면 앞서 안무자의 죽음에 대한 인식이 현실 의식과 일치된다고 언급된 것과 마찬가지로, 지하세계에 대한 인식에서 우리는 안무자의 또 다른 현실 의식을 유추해낼 수 있을 것이다. 비극적이지도, 참혹스럽지도 않은 분위기에서 안무자가 일정한 패턴의 흥취를 추구하지 않은 것으로 보이고, 우리 무의식의 일부를 추적해 들어간 것으로 생각된다. 그러므로 이 작품은 관객들에게 담담한 느낌을 제공할 뿐이다. 이런 분위기는 기존의 이른바 한국무용의 정형적인 분위기와는 색다르고 그렇다고 해서 고답적이지도 않다. 1986년 들어서 부쩍 두드러지는 경향, 곧 신무용 탈피현상이 재차 입증된다. 이 작품이 위에서 거론된 두 가지 측면의 강점을 지닌 것으로 기대치 이상의 수확임은 확실하지만, 관객에 대한 어필의 강도가 더 높게 조성되었어야 했을 것이다."

－김채현, 『춤』 1987년 2월호

자매 일기

임학선 안무 〈우리, 둘〉(임학선과 임현선 자매)에 대해 무용평론가 김채현은 자매 관계를 추상적으로 형상화한 작품이라고 썼다.

"〈우리, 둘〉은 일정한 줄거리를 갖지 않으며, 오로지 인간관계 중에서

특수한 사례, 곧 자매 관계를 인간적인 차원에서 추상적으로 형상화한 것이다. 한 부모에게서 이어받은 같은 핏줄이 그들로 하여금 하나의 영혼으로 묶으며, 이와 더불어 함께 성장해 나가는 과정에서 피하기 어려운 갈등과 번뇌가 인간적인 성숙을 떠받친다. 자연의 섭리 이외에 달리 설명할 길 없는 이런 자매 사이가 참 기쁨이 아니고 무엇이랴. 대충 이런 정서적인 줄거리를 가진 이 작품은 시종일관 가야금과 기타가 굿거리장단을 이리저리 바꾸어 나가면서 교묘히 배합되는 음향 전개에 힘입은 바 컸다(신혜영이 작곡한 이 음악은 작곡가 소르의 〈모차르트 주제에 의한 변주곡〉을 연상시킨다). 무대장치는 전혀 없는 느리게 튕겨 나오는 음악이 희미하게 울려퍼지면 어두운 조명 속에서 2명의 자매가 사이좋게 다소곳이 기대어 앉은 모습을 드러낸다. 잠시 후 한 사람이 기지개를 켜면 생명이 탄생한 듯 아니면 자매 사이를 깨닫기 시작한 듯함을 나타낸다. 그런 후에 다른 한 사람도 기지개를 켜면 음향이 본격적으로 울려 퍼지고 두 자매는 성장기 때의 우애스러움을 손을 맞잡거나, 어깨를 맞대거나, 마주 보거나, 서로의 허리를 잡고 돌거나 하는 동작으로 보여준다. 약 8분 후에 처음으로 갈등관계가 빚어지지만 이것도 잠시, 그들은 다시 화해한다. 이 갈등과 화해가 수차례 반복되다가 모두 지친 듯한 분위기가 이어지고, 그 무엇을 되새김질하고 깨달은 듯한 자세를 취한다. 철이 들어서일까? 무대 중앙에 마주 선 그들은 손을 길게 뻗쳐 손가락을 닿을락 말락 맞대고서 아래에서 위로 서서히 들어 올린다. 긴장을 유발하는 이 부분은 이제 두 자매가 성장하여 독립된 개체로서 가정을 따로 가져야 하는 숙명을 상징한다고 생각된다. 이 동작이 펼쳐지고 나면 서로 상념에 잠긴 듯한 모습으로 떨어지고 그런 상태에서 느린 동작들을 아쉬운 듯 반복하는 것으로 작품은 마무리된다. 아담하게 진행된 이 작품이 제기하는 의의는 먼저 이른바 한국무용 분야 소재 확대에 있다. 작품이 소품 규모라서 이 의의는 간과되기 십상이겠지만, 냉정히 따져보아 한국무용의 소재라 하면 통념적으로 옛것이거나 옛 냄새가 나는 고풍스러운 것이어야 한다는 생각이 배어 있는 형편에 비추어 그 의의를 조명받을 수 있을 것이다. 그리고 이 글의 서두에서도 언급했다시피, 현실적인 것을 외골수 좁게 잡지 않는다면 현재의 나 또는 인간의 처지를 노래하는 데 이런 소재도 무방할 것이고, 더구나 설득력 있는 이야기는 우선 나 사신이 겪는 것에서 출발해야 옳은 순서일 것이다. 관념에 치우치는 소재가 구체성을 띨 수 있을 것이다. 근대화 이후 한국의 무용은 이런 기본적인 단계를 생략한 채 오늘에 이르렀고, 지금도 이 점은 주시되지 않고 있는 듯한 인상을 준다. 사리가 이러하다면 이번 공연은 분명 호재를 포착하였음에도 충분히 살리지 않은 안타까움을 주었다고 믿어진다. 음악이나 의상(노랑, 보라, 파랑, 초록의 짙은 날염으로 처리된 홈드레스)에서 기존 한국무용의 정형을 탈피하고 소재를 일상계에서 찾은 것은 한국춤의 또 다른 새 길을 예시하였다는 평가를 받아야 한다. 그러나 일단 소품 규모로 설정한 것이라면 주된 정서를 중심으로 작품 전개를 도모하는 편이 더 좋았겠다는 것이 평자의 의견이다. 장편소설이나 대하드라마가 아니고서는 좀체로 인간관계의 갖가지 속성을 진하게 드러내기 힘들다. 따라

서 이번 작품의 주제 규모를 축소해서 집약적으로 형상화시킨 편이 관객과의 공감대 조성의 측면에서 더 효과적이었을 것이다. 이 작품은 어떤 긍정적인 조심을 알려 준 일방으로 만만찮은 과제를 던졌다."

–김채현, 『춤』 1987년 2월호

"같은 길을 걷는 자매가 큰 무대를 마련했다. 두 작품은 구작이고, 자매가 춤춘 신작 〈우리, 둘〉(1986년 12월 19일 문예회관 대극장)은 30대 중반을 넘기는 자매들의 자화상이라 볼 수 있다. 그들은 과거, 현재, 미래 등을 거울 속에서 바라본다. 언니가 동생을, 동생이 언니를 다독인다. 서로를 일깨워주고, 서로가 힘을 북돋아주는 춤이다. 그들 자매에게 춤은 무엇인가. 삶의 지고한 목표가 아닌가. 춤의 길은 험난해도 그 길이 아름답기 때문에 두 자매는 외곬으로 이 길을 걸어왔다.

임학선·임현선이 춤춘 〈우리, 둘〉은 일체 과장이나 허세가 없다. 서로가 등을 밀어주고 격려한다. 가끔 한 사람이 토라지면 어김없이 화해한다. 두 마음이 만드는 한 마리 새가 된다.

임학선의 춤 품위가 차갑다면, 임현선의 춤은 아직 언니를 따라잡지는 못하지만 그 춤사위는 그것대로 허허공간을 넘나든다.

그들 자매는 서로의 공통분모를 찾고 있다. 하늘이 하나요, 별도 하나요, 그들이 사는 구름 아래 집 한 칸도 하나이다. 일심동체, 그들은 춤 하나로 서로 묶으려 한다. 아니꼽고 서러운 것들이 많은 세상에 그들은 제 살점을 나눠준다.

두 사람이 따뜻한 물줄기 같다. 그들인 〈우리, 둘〉에서 더러 쉬어 가기도 하고, 이내 표표히 떠난다. 아직 절반을 산 그들의 춤 여정을 계속 지켜보고 싶다."

–김영태, 『춤』 1987년 2월호

"두 자매는 먼저 그들이 이미 발표했던 〈산 자를 위한 방황〉, 〈인다리〉를 앞뒤로 해서 그 중심에 새로운 창작작품인 〈우리, 둘〉을 선보이는 구성을 짰다. 〈산 자를 위한 방황〉은 '제2회 한국무용제전'에서 '진도 씻김굿'을 새로운 시각으로 재조명한 스산한 죽음과 저승사자의 부활을 통해 충격을 주었던 작품이고, 〈인다리〉 또한 무속적 소재를 비방으로 '제7회 대한민국무용제'에 출품했던 것으로 이들 자매의 정신적 지향점을 분명히 하는 작품들이다.

안무는 언니인 임학선이 맡고 〈인다리〉에서는 동생인 임현선이 출연하였는데, 핵심 부분인 〈우리, 둘〉에서 이들 자매는 공연형식을 통해 그들의 이야기를 그들 나름의 무용언어로 표현한다. 그것은 어린 시절의 천진스러운 언니, 동생의 숨겨진 밀어의 표출이기도 하고 사춘기 소녀들의 꿈의 속삭임이기도 하며, 정다운 자매의 우정이기도 하면서 한편에서는 끈끈한 혈연의 정이 갖는 답답함, 역겨움, 대립이기도 하다.

그 숱한 인연의 줄을 상징하는 두 사람의 어울림은 그 특수성이 모든 인연들이 갖는 보편성과 일맥상통하기 때문에 그들 자매의 개인적 차원은 그들끼리의 밀어나 꿈의 속삭임에서 벗어나 일반적인 인연의 형상이 된

다. 특히 어린 시절의 천진한 두 사람의 관계와 자라서 같은 길을 가는 대립관계는 그런 과정을 지나서 이제 성숙의 경지에 이르는 화합의 터전으로 그려진다. 어떻게 보면 너무 단순한 감도 없지 않지만, 그 혈연 사이에 극적인 긴장이 감돌아야 할 까닭이 없으므로 우리는 아주 자연스럽게 호흡을 맞추고 서로 보안해서 들고 나감에 밀물과 썰물처럼 어우러지는 고전적 아름다움만 만끽하면 된다. 두 자매의 춤은 전아典雅하게 다듬어져서 한국춤의 공연형식에 새로운 이정표를 마련하였다."

-이상일, 『월간조선』 1987년 11월호

"임학선, 현선 자매의 춤공연(1986년 19~20일, 문예회관 대극장)은 무용가들의 의식이 성장하고 있음을 예시한 동시에 무용 소재의 확대라는 면에서 주목받았다. 김매자 교수(이화여대)가 선도하는 창무회의 중심회원들로서 쌓은 특성들(깔끔한 무대처리, 단정한 춤사위)이 전통무용의 기본기와 어울린 이번 공연은, 한국의 무속과 결부된 전통적인 관념과 습속을 오늘의 시야에서 재연한 두 작품(내림굿과 얽힌 인다리 현상을 묘사한 〈인다리〉, 씻김굿을 통해 지하의 규율적인 세상을 그린 〈산 자를 위한 방황〉)을 무대형식과 소재구성에서 다시 다듬어 보여주었다. 이 두 작품은 샤먼적인 나름의 관점에서 극장식 무대에다 재구성하려 한 재창조적 의지를 역력하게 드러내었다. 그러나 심도 깊은 해석, 작품의 긴밀한 구성이 약했던 탓으로 강렬한 여운을 전달하기에는 어려움이 있었다. 이날 공연의 초점은 춤의 끈끈한 행로에서 서로 의지하는 동반자로 일하

는 두 자매의 춤인생을 노래한 〈우리, 둘〉이었다. 짙은 색채의 날염으로 처리된 홈드레스 차림새의 듀엣 작품은 새 창작춤으로 두 자매가 자신의 인간적인 처지를 독특하게 형상화시켜 자신들의 춤세계를 일신하려는 강한 의도를 보여주었다. 이 창작춤은 또 소재를 일상생활에서 찾음으로써 한국춤의 새 활로를 열어주었다는 의미도 높이 살 만하다.

같은 맥락에서 가야금과 기타가 조화스레 화합한 음악효과에 힘입어 이 작품은 한국무용과 현대무용 간의 벽을 교묘하게 무너뜨렸다. 그러나 소품 규모로 진행된 이 작품은 모처럼의 호재를 십분 활용하지 못한 안타까움을 자아냈다. 더구나 두 자매 사이에서 빚어지는 인간적인 공감대를 충분히 조성하지 않은 편이었다. 이 독특한 소재가 한결 일반화된 의미를 띠게끔 주제 면에서, 규모 면에서 다시 가다듬어질 것을 기다려본다."

–김채현, 『동아일보』 1986년 12월 22일

따뜻한 눈길의 묵시默示

창무회가 시인과 춤의 만남을 기획했을 때 임학선은 유안진 시 「날개옷」을 안무했다(1987년 창무춤터).

"창무회는 3월부터 시인과 춤의 만남을 시도하고 있다. 시인 유안진과 안무가 임학선의 첫 번째 작품은 〈날개옷〉. 「날개옷」 시 주제는 두 아이 손을 잡고 어디로 날고 싶은 중년의 애환을 담은 얘기이다. 이 시의 2연

은 이렇게 묘사된다.

하늘 아래

하늘 위에

달나라 별나라

유안진 시에 나오는 철딱서니 없는 중년은 날개옷을 원한다. 날개옷은 실제 입을 수 있는 옷은 아니다. 시인의 상상력으로 하늘을 날 수 있는 옷이다. 임학선은 〈날개옷〉을 안무하면서 서성대는 중년 이미지를 하늘보다 지상에 역점을 두었다. 비현실적 공간을 임학선은 현실화한다. 두 아이를 거느린 임학선의 하늘 나들이는 의기소침한, 찌들린, 무력한 생활공간을 가능한 한 화사한 빛깔로 치환한다. 임학선이 무대 구석에서 자신을 성찰하는 과정은 불과 몇 초에 불과하다. 임학선이 아이들과 원무를 춤추는 것은 하늘에는 별이 있지만 지상에도 별(미래)을 볼 수 있는 창이 있고, 핏줄이 있어 그것으로 만족하기 때문이다.

시는 상상력을 여는 문이고, 그 상상력을 수렴해서 몸으로 그 이미지를 표현한다. 〈날개옷〉은 그런 의미에서 열쇠 하나를 객석에 던진다. 그 열쇠는 한 중년이 좌절하지 않는 깨끗한 그릇 같은, 사는 얘기의 숨소리임이 드러난다."

–김영태, 『춤』 1987년 5월호

창무회가 홍콩 아시아예술제에 초청받은 것은 1986년(1990년에 임학선·임현선 자매 무용단이 재초청되었다)이다.

"홍콩 시민대극장에서 열린 '제13회 아시아예술제'가 지난 2일 폐막됐다. 상업과 무역으로 도시 전체가 분주한 분위기 속에서도 이 예술제가 열린 20일 동안 500석이 넘는 공연장 좌석은 매일 관객들로 꽉꽉 메워졌다. 우리나라에서는 임학선·임현선 자매 무용단이 참가해 두 차례 공연을 가졌다. 소련, 중국을 비롯, 18개 단체가 차례로 공연을 펼친 '아시아예술제'는 음악·무용·연극 분야에서 각 국의 전통문화와 현대예술이 자리를 함께하는, 아시아에선 가장 규모가 크고 수준이 높은 것으로 평가받고 있는 행사이다. 그런 탓인지 떠들썩한 축제 분위기보다는 각 나라의 다양한 예술을 직접 감상하려는 열정 있는 관객들이 예술제를 문화인의 모임답게 푸근하게 만들고 있었다. 임씨 자매는 무속과 자연을 비유해 생명의 소중함과 끈끈함을 표현한 〈인다리〉, 〈민들레 왕국〉에 이어, 두 사람이 같은 춤꾼의 길을 걸으며 겪었던 갖가지 감정들을 꾸밈없이 묘사한 〈우리, 둘〉과, 임학선 씨가 독무로 중년 부인의 권태를 그린 〈다스름〉을 구체적이고 깔끔한 동작으로 엮어 공감의 박수를 받았다."

—이대현, 『한국일보』 1990년 11월 9일

임학선은 88올림픽 폐막식 〈떠나가는 배〉를 안무했고, 1990년에는 방배동에 '두리춤터'를 개관했다(개관 초청공연 임학선·임현선 안무 〈지혼〉, 〈우리, 둘〉, 이정희 안무 〈검은 영혼의 노래·1〉, 배정혜 안무 리을무용단 〈길〉, 툇마루무용단 최청자 안무 〈외로운 도시, 외로운 거리〉, 박인숙 안무 〈서 있는 사람들〉, 이혜순 안무 〈혈·2〉). 그 후 중국 광동예술단 베이징 초청공연, 몽골 및 포르투갈(곤도마르 예술제) 공연을 다녀왔다.

> *"한국 출신 임 자매 무용단(Lim Sister Dance Company)은 표현방법을 절제함으로써 본질적인 어떤 것을 먼저 설정한 이후 그 나머지 부차적인 것들이 더 드러나게 됨을 보여주었다.*
>
> *그들은 극소표현으로 최대효과를 발휘하는 미니멀리스트 맥심(Minimalist Maxim)의 좋은 예가 되었다. 실제로 그들의 안무력은 본능과 직관, 그리고 선택이 모두 올바르면 그 결과가 필연적인 성과를 나타낸다는 것이다.*
>
> *이 단체의 작품은 공기를 청정하게 해주는 듯한 이미지의 풍요로움을 가지고 있었다. 내뿜은 이미지의 아름다움이 반짝였다. 한국의 민속무용은 기본적으로 소박함을 지니고 있다. 없어서는 안 될 동작들로만 절제되어, 그사이사이 정서도 음악의 일부를 이루는 북소리와 어우러지는 효과는 순수예술의 한 형태를 이룬다. 임 자매 무용단은 이러한 민속예술의 독특함을 사용해왔고, 그것을 현대적 양식으로 변용하여 과거의 유산을 표현하는 특이한 혼합을 연출해낸다.*
>
> *임학선 안무 〈인다리〉는 샤먼적인 영혼을 불러일으켰으며, 강하고 원초적인 생물 형태의 이미지를 창조해내었다. 마치 모충처럼 연결된 몸의 사슬을 이루어, 무용가들의 팔은 그들 자신만의 분리된 삶을 성취하는,*

굽이치는 물결을 창조해내었다.

임학선이 신비한 힘의 상징적 밧줄을 움켜쥐었을 때 우리는 마사 그레이엄이 그녀의 작품에서 그리스 신화에 기초하고 있는 상징을 사용함을 상기하게 된다. 〈인다리〉는 수많은 신화와 미신의 근원들이, 현대성이 소홀히 하고 적당히 넘어갔던 인간의 근본적인 욕구를 탐구하기 위한 수용력을 지니고 있음을 보여주었다."

–톰 보레이크(Tom Borek), 『The Hong Kong Standard』

1990년 10월 31일

"…임학선이 안무한 〈민들레 왕국〉은 절제에 있어서 최상의 모범이며 거기에서 한국춤의 가장 훌륭한 특성들 중 몇 가지가 사용된다. 자연은 역사의 상징으로 취급되고, 섬세하게 휘어진 동작들은 한국 사람의 특성을 상기시키는 근원적 힘을 암시한다."

–대릴 라이스(Daryl Ries) / 무용평론가,

『Hong Kong South China Morning Post』 1990년 11월 1일

민속학자 이두현이 1989년에 안무된 임학선 안무 〈민들레 왕국〉을 주시했듯(『무용한국』 1991년 5월호 참조 – 이두현은 임학선 춤을 '따뜻한 눈길의 묵시默示'라고 표현했다), 무용평론가 김태원도 임학선 춤에 있어서 주제 및 기법의 예술성을 예로 들었다.

"지난 4월 28일부터 5월 4일까지 국제무용주간을 기념하기 위해 문예회관 대극장에서 열렸던 '제5회 한국무용제전'은 일·삶·춤이란 공동주제를 내걸고 국내 8개 창작춤단체와 2명의 해외 무용인이 참가한 가운데 열렸다. 이것은 지난해 춤과 제의祭儀라는 주제를 갖고 열렸던 '제4회 한국무용제전'보다 국내팀 선별에 있어서는 신중성을 두었던 반면, 해외 춤꾼들 초청에 있어서는 지나 반즈(美), 가사이 아키라와 야마다 세츠코(日), 그리고 크리스탄 비고스와 앙리 마리 레노가 참가했던 지난 제전보다는 규모를 갖추지 못했다. 그러나 이번 제전에서 드러난 한국창작춤 경향은 그 기법이나 주제 선택상 대개 세 가지로 잡아볼 수 있다. 첫째는 순수하고 서정적인 경향의 춤으로, 이것은 한국춤의 미적 포인트와 역동성을 강화시켜가는 흐름의 춤이고, 둘째는 한국의 정치, 역사, 사회 구조에서부터 어떤 극적인 갈등과 현실적 문제점을 춤으로 상징화시키거나 표현하는 흐름의 춤이며, 셋째는 개인이나 집단의 심상에 앙금으로 남아 있는 신화나 제의적 세계관에 호소하고 기대는 춤의 흐름이 그것이다.

임학선 안무 〈민들레 왕국〉은 우리의 역사 속에서 경험되고 있는 외부로부터의 침략과 저항, 강탈과 유린의 문제를 춤으로 상징하거나 풍자하려 했다.

〈민들레 왕국〉에서 침략자는 붉은 옷을 입고 갈퀴와 같이 공기를 긁으며 사납게 움직여가는 남성으로, 반면 피침략자는 식물적 의지 하나로만 버텨가는 노란 옷의 민들레(여성 무용수들)로 상징되었다. 그러나 안무자는 여기서 그 두 힘의 역학관계에서 다양한 무형을 전개시켜가면서, 그리고 첫 부분과 끝부분에서 매우 집중된 극장춤 이미지를 구축해냄으로써 너무 명백한 대립이 줄 수 있는 싱거움을 이겨내려 했다.

공연 초반부, 마치 봄 대지의 지열地熱의 전파를 상징하는 듯한 여인의 중첩되는 팔들의 움직임, 그리고 끝 장면에서 시달리고 쓰러진 사체들 사이에서 실같이 올라가는 손가락의 움직임은 신비스러울 뿐만 아니라 최면적이기까지 하였다. 이에 덧붙여, 주인공 민들레(임현선)의 다양한 얼굴 표정, 윤순자가 리드하는 윤무형輪舞形 군무, 특히 남성 4인(김재득, 최태선, 정성훈, 강승구)에 의해 힘 있게 추어진 춤은 이 작품의 좋은 볼거리였다.

작품 〈민들레 왕국〉은 극장춤으로 잘 짜어짐과 상징성을 노렸던 작품이었다."

–김태원, 『객석』 1989년 6월호

"임학선무용단의 〈민들레 왕국〉은 민들레의 끈질긴 생명력의 형상화를 통해 민중적 삶의 낙관적 전망이라는 보편적 주제를 제시한 작품으로 소재 선택 및 전체적 구성미와 주제의 전개 면에서 비교적 처리기법이 돋보인 수작이었다. 공간 활용과 함께 춤사위 등 동작 특성에 있어서 현재와 전통 요소가 균형 있게 배합되었으며, 역동미와 함축미의 조화적 대비도 무난했다.

민중적 활력을 표현한 역동적 워킹과 어깨, 손목의 단위동작들도 충만한 내적 에너지를 전달했으며, 특히 누운 자세로 구성한 민들레 중앙에서

하늘거리는 손동작에 스포트라이트를 집중하여 외부적 압제에도 굴하지 않고 재생, 부활하는 꽃 이미지를 통해 민중적 관심에서의 진보적인 세계관을 전달한 끝 장면은 지속적인 희망의 가능성을 제시해주었다."

–허영일, 『객석』 1989년 6월호

"임학선무용단의 〈민들레 왕국〉은 전통무용의 기량으로써 작품 만들어내기에 성공한 케이스였다. 의식이나 내용의 생경함이나 고답함보다 우선 무용작품은 무엇인가 말하려는 세계가 선명해야 한다는 것을 제시한 〈민들레 왕국〉은 민들레의 고난과 끈질긴 생명력의 표출에 형상력을 집중시키고 그 점에서 우리의 시선을 끌었던 것이다. '뿌리'에서 뻗어 오르는 생명력과 '꽃씨'로 흩어져 나르는 자유와 해방에 이르기까지 손끝과 팔의 유연한 선 만들기는 인상적이었다.

만약에 이 작품이 한 시간짜리 길이로 늘어났으면 하나의 작품으로 성공할 수 있었을까. 분명히 그 대답은 부정적이기 때문에 나는 한국 창작무용이 무용극이 아닌 한국무용제전의 〈민들레 왕국〉보다 더 압축한 현대춤작가 12인전의 〈민들레 왕국〉이 더 선명하고 좋았다고 체험에서 나오는 말이다. 이 작품에서는 특히 남성 3인무의 위협적인 동작이 박진감 있게 펼쳐지고 무대 위에 전개되는 방위가 극적인 효과를 거두었다."

–이상일, 『음악동아』 1989년 6월호

"임학선은 1980년대 후반에 접어들면서 공동의 객관적 현실에 적극적

으로 개입하려는 의지를 보여주게 되는데, 바로 〈민들레 왕국〉 등을 통해 현실 삶에 대한 세심한 관찰과 인식의 깊이를 드러낸다. 이 작품들은 주제 선택과 형식 창출에 있어 객관화에 성공함으로써 임학선의 작가적 기질과 진실성을 엿보이게 하는 동시에 작품세계를 한 단계 끌어올리는 데 일조한 작품들이다. 이를테면 온갖 고난과 역경 속에서도 굽힘이 없는 끈질긴 민족성을 그린 〈민들레 왕국〉, 하나뿐인 지구의 생존과도 관련 있는 환경오염 문제를 다루어 이에 대해 경각심을 일깨운 〈흰 새의 검은 노래〉, 여자의 고단한 삶의 여정을 인내와 사랑으로 극복해 감으로써 춤의 페미니즘을 주창한 〈마음꽃〉 등 이제 임학선의 작품성향은 역사·민족 또는 '오늘·여기'의 문제와 연계되면서 폭넓은 주제와 만난다. 이렇듯 오늘의 삶에 문제의식을 제기하면서 보다 현실에 대한 인식의 지평을 넓혀 나가고 있음을 읽는다."

—성기숙, 『객석』 1996년 4월호

90년대 들어 임학선이 〈민들레 왕국〉에 이어 〈흰 새의 검은 노래〉(1991) 등을 안무하게 된 것은 성기숙의 지적대로 민족, 역사관 개입과 무관치 않다. 〈마음꽃〉(1993) 등도 여기에 해당된다.

"이라크와 다국적군 간의 전쟁에서 우리를 경악케 한 것은 기름 방류로 인해 새들이 죽어가는 사실이었다. 자연에서 태어난 인류는 자연을 갉아먹고 있다. 공해 문제는 걸프전만이 아닌 우리 현실 앞에 놓인 문제이다.

임학선 안무 〈흰 새의 검은 노래〉 4장 바다 풍경에서 첫 장, 검은 망루에 흰 새(임현선)가 고립되어 있다. 바다를 향해 등 돌린 실루엣들, 무대 앞쪽 바닷속에서는 거북이도 숨쉬기 힘겹다. 그 바다 생물들의 초록과 보라색 천을 레이스 식으로 잇댄 정선 의상이 아름답다. 새들의 머리에도 흰 레이스 벼슬을 강조했다. 자연 훼손 고발이 이 춤의 주제인데, 춤은 매우 서정적이다. 밧줄로 엮은 바다의 무공해 영역은 점점 좁혀지고 기름통 아래 새들이 깔리듯(임현선은 그 기름통 위에서 퍼덕인다) 죽음이 만연한다. 공해 소설, 공해 시에 이어 공해 춤의 등장을 의미한다. 새들의 낙원은 검은 덧옷이 암시하듯 오염되고 황폐화되어간다. 임진옥林珍玉의 음악은 죽음의 바다를 긴 호곡號哭으로 풀고 다진다. 네 마리 새들(김재득 외 남성 4인무)의 안간힘, 장송곡풍으로의 풍경의 전환(안무자의 시각), 흰 새의 죽음의 솔로, 5장에서 위험수위 경계선의 잠식 등 삶의 의표를 찌른다.”

–김영태, 『춤』 1991년 6월호

“창무회 초창기 멤버이기도 한 임학선의 안무작업은 근래에 들어 더욱 주목을 받고 있다. 그것은 그녀의 1980년대 안무작인 〈인다리〉를 위시해 〈민들레 왕국〉 같은 작품들이 정갈하고 고도로 응축된 춤의 동작, 그리고 창작춤이 자칫 범하기 쉬운, 너무나 짙은 주관적 감정(이것은 전통에 대한 외경, 무巫에 대한 경외심과 연관이 된다)에 춤이 함몰되는 것을 경계하는 그녀의 춤 구성력 때문이다. 여기에 임현선의 연기력이 첨

가되어 임학선, 임현선의 공동작업은 주제에서뿐만 아니라 그 구성이나 춤동작에 있어서도 비교적 관객이 쉽게 읽을 수 있는 '춤의 객관성'을 보여주었다.

걸프만 사태 때 보여졌던 한 텔레비전의 충격적인 영상, 기름에 의해 오염된 바다에서 온통 검은 기름투성이가 된 한 바닷새의 절망적 퍼득거림에서 영감을 받은 이 작품은 바다와 새의 이미지, 오염의 이미지를 비교적 쉽게, 그리고 성공적으로 전하고 있다.

1장 어머니의 바다, 2장 검은 달의 바다, 3장 죽음의 바다, 4장 아침의 바다로 구성된 이 작품은 흔히 창작춤에서 보는 3분법적 춤전개법(탄생-생의 고투-제시적 환원 등)을 극복하고 있었고, 해변의 암벽을 상징하는 듯한 검은 직사각형의 수직적 물체, 샤막을 이용한 무대 조명의 명암(검은 샤막이 쳐질 때면 그것은 갑자기 무대가 검은 오일에 오염되는 듯한 인상을 주었다) 그리고 검은 드럼통, 부표를 상징하는 밧줄, 연막을 이용해서 해변의 이미지와 해양을 검은 오일의 오염으로 몰아넣은 전환, 그 속에서 생명이 촌각에 몰리는 생물군의 존재를 바닷새의 이미지를 빌려 부각시키고 있다. 춤의 움직임과 관련해 이 작품은 〈인다리〉, 〈민들레 왕국〉에서처럼 고도로 응축된 시적인 신체 이미지(〈인다리〉의 경우에는 무릎을 꿇고 앉은 인체가 겹겹이 얽혀 이승과 저승을 연결하는 교각을 만들게 되고, 〈민들레 왕국〉의 경우는 꼼지락거리는 손가락 움직임으로 지열 속에서 식물이 자라 오르는 듯한 다소 최면적인 움직임을 보여준 것과 같은)의 구축은 없었지만, 대신 검은 수직형의 물체 위에서 손

과 목의 움직임을 사용해 끊임없이 새의 움직임을 표출해내고 있었던 임현선의 춤, 녹색과 연보랏빛의 물결과 같은 이미지를 자아냈던 군무진의 환상적 움직임, 그리고 3장에서 검은 드럼통이 수평으로 구르며 무용수들이 그 위를 굴러 등 뒤로 무대에 닿아 눕던 움직임들은 소도구와 신체의 움직임이 부드럽게 얽혀 이 작품의 창의성을 높여주었던 부분이다.

그리고 붉은 점막이줄로 상징된 부표를 중심으로 김재득, 정성훈, 강승구, 박종삼과 같은 남성 춤꾼들의 큰 신체 움직임과 그 반대 방향에 있었던 여성 군무진의 꿈틀대고 버둥거리던 움직임은 좋은 대조를 이루었고 문명과 자연, 대륙과 해양, 공격하는 자와 피해자 간의 이원적 대립관계가 사실은 '하나의 끈' 사이로 꿈틀대고 있었던 것은 오늘날 지구촌 위의 인간의 삶을 극명하게 상징하고 있던 장면이었다.

좋은 안무자나 좋은 연기자란 대단히 심오한 주제를 다루거나, 알기 어려운 방식으로 춤을 전개하지 않는다. 더더구나 애매모호하게 춤 주제나 동작을 얼버무리지도 않는다. 그는 누구에게나 이해될 수 있는 주제나 소재를 가지고, 명징한 표현으로 관객들에게 다가가는 것이다.

임현선이 높은 검은 상자 위에서 부각시킨 새 이미지는 구체적이면서도 둥지에 꿈을 준다. 그 새는 이제 인간이 사는 해변으로 돌아가기에는 너무나 외롭고 고고해 보인다. 마치 한 줄기 빛의 기둥 속에 새가 있어 보인다. 임학선의 극장춤 연출은 그런 꿈의 포장과, 그 꿈을 시각적 이미지로 구체화시켜 나가는 설득력 있는 춤의 전개에 그 매력과 힘이 있다."

–김태원, 『객석』 1991년 6월호

춤 소재 확장과 태극구조 춤원리

김태원은 〈민들레 왕국〉, 〈나무비〉에서 드러나고 있는 임학선 작품의 장단점을 발견했다. 그가 발견한 단점은 시작과 끝부분은 강하지만 그 중간 전개 부분에 있어 춤 구성력의 미약이며, 장점은 〈나무비〉에서 여성무가 지닌 마사 그레이엄의 〈원시적 신비〉에서와 같은 강도의 단순함, 강하고 반동적인 힘을 말한다. 무용평론가 문애령은 〈마음꽃〉에 대해 '예쁨과 고통스러움'이 공존한다고 썼다.

> *"인내의 미학을 강조한 임학선무용단의 〈마음꽃〉은 예쁜 춤과 고통스러운 춤을 양립시킨 작품이다. 임학선 작품에는 항상 명확한 기승전결이 있다. 이번 작품을 보며 느낀 것도 야무진 며느리의 인상이었다. 한국춤의 극화 과정에서 보이는 재치 있는 구성과 진지한 움직임의 연구가 병행되는 동안 한 점 빈틈이 없기 때문이다. 즉 구속 안에서의 창작을 어느 한쪽으로도 기울지 않게 진행시키는 능력을 보여준다. 주인공인 한 여인에게 일어날 수 있는 사건들을 소재로 한 이 작품은 신방을 꾸민 신부, 시집살이의 험난함, 인내로 피어난 마음꽃을 연결시킨다. 부드러운 실과 천에 강한 바늘이 꽂혀 마음속에 피어나는 꽃이야말로 한국 여인이 사는 모습이라는 것이 안무자의 생각이다. 그래서 '자신의 삶을 지키려는 씨줄과 타인에 의해 삶이 지배되는 날줄'이 만드는 매듭이, 고통과 그 매듭을 풀어내는 어머니의 숨결이 이 작품의 주체가 되는 셈이다.*
>
> *한국 전통의 틀을 고수하면서 새로운 기료를 시도한 〈마음꽃〉에는 환란*

을 감지케 하는 천의 회전과 군무진의 움직임을 통한 강한 암시력이 담겨 있었다. 이러한 움직임에 대한 연구는 모든 안무자가 염두에 두어야 할 좋은 본보기였다. 주역을 맡은 임현선은 여러 분위기에서의 춤을 무난히 이끌어 연기상을 수상했다."

–문애령, 『무용예술』 1992년 12월호

성기숙은 〈민들레 왕국〉(희생적 식물 이미지를 배합한 민초들의 생명력)부터 〈마음꽃〉으로 이어지는 춤 소재를 일상적인 주변에서 찾던 것에서 보다 넓은 세계로 향하는 의식의 확장으로 보았다. 〈마음꽃〉은 희생과 고통의 굴레에서 헤어날 수 없는 운명을 끌어안고 살아야 하는 여성의 오과 정서의 수용으로 진단했다.

1991년 임학선이 서울예술단 무용감독으로 부임하면서 〈고구려의 혼〉(1994)을 안무했을 때, 성기숙은 "고구려 고분벽화의 내용을 원형대로 재현해놓는 것이 아니라 오늘의 시각으로 재해석하여 국제화 시대에 대비한 문화상품으로서의 가능성 제시"에 주목했다(「임학선론」 중에서)

"임학선 안무 〈고구려의 혼〉은 고구려 문화를 그 자체로만 파악하지 않는다. 예를 들어 무용총의 춤 모양새, 당대에 있었을 법한 생활 동작들을 후대의 춤동작과 함께 무대화시켰다. 한국 문화의 원형에 대해 접근하는 추세를 대변하고 있는 셈이다. 그럼으로써 굳이 고구려 시대의 움직임이 아니더라도 무예처럼 민족 전래의 동작재료들이 재조명되는 효과를 보고, 나아가서 춤의 여성 취향 극복도 기대한다. 무용극의 짜임새

를 취한 〈고구려의 혼〉에서 고구려 벽화를 묘사한 장치와 수많은 집단무는 역시 서울예술단이 추구해온 스펙터클한 영상미가 주도적인 미적 범주임을 나타낸다. 그런 영상미가 고구려에 대한 표상과 어우러질 가능성은 매우 높았다.

그러나 중극장 무대 규모의 물리적 조건 속에서 소화되기에는 많은 제약이 뒤따랐다. 가령 전쟁 전에 사기를 충천케 하는 북과 바라 대형이 나타낸 장엄한 효과가 계속해서 유지되지 않았다. 그것은 협소한 공간 조건 탓도 많았다.

다시 말해, 무용극이라면 파노라마 차원의 전시보다 춤, 그리고 극을 집약하는 서술구조를 우선 고려할 필요가 있는 것이다.”

–김채현, 『문화일보』 1994년 12월 10일

광복 50주년을 맞아 공연된 〈비무장지대에 서서…〉(1995)는 풀잎의 시선을 통해 비무장지대를 여행하는 과정을 그린 춤 여행이다. 무용평론가 이종호는 ‘서정극무용’으로 분류했다.

“임학선 안무 〈비무장지대에 서서…〉는 한 공연물로서의 성과를 논하기에 앞서 우선 새로운 형태(새로운 형태나 양식이라고 하기에는 무리가 있지만)의 무용무대를 시도했다는 점에서 눈길을 끌었다. 비무장지대의 의미를 거기에 존재하는 풀잎들의 시선(결국은 인간의 시선)을 통해 확인하고 규정하려 했던 이 작품은 처음과 끝이 있는 구체적인 이야기 줄

거리를 깔지 않았다는 점에서 흔히 무용극이라 불리는 것들과는 성격이 다르다. 그보다는 정서적인 측면이 강하지만, 그렇다고 해서 순전히 감정의 굴곡만을 따라다니는 춤은 결코 아니다. 여섯 장면으로 나누어 비무장지대라는 특수한 공간에 대해 분명 끊임없이 말하고 있기 때문이다. 장면들은 필연적인 인과율로 서로 맺어지기보다는 반쯤은 옴니버스 형식을 취하면서 편안하게 각자 다른 느낌과 양태를 풀어간다. 이렇듯 서정적인 분위기를 유지하면서도 전체적으로 일관된 세계를 맴돌고 어루만지며 내면의 드라마를 전개하려 한 이 작품에 달리 붙여 줄 명칭은 아직 마땅하지 않다. 일단 '서정극무용'(?)이라고 조어造語해 보면 어떨까. 물론 이는 하나의 새로운 양식이나 형태를 지칭하는 용어로는 부적합하며 앞으로 이런 투의 작품들이 계속 나와 하나의 독특한 무리를 이루어 줄지는 미지수이다. 하지만 적어도 〈비무장지대에 서서…〉와 같은 작품의 특징을 규정하기에는 시험적으로나마 쓸모 있을지 모른다. 여기에 출연하는 무용수 스물여덟은 모두 풀잎이다. 따로 주역 없이 군무 흐름을 중심으로 진행되는 이 작품에서 그들은 양옆과 뒤쪽으로 비스듬히 올라간 회색 바닥, 희미하게 철조망에 그려진 반투명 뒷막을 배경으로(연출 김석만) 특수공간의 제한성을 강조하면서 그 안에서 일어나는 갖가지 국면과 심리상태에 처한 풀잎 이미지에 질적인 변화가 가해진다. 넓은 원조명 속에서 천천히 흔들리는 군무(바람에 흔들리는 풀잎들의 움직임결), 쳐든 팔과 꺾인 손목의 각도 변화로 표현되는 풀잎들의 몸짓에서 보이듯 손과 팔은 시종일관 중요한 역할을 한다.

(중략)

타악과 인성을 자주 쓰면서도 상당 부분을 신시사이저에 의존한 홍동기와 신혜영의 음악은 가끔 춤과 멀어질 때도 있지만 종종 재치있는 리듬으로 신선한 의외성을 돌출시킨다. 이미현의 의상은 안감은 소창, 겉은 명주 실크로 처리하면서 남자 의상에는 가장자리에 얇은 망사를 덧대 풀의 질감을 살렸으나 엷은 녹색이 조명에 제대로 살아나지 못하는 아쉬움을 남겼다.

특이한 주제는 물론, 시각의 새로움이나 양식의 남다름에서도 의욕적인 시도라고 해야 할 이 작품은 그러나 전체적으로 다소 성급하게 만들어진 듯한 인상을 남겨, 충분한 시간을 갖고 다시 한번 차분히 다듬을 필요를 느끼게 한다."

–이종호, 『무용예술』 1996년 1·2월호

"서울예술단 25회 정기공연(1995년 11월 29~30일, 문예회관 대극장)은 임학선 안무, 김석만 연출 〈비무장지대에 서서…〉이다.

남과 북의 이념이 첨예하게 대립되고 있는 비무장지대는 군사경계선이 되어가고 있다. 남북 간의 보이지 않는 힘이 대치하며 우리는 북쪽에 대해 상호 만남과 교류를 제시하지만 저들은 냉담하다. 남북 간 회의도 생트집으로 끝나기 일쑤이다. 비무장지대는 그러므로 위장된 평화 속에 풀들만 자라고 있다.

〈비무장지대에 서서…〉에서 관객들이 공감할 수 있는 세 개의 풍경으

로 버려진 땅에 자라나고 둔덕이 진 경사 무대에서 구르는 풀잎들(인체), 변주가 약한 게 흠이지만 분단 현실을 통탄하며 풀잎들로 하여금 비극의 현장을 각성케 하는 신혜영의 음악, 남수정의 솔로가 돋보이는데 이번 신작에서 예술단 신인들을 과감하게 기용한 임학선의 현장 재현이다. 비무장지대에는 흩날리는 풀잎들만 있는 게 아니다. 철책으로 의인화된 남성들의 춤(6인무)이 있고, 풀잎들과 합세한 그들의 함성이 있다. 비무장지대에는 헐어버리지 못하는 남과 북 대결의 긴장, 자연의 적막감이 물밑으로 흐르듯 버려진 땅에 몸부림이 있다. 현장을 여러 번 답사한 임학선의 풀잎 이미지는

풀이 눕는다
비를 몰아오는 동풍에 나부껴
풀은 눕고
드디어 울었다
날이 흐려서 더 울다가
다시 누웠다
(중략)
바람보다 늦게 누워도
바람보다 먼저 일어나고
바람보다 늦게 울어도
바람보다 먼저 웃는다

라는 김수영의 시 「풀」처럼 누워 있던 풀잎들이 노란 수건을 휘날리며 바람보다 먼저 일어나고, 바람보다 먼저 웃을 때(미래 땅을 향한 축복), 춤 후반 풀잎들이 자신들을 불태우는 몸신(타고 남은 재는 다음 세대를 위한 비료이다)은 '춤의 함성'답다.

〈비무장지대에 서서…〉는 연출가 김석만의 말대로 '자연 속에 감추어진 힘'을 역사적 현실을 직시하는 살덩어리로 그 아픔을 한번 '만져보는' 잊혀진 땅의 육성이었다. 풀잎들(12인무) 위로 하염없이 하염없이 눈이 내리지 않던가."

—김영태, 『춤』 1996년 1월호

무용평론가 김경애는 〈비무장지대에 서서…〉를 임학선의 안무 수작으로 보았다.

"서울예술단이 오랜만에 춤작품을 공연하였다. 뮤지컬을 본체로 하는 이 예술단은 내가 알기로 매년 연말 순수무용작품 대작을 올리고 있다. 금년 작품은 박희준 극본, 임학선 안무였다. 이 작품의 특성은 한마디로 집단무이다. 안무자와 연출자는 공히 풀잎의 시선을 따라 비무장지대를 여행하는 과정을 만들었다고 말한다. 이 말을 그대로 해석하면 출연 무용수들 군무는 풀잎춤이다. 안무자는 풀잎에 정서이입을 해서 오늘의 비무장지대의 의미, 현실을 형상화한 것이다. 같은 맥락에서 이 작품은 임학선의 다른 안무작 〈민들레 왕국〉을 떠올리게 한다. 민들레 꽃잎을 통해

현실을 표현했었다.

이 풀잎들의 춤은 여섯 장면으로 되어 있다. 무대는 비스듬히 아주 완만한 경사로 뒤쪽을 올렸고 회갈색이 주조를 이룬다. 움직임은 임학선 작품의 개성인 둥그런 곡선으로 역시 완만하다. 첫 장은 소박한 풀잎들의 춤, 그저 자연의 일부인 들이 바람 부는 대로 천진난만하게 움직인다. 자연속의 낯선 소재의 등장, 그 경이감과 호기심, 동경이 한꺼번에 몰려든다. 우리의 눈으로 보면 분단된 현실이다. 감시자를 피하려는 풀잎들의 춤, 마침내 혼란이 겹겹이 되는 춤은 거칠고 긴장되어 있다. 그리고 다시 돌아오는 풀잎들의 일상… 자연은 그대로 있고, 작품은 뚜렷한 기승전결을 이룬다. 작품 제목 〈비무장지대에 서서…〉라는 무거운 주제를 서정적으로 시작했으면서도 할 말을 다했다는 것이 특이하다. 매끄러운 진행과 무리 없는 춤으로 임학선의 작품 특징을 잘 살린 수작이었다."

–김경애, 『춤』 1996년 11월호

"안무자 임학선의 「비무장지대로 향한 긴 여행」이라는 글 중에 철새들과 풀잎들이라는 대목이 눈길을 끈다. 한국춤이 자연의 모습을 이처럼 서정적으로 그려낼 수 있음을 일찍이 알지 못한 것이 새삼스럽다. 새로움을 만들어내는 능력은 아주 사소한 발견에서 시작된다는 사실을 〈비무장지대에 서서…〉가 공연되는 동안 또 한 번 생각하게 되는데, 바로 이 매력이 예술행위가 반복되는 원동력이 아닌가 싶다. 이번 무대는 서정적 환상이 부각되면서 바람에 날리는 풀잎들만 무성한 비무장지대 풍경을 그

러냈다. 풀잎들의 이동을 보면서 관객은 나름대로의 사건을 그 안에 집어넣어볼 수 있어 편안하고 가끔 의미 있는 상념에도 빠져들 여유를 느낀다. 이 분위기는 총체적인 무대행위의 조화로 이뤄졌는데 풀잎 같은 춤사위, 바람 같은 의상, 언덕 같은 무대, 공허한 외침 같은 음악이 '상념'을 유발할 정도로 조화를 이뤄낸 보기 드문 경우였다. 풀잎들은 날리며 경사진 무대를 종횡무진 누빈다. 이러한 판타지는 그 배경이 비무장지대였기에 보다 명확하고 절실하게 다가왔다. 얇은 천으로 뒷부분을 늘어뜨린 이미현의 의상이나 무대 오른쪽 입구를 경사지게 꾸민 손호성의 미술을 통해 춤무대를 위한 타 장르의 연계적 중요성이 부각된 흔치않은 무대였다. 다만 중반에 삽입된 정형적 구도(남성들의 등장)의 의미는 사유로움에 역행하는 이상의 효과를 보지 못해 모처럼의 아름다운 판타지가 단절되는 아쉬움을 초래했다. 서울예술단 체제에 대해 아는 바가 없지만 이번 공연을 통해 본 무용단 수준은 순수 직업무용단을 능가하는 것이었다. 고른 기량과 세련된 매무새를 갖춘 단원들 춤사위가 단정하고 깨끗하게 풀잎 이미지를 보리라고는 예상하지 못했던 만큼 〈비무장지대에 서서…〉가 던진 의미는 신선한 아름다움으로 남아 있다."

–문애령, 『무용예술』 1996년 1·2월호

무용가로 입문한 초창기 임학선은 무속이라는 우리 문화의 근원적, 원형적 탐색에 몰두했다고 성기숙은 「임학선론」에서 밝힌 바 있다. 성기숙의 추적에 의하면 임학선의 10여 년 무속 현장에서의 체험(관찰)이 「진오귀굿의 무당춤에 대한 고찰」

을 쓰게 했다. 그 후 〈나무비〉(1992), 〈천도〉(1994), 〈고구려의 혼〉(1994), 〈비무장지대에 서서…〉(1995) 안무를 끝내고, 〈태극구조기본춤〉(1998년 시범) 및 춤이론을 정립했다. 호흡기법 고안이 1997년에 정립되었고, 1년후에 태극구조의 기본 이론이 집대성된 것이다. 1998년은 임학선 춤작가 데뷔 20주년 기념무대를 가진 해이기도 하다. 「태극구조의 기본춤 연구」는 「명무 한성준의 춤구조 연구」(1997), 「한국민속춤의 구조 연구」(1997), 「춤구조 표기법」, 「한국춤동작의 기본구조와 원리」(1998) 등이 종합 망라된 임학선의 우리춤 연구, 학구적 자세의 결실이다(태극의 원리를 적용하여 12단계로 고안된 몸다림춤, 임학선 논문 참조). 〈태극구조기본춤〉 시연은 임학선 작가 데뷔 20주년 무대에서 초연되었다.

무속주제의 춤집

> *"임학선의 춤 20주년 기념공연(1998년 11월 28일 문예회관 대극장)에서 1980년대 작품들과 조우한다. 〈도르래〉(1981), 〈새다림〉(1983), 〈마음꽃〉 (1992)을 보면서 그 정갈함이 감회에 젖게 한다. 특히 〈새다림〉에서 (〈인다리〉도 그렇지만) 무속을 소재로 택한 것은 그가 지향했던 춤집의 창의성이라 할 만하다. 무속 주제들 이후 〈민들레 왕국〉, 〈비무장지대에 서서…〉 등에서 현실 발언이 대두되었지만, 박사학위 논문을 춤으로 실증한 〈태극구조기본춤〉(성균관대 재학생들 출연)은 점·선·원의 반복구조를 우리춤 기본원리에 적용시켜본 시범이자 학구적 자세였다. 들숨·날숨·멈춤의 호흡구조로 형성되는 그 춤틀의 구체화, 춤본 유형은*

「명무 한성준의 춤구조 연구」에서 터득한 것들이었다. 흰 깃발이 바위 등걸에 꽂혀 있는 〈새다림〉 무대는 제주 무속굿에서 영감을 얻은 부정을 푸는 부정놀이이다. 태극구조의 틀 속에 몸을 던졌던 15년 전 임학선 춤태나 오늘의 임학선 독무가 원숙해진 것밖에 별 차이가 없다. 〈도르래〉에서 관람객들은 춤 도중 끊어질 듯하다가 다시 이어지는 남정네 창唱과 만난다. 그 소리는 오묘하다기보다 애간장을 태운다. 마치 바이올린 G현을 튕기는 것 같은, 아니 가야금 높은 음을 손가락으로 비벼 끊는 것 같은. 〈새다림〉에서 임학선의 소복은 기旗를 태워 재를 날리는 부정풀이 응어리들을 전송한다. 춤 행간의 창은 일도양단 폐부를 도려내는 먼 울림으로 다가온다. 멀리서 가까이 와 실을 헤집는…. 〈새다림〉에서 임학선은 신들린 무당이라기보다 차가운 냉수였다. 20년 전에도 나는 그런 그의 춤 품격과 만났었다. 〈마음꽃〉은 신혜영의 산조풍 속에 임현선이 수실로 놓여진다. 실과 천 이미지가 중첩된다. 〈마음꽃〉에서 우측, 하찮은 실들의 몸뒤챔은 시각적 율동의 겹침, 이완의 경지에서 만나는 창작춤의 드문 몸서리였다, 마치 얼음조각 같은…. 임현선의 춤은 관록을 보탰다. 천안의 옷이 벗겨지고 내동댕이쳐진 임현선의 수실의 비애, 그것은 우리들 마음밭에 던지는 여성의 면죄부였다."

–김영태, 『춤』 1999년 1월호

김태원은 임학선의 20주년 공연에서 〈태극구조기본춤〉을 김영희의 〈호흡기본춤〉, 윤덕경의 〈기본무〉와는 다소 다른 특징을 가졌다고 썼다(임학선 〈태극구조기본춤〉의 기능성의 결합은 구체적인 춤 동작에 있어 점·선·원의 원리에 입각, 응축될 때와 이동하면서 이완해서 움직이게 될 때 거기에 따른 동작들이 따라붙게 된다. 우리춤이 평면적인 춤짓이 적지 않은 데 비해서 임학선의 기본춤 회전이 돋보이면서 춤의 방향이 자유스러운 것).

성기숙은 〈태극구조기본춤〉은 임학선이 줄곧 추구해온 전통에의 깊은 관심에 의한 결실이자 그녀의 또 다른 변신을 위한 매개적 계기가 될 것으로 내다보았다.

임학선의 춤자료집 『여유와 극복의 춤새김질』(작가론·공연평·화보·작품 연보/현대미학사)이 출간된 것은 1999년이다.

임학선의 춤 외길 인생은 50대로 접어들면서 대학(성균관대)에서 후학들을 가르치고 1999년에 부임한 서울시무용단장으로 그의 후반기 활동이 예고되고 있듯이, 그리고 평론가 박용구의 말대로 '우리춤의 상투성을 조형감각으로 넓힌 안무력과 학구적인 자세, 빛, 춤 표현의 확대'를 주지하게 된다.

필자는 「춤 20년 역사의 풍경화」(서평)라는 글을 임학선에게 주었다.

"임학선 교수가 1978년 무용계에 데뷔해서 20년간 외길을 걷다가 『여유와 극복의 춤새김질』이란 책을 출간했다.
임 교수는 20년간의 세월을 '여행'에 비유하고 있다. 긴 춤 여행을 떠났다가 다시 원점으로 돌아와 있다는 그의 인사말이 그것을 말해준다. 이 말은 나에게 소박하게 들린다. 자신의 춤 이력 및 작품에 대한 평가를 과대 포장하는 요즘 추세에서 그렇다.
책을 출간한다는 것은 세상에 태어나서 자기가 한 일을 '정리'해보는 의

미가 있다. 인걸은 떠나도 그가 쓴 책은 남는 것이 우리가 살아왔던 그 시대의 풍경이다. 책을 내면서 어떻게 자기를 정리하는가도 책 내는 사람의 성품을 대변해준다. 무용가 중에 임학선 교수만큼 본인에 대한 자료를 수집한 경우도 드물다.

1988년 올림픽 폐회식〈떠나가는 배〉(협동안무) 같은 경우(그때 임학선은 태극선으로 이러지는 오작교를 연출했었다) 잠실 주경기장 피날레 춤 상황이라든가, 1985년 내가『객석』에 연재했던 무용가 프로필 등이 빠짐없이 스크랩되어 있었다. '자료는 현장'이고 그 현장이 곧 춤문화라는 것을 다른 무용가들은 등한시하는 것 같다.

그런 의미에서 임학선 교수의 이번 저서는 그가 평소 천착했던 연구논문「굿」에서 〈태극구조기본춤〉까지를 비롯해 안무론, 춤기행, 평론가가 본 임학선론, 20년 공연평 및 대담, 연보까지 방대한 분량으로 임학선 교수의 춤 1기를 총망라했다.

중요한 논문들을 영역해서 같이 실었고, 전통춤과 창작춤 사진을 곁들였으며, 댄스 매거진에 게재되었던 기사 등 화보도 첨부했다.

임학선 교수의 춤 여행은 이 책을 출간한 후 이제부터라는 생각이 든다. 그의 50대 춤 2개의 삶은 창작 및 교육의 텃밭을 일구는 것이다. 임학선 교수의 '남다른 생'의 편린들과 만나보는 지름길이 이 방대한 저서이다."

김영태(金榮泰: 1936~2007) 1959년『사상계』로 문단 데뷔. 시인, 화가, 무용평론가로 이름을 알렸다. 1969년부터 무용평을 시작하였으며,『갈색 몸매들 아름다운 우산들』(1985),『막간』(1987),『저녁의 코펠리아』(1988),『멀리서 노래하듯』(1995),『아무것도 아니지만 우리는 있다』(2002) 등의 평론집을 비롯하여『유태인이 사는 마을의 겨울』(1965),『핀지 콘티니 家의 정원』(1993),『풍경을 춤출 수 있을까 1』(1996),『풍경을 춤출 수 있을까 2』(2005) 등의 저서가 있다.

임학선
연보

활동 사항	연도	작품·논문
출생 및 초등학교	1950 ~ 1962	충남 천안시 병천면 봉항리 출생 서울 북성초등학교 입학 및 졸업
14세 무용 입문, 상명여중 입학 및 졸업	1963 ~ 1965	상명여중 무용반 특별활동(무용교사 이숙자)을 통해 무용에 입문 상명여중예술제(서울시민회관 대극장) 및 다수 공연 출연
이화여자대학교 무용콩쿠르 중등부 개인부문 1등 수상		참가작 〈즉흥무〉(이숙자 지도) /이화여대 대강당
(사)한국무용협회 제2회 전국 아동 및 중고등학생 무용콩쿠르 중등부 차석상 수상		참가작 〈즉흥무〉
수도여자고등학교 입학 및 졸업(1966~1968)	1966 ~ 1968	수도여자고등학교 예술제(무용교사 김정자) 및 다수 공연 출연 /상아당
이화여자대학교 무용학과 입학 및 졸업(1969~1972)	1969 ~ 1972	무용학과 작품발표회 및 월례발표회 안무 및 출연 /이화여대 대강당, 명동예술극장, 무용학과 홀 졸업작품 〈속죄〉 안무 및 출연 /이화여대 대강당 대학 재학 시 유인희, 최현, 한영숙, 김천흥, 김매자에게 궁중춤, 민속춤, 창작춤을 공부함
김매자 무용발표회 출연(1972~1983)		〈비단길〉, 〈불꽃일 줄도 몰라라〉, 〈침향무〉, 〈강산무진〉, 〈한오백년〉, 〈용신굿〉, 〈사금파리〉, 〈사물〉 등 출연
이화여자대학교 총동창회 주관 미국 순회공연 EWHA Benefit Concert	1973 ~ 1974	음악(이규도, 안희복, 이영애), 무용(정은수, 임학선) 합동 콘서트 하버드대학, 하와이대학, 뉴욕, 뉴저지, 클리블랜드, 워싱턴, 시카고, 샌프란시스코, 로스앤젤레스 등
이화여자대학교 대학원 입학		석사과정에서 라바노테이션(주디 벤자일 교수) 및 악학궤범 원전(장사훈, 김천흥) 등의 강의를 접하며 무용학에 관심을 갖게 됨
무속 '굿' 현장조사 및 연구		박수 이지산에게 무속춤을 공부함, 한국춤 뿌리 찾기에 관심을 갖게 됨
한민학회 회원 활동	1975	한국학 전공의 연구단체로 인문학과 예술에 대해 연구함 유동수(회장), 조흥윤, 한만영, 이보형, 채희완, 김상보, 임학선 등
이화여자대학교 대학원 졸업 석사학위 취득		석사논문: 진오귀굿의 무당춤에 대한 고찰 – 이지산을 중심으로 (무속춤 최초 논문)
신인무용가 데뷔 국립국악원 주최 제1회 신인무용발표회		황무봉류 산조춤 출연 /국립극장 소극장
불교의식무용 사사		송암 스님으로부터 나비춤, 바라춤, 법고 등 불교의식 무용을 공부함
서울국악예술학교 강사		
창무회 창단 및 초대회장 취임(1976~1984)	1976	이화여대 한국무용전공 졸업생들의 동인 단체로 한국창작춤 활동을 함 창립회원: 임학선, 장푸르메, 이민숙, 이주경, 위정희
한민학회 주최 제1회 이지산 무의식발표회		경기도 '천신맞이굿' 출연 /국립극장 소극장
이화여자대학교 강사(1976~1983)		

활동 사항	연도	작품·논문
한국 전통무용 사사	1976	한영숙에게 한성준류 〈승무〉를, 김숙자에게 경기 〈도살풀이춤〉을 사사함
유럽 세계민속무용페스티벌 참가 순회공연 봉산탈춤보존회(단장 이두현)	1978	벨기에, 네덜란드, 프랑스, 독일, 스웨덴, 룩셈부르크, 덴마크, 모나코, 이탈리아, 스페인, 루마니아 등 순회공연, 김선봉, 윤옥에게 봉산탈춤을 공부함
문화체육부 지원사업 제1회 창무회 무용발표회 및 임학선 춤작가 데뷔		〈거미줄〉 안무 출연: 임학선, 임현선, 김제형, 한진섭, 최인권, 조수동 /세종문화회관 소극장(초연) 황무봉류산조춤 출연
제9회 동아무용콩쿠르 동상 수상	1979	참가작: 한영숙류 〈승무〉
서강대학교 강사(1979~1983)		
이화여자대학교 무용학과 강사(1980~1983)	1980	
제2회 창무회 무용발표회	1981	〈도르래〉 공동안무 출연: 임학선, 임현선, 최은희, 이노연, 황인주, 김명희 〈소리·사위〉 공동안무 출연: 임학선, 임현선, 김기섭, 최은희, 이혜순, 윤덕경, 김명숙, 이노연, 김명희, 김영희, 손정희, 황인주 /세종문화회관 소극장(초연)
제3회 대한민국무용제		〈고시래〉 안무 출연: 임학선, 임현선, 이혜순, 김명숙, 최은희, 이노연, 한명옥, 김영희, 손정희, 이윤자, 황인주, 박영애, 이성규, 이상명, 송기채, 차상배 /문예회관 대극장(초연)
(사)한국무용연구회 이사 취임 및 각 지역 전통춤 연구		초대이사장: 김매자 창립이사: 김정녀, 손진책, 채희완, 정재만, 임학선 감사: 김영동, 이상봉 매년 무용여름학교와 지도자강습회 등을 통해 각지역의 전통춤을 현장 조사하고 연구함
제1회 한국무용연구회 학술심포지엄 논문 발표		논문: 한국무용의 연극적 요소
(사)한국무용연구회 주최 한국무용 용어 통일을 위한 세미나 『한국 전통무용 용어 및 춤사위 연구』	1982	〈소고놀이〉 춤사위 연구
(사)한국무용연구회 창립 1주년 기념공연		〈춤 그 신명〉 공동안무(김매자, 김정녀, 정재만, 임학선, 채희완) /국립극장 소극장(초연)
제3회 창무회 무용발표회		〈고시래〉, 〈도르래〉 안무 및 출연 /문예회관 대극장
(사)한국무용연구회·창무회 뉴욕대학, 서독 KILL 대학, 하와이대학 초청공연		〈도르래〉 /베를린(에른스트로이터잘 극장), 함부르크(아메리카하우스), 프랑크푸르트(획스트문화센터), 뉴욕대학 하와이대학 공연
뉴욕대학 "동서양의 만남" 세미나 참가 및 뉴욕대 무용여름학교 연수		펄랭 & 어네스트 스토텔리 세미나 참가 /뉴욕대학

활동 사항	연도	작품·논문
국립극장 주최 학술심포지엄 워크숍 및 주제 발표		논문: 현대 한국무용에 있어서의 마당놀이 형식 /국립극장 실험무대
단국대학교 동양학연구소 주최 제12회 동양학 학술회의 논문 발표		논문: 조선 전기의 무용 /단국대
제4회 대한민국무용제 창무회 대상 수상		〈넋들임〉 출연 (최은희 안무)
향토축제협의회 회원 활동	1983	무속 연구단체(대표 이상일)
향토축제협의회 주관 향토축제를 위한 무속 연구조사 '황해도 대동굿'	1983	조사보고서: 무속무용의 축제화
(사)한국무용연구회 제2회 공연 전통무용워크숍 및 공연	1983	논문 및 시연: 진오귀굿의 바리공주 /국립극장 실험무대
향토축제를 위한 무속 연구조사 "남이장군제"	1983	조사보고서: 남이장군제
한국창작무용협의회 · 일본무용작가협회 공동주최 한·일창작무용제 83 안무	1983	〈새다림〉 안무 및 출연 /문예회관 대극장(초연)
수원대학교 무용학과 교수(1984~1998)	1984	
임학선무용단 창단	1984	
제5회 창무회 정기공연	1984	〈불림소리〉 안무 출연: 임학선, 임현선, 한명옥, 김선미, 이윤자, 김용환 /문예회관 대극장(초연)
일본무용작가협회 초청 한·일무용교류를 위한 세미나 및 일본 무용계 시찰	1984	음악무용평론가 박용구를 단장으로 일본 아오모리 무용축제에 참가함
제4회 한국무용연구회 학술심포지엄 '80년대 한국무용상' 주제발표	1985	〈불림소리〉
(사)한국무용협회 주최 유네스코 제정 국제무용주간 기념 (사)한국무용연구화 주최, 제1회 한국무용제전 안무	1985	〈지혼〉 안무 출연: 김용복, 이명진, 정혜란, 강미숙, 이미아, 이해주, 주사비나, 주혜숙 〈불림소리〉 안무 출연: 임학선, 강연진, 김기화, 이한선, 김미경, 윤순자, 영경실 /문예회관 대극장(초연)
제7회 대한민국무용제 안무	1985	〈인다리〉 안무 출연: 임학선, 임현선, 임관규, 김재득, 박덕상, 김태석, 강미리, 민경숙, 주사비나, 주혜숙 외 2명 /문예회관 대극장(초연)
창무춤터 개관 1주년 기념 초청공연	1985	〈지혼〉 /창무춤터
한국문화예술진흥원·한국무용협회 주최 86 신년맞이 무용대공연	1986	〈인다리〉 /문예회관 대극장
제11회 홍콩아시아예술제 초청공연(창무회)	1986	〈도르래〉 외 /홍콩 시티홀

활동 사항	연도	작품·논문
국립극장 주최 청소년 예술 큰 잔치 초청공연 "안무가와의 만남"	1986	〈인다리〉 /국립극장 소극장
(사)한국무용연구회 주최 제6차 한국무용 지도자 강습회 한국 전통무용 용어 및 춤사위 연구		경기지역 무속춤 〈바리공주〉 발표
(주) MBC 문화방송·(사) 한국무용연구회 주최 유네스코 제정 국제무용주간 기념 제2회 한국무용제전 안무		〈산 자를 위한 방황〉 안무 출연: 윤순자, 강연진, 연경설, 김기화, 신순녀, 이한선, 백경수, 남상분, 김영환, 함원선, 최진영, 정난숙, 김현주, 김진아 외 4명 /문예회관 대극장(초연)
서울대학교 개교40주년 및 동양음악연구소 개소 10주년 기념 심포지엄 "한국 음악학의 방법과 과제" 논문 발표		논문: 무용학과 전통무용의 연구과제
임학선·임현선의 춤 '우리, 둘'		〈우리, 둘〉 안무 및 출연 : 임학선, 임현선 〈인다리〉 안무 출연 : 임현선, 배상복, 윤순자, 박덕상, 신순녀, 김기화, 강연진, 이상용, 정난숙, 함원선, 김재득, 이장혁 /문예회관 대극장(초연)
시와 무용과의 만남(유안진 & 임학선)	1987	유안진의 시 〈날개옷〉 안무 출연: 임학선, 윤순자, 정난숙 /창무춤터(초연)
유네스코 제정 국제무용주간 기념 제3회 한국무용제전 안무		〈달바래기〉 안무 출연: 윤순자, 김기화, 최성아, 정난숙, 김영환, 최진영, 김현주, 강연진, 김진아, 전혜란, 문혜옥, 유애선 /문예회관 대극장(초연)
한국현대춤협회·KBS 한국방송공사 주최 제1회 한국현대춤작가 12인전 초청공연		〈날개옷〉 /문예회관 대극장
시의 날 제정 기념 대구대회 "유안진과 임학선의 만남"		유안진 시 임학선 춤 〈날개옷〉 /대구 동아백화점 대연회장
선화예술고등학교 강사(1987~1988)		
제2회 한국현대춤작가 12인전 초청공연	1988	〈우리, 둘〉 /문예회관 대극장
88서울올림픽 폐회식 〈떠나는 배〉 협동안무		출연: 창무회, 이화여대, 수원대, 유도대, 선봉무용단 /서울종합운동장(초연)
88서울올림픽 조직위원회 표창	1989	서울올림픽 폐회식 〈떠나는 배〉 안무 표창
제5회 한국무용제전 안무		〈민들레 왕국〉 안무 출연: 임현선, 윤순자, 김기화, 최성아, 백경수, 류애선, 전혜란, 정난숙, 김현주, 김영환, 김재득, 정성훈, 강승구, 최태선 /문예회관 대극장(초연)
제3회 한국현대춤작가 12인전 초청공연		〈민들레 왕국〉 /문예회관 대극장
제70회 전국체육대회 전야제 안무		〈여명〉 안무 /수원 실내체육관

활동 사항	연도	작품·논문
춤전용극장 '두리춤터' 설립	1989	
춤전용극장 두리춤터 개관 및 기념공연	1990	임학선 임현선 〈우리, 둘〉, 배정혜(ㄹ무용단), 최청자(툇마루무용단), 박인숙(컨템포러리무용단), 이정희무용단, 이혜순무용단 출연
두리춤터 주최 '90 소극장춤 베스트 5 예술감독	1990	이미영, 최병희, 배상복, 이윤경, 김안나 출연
두리춤터 주최 '90 두리춤페스티벌 예술감독	1990	정혜진, 문애령, 김수현, 배혜령, 배상복 출연
한국 전통무용 궁중춤 사사	1990	김천흥에게 〈춘앵〉)을 공부함 /두리춤터
제13회 홍콩아시아예술제 초청공연 임학선·임현선무용단	1990	〈인다리〉, 〈민들레 왕국〉, 〈우리, 둘〉, 〈춤, 다스름 춤〉 출연: 임학선, 임현선, 정혜진, 윤순자, 배상복, 김기화, 백경수, 이상용, 전소영, 류애선, 정난숙, 김영환, 김현주, 최성아, 전혜란, 최진영, 김재득, 최태선, 정성훈, 강성구, 조성윤, 최윤희, 나경애, 박종삼 /홍콩 시티홀
서초구청 문화예술위원회 자문위원	1991	
제6회 한국무용제전 안무	1991	〈흰 새의 검은 노래〉 안무 출연: 임현선, 김기화, 최성아, 정난숙, 김영환, 최진영, 김현주, 조성윤, 오소영, 이지은, 이미영, 정미옥, 최윤희, 김지수, 나경애, 연동은, 이경아, 김소영, 박은아, 송영미, 이명선, 김수진, 전선희, 김홍주, 김재득, 정성훈, 강승구, 박종삼 /국립극장 대극장(초연)
중국 광동예술중심 초청, 한중합동공연	1991	〈인다리〉, 〈민들레 왕국〉, 〈살풀이춤〉, 〈춘앵전〉 /중국 광주(광저우) 남방극장 /중국 북경(베이징) 민족문화궁
내몽고무용협회 초청 호화호특 공연 및 한·중 무용세미나	1991	〈인다리〉, 〈민들레 왕국〉 /중국 내몽고 호화호특(후어하오터) 가무단극장 주제발표: 한국창작춤
두리춤터 주최 '두리 레퍼토리 I'	1991	〈메아리애가〉 임현선 안무 /두리춤터
두리춤터 주최 '두리 신인안무가전 I' '두리 신인안무가전 Ⅱ'	1991	〈거위를 모는 사나이〉 김기화 안무, 〈어둠 안에 빛이란?〉 김영환 안무, 〈늙은 배우의 고백〉 김현주 안무 〈아에 갇힌 나〉 정난숙 안무, 〈바로눕기〉 최성아 안무 /두리춤터
두리춤터 주최 '91두리춤 페스티벌	1991	계현순, 박종란, 김혜정, 김기화 출연 /두리춤터
제8회 한국무용제전 안무	1992	〈나무비〉 안무 출연: 임현선, 김기화, 최성아, 정난숙, 김영환, 김현주, 최진영, 조성윤, 이지은, 최윤희, 나경애, 연동은, 송영미, 김재득, 최태선, 정성훈, 강승구, 박종삼 /호암아트홀(초연)
대구문화예술회관 주최 '92 춤의 해 한국춤페스티벌	1992	〈민들레 왕국〉 /대구문화예술회관 대강당
세계무용연맹(WDA) 대만대회 참가 및 세계무용연맹 한국대회 유치	1992	1993 WDA(회장 칼 월츠) 총회를 한국으로 유치 /대만 국립극장

활동 사항	연도	작품·논문
세계무용연맹(WDA) 한국본부 이사(1992~2005)		
포르투갈 곤도마르(Gondomar) 무용축제 참가		〈농악〉, 〈살풀이춤〉, 〈부채춤〉, 〈화관무〉, 〈탈춤〉, 〈북춤〉 외 /포르투갈 곤도마르
제14회 대한민국무용제 안무		〈마음꽃〉 안무 출연: 임현선, 김기화, 최성아, 김영환, 김현주, 이지은, 최윤희, 연농은, 송영미, 전선희, 김수진, 김재득, 최태선, 정성훈, 강승구, 박종삼 /문예회관 대극장(초연)
'92 춤의 해 학술심포지엄 "세계로 향한 우리춤 뿌리 찾기" 논문 발표		논문: 무속춤의 역사와 현주소
포스트극장 개관기념 초청공연		〈인다리〉 /포스트극장
'92 두리 레퍼토리 공연 "임학선의 춤"		〈민들레 왕국〉, 〈우리, 둘〉 /두리춤터
(사)한국무용연구회 논문집 『한국무용연구』 제10집 논문 게재		논문: 한국의 무당과 춤
임학선무용단 공장순회공연(문예진흥원 지원사업)		〈인다리〉, 〈우리, 둘〉, 〈민들레 왕국〉 /인천시민회관, 부천시민회관, 현대전자 이천예술극장
경기도립무용단 창단 추진위원	1993	
경기도립무용단 운영위원(1993~1995)		
(사)한국미래춤학회 상임이사(1993~2001)		
국가무형문화재 제92호 〈태평무〉 이수		한성준류 태평무 보유자 강선영과 준보유자 이현자에게 〈태평무〉를 공부하고 이수함
한양대학교 대학원 박사과정(1993~1998)		
미국 털리도대학 세미나 참가		한양대학교 박사과정 교류 프로그램
세계무용연맹(WDA) 일본대회 참가 Japan Asia Dance Event(JADE)		
야쿠티아공화국 정부 공식초청 한국·러시아 야쿠티아공화국 문화교류공연 및 학술심포지엄 논문 발표		〈인다리〉, 〈민들레 왕국〉, 〈부채춤〉, 〈농악〉, 〈태평무〉, 〈춘앵전〉 /야쿠티아공화국 팔래스 문화궁전 논문: 한국춤의 유형
강선영 무용 55년 기념공연		〈태평무〉, 〈초혼〉, 〈즉흥무〉 출연 /국립극장 대극장
임학선무용단 경기지역 순회공연 (근로자 및 지역사회 발전을 위한 특별공연)		〈태평무〉, 〈민들레 왕국〉, 〈우리, 둘〉, 〈인다리〉 /용인문화예술회관, 경기도문화예술회관(현 경기도문화의전당), 성남시민회관
(재)서울예술단 무용감독(1994~1995)	1994	
'94 국악의 해 기념 신춘 국악대제전 특별초청공연		〈태평무〉 출연 /국립국악원 소극장

활동 사항	연도	작품·논문
'94년도 국립국악원 학예연구사 특별채용 시험문제 출제위원		
'94 한국무용제전 제10주년 기념공연 "경기무용인의 밤", "우수작품 리바이벌 무대"		〈태평무〉, 〈흰 새의 검은 노래〉 /경기도문화예술회관
서울예술단 제18회 정기공연 동학혁명 100주년 기념		〈징게멩게 너른들〉 안무/예술의 전당 오페라극장(초연) 출연: 서울예술단 단원
'95『문예연감』 원고 집필		글: 공연의 양적 증가와 대중적 상품화 가능성
세계무용연맹(WDA) 말레이시아대회 참가		
서울예술단, KOREA ADF 개막 갈라초청공연		〈천도〉 안무 출연: 남수정, 정혜, 조현정, 최병규, 민병상, 김경희, 홍광임, 송희영, 유년우, 김경애, 김윤미, 임승희, 최민선, 이혜리 /문예회관 대극장(초연)
서울예술단 제3회 중국국제민간예술제 참가 및 북경 공연		〈태평무〉, 〈천도〉, 〈민들레 왕국〉, 〈우리, 둘〉 외 /북경 보리대극장
경기지역 순회공연		〈태평무〉, 〈자매〉, 〈거위를 모는 사나이〉, 〈진혼무〉, 〈민들레 왕국〉 /부천시민회관, 보병 51사단 회관, 수원 인계동 문화광장, 야외무대, 경기도문화예술회관 대극장, 안산올림픽기념관
일본 현민종합문화제 초청공연		〈태평무〉 /일본 현민문화회관
서울예술단 '94 세계한인상공인대회 초청공연		〈태평무〉, 〈우리, 둘〉, 〈거위를 모는 사나이〉, 〈진혼무〉, 〈민들레 왕국〉 /경기도문화예술회관
서울예술단 제21회 무용 정기공연		〈고구려의 혼〉 안무 출연: 조대식, 남수정 외 서울예술단 무용단원 /문예회관 대극장(초연)
한국참전용사기념탑 공원 건립 축하공연 "한·미 친선전통음악제"		〈태평성대〉, 〈평화여 영원하라〉 안무 /한국종합전시장 대서양관
경기노총 장학문화재단 초청공연 "임학선의 창작춤"		〈민들레 왕국〉, 〈인다리〉, 〈태평무〉 /경기도문화예술회관
서울예술단 이탈리아 베니스비엔날레 참가(문체부 파견), 베니스 한국관 개관 기념공연 및 순회공연		〈천도〉, 〈민들레 왕국〉, 〈태평무〉 /베니스, 밀라노, 페루자, 로마
서울예술단 한국·이집트 국교수교 기념 초청공연	1995	〈천도〉, 〈민들레 왕국〉, 〈태평무〉 /카이로 오페라하우스
한국문화예술진흥원 주최 토요명작감상회 특별강연		〈마음꽃〉, 〈인다리〉 외 /임학선의 안무작 한국문화예술진흥원 자료관
서울예술단 세계무용연맹 한국 국제댄스 이벤트 초청공연		〈천도〉 /예술의전당 토월극장
세계무용연맹(WDA) 한국 국제댄스 이벤트 KIDE 국제학술심포지엄 논문 발표		논문: 무속이 한국춤 문화에 미친 제양상

활동 사항	연도	작품·논문
서울예술단 광복50주년 기념 제25회 무용정기공연	1995	〈비무장지대에 서서…〉 안무 출연: 예술단 무용단원 /문예회관 대극장(초연)
(재)경기도노총장학문화재단 자문위원(1995~1998)		
제15회 한국예술평론가협의회 선정 "올해의 최우수 예술가상" 수상		수상작: 〈비무장지대에 서서…〉
(사)한국무용연구회 논문집 『한국무용연구』 제13집 논문 게재		논문: 무속이 한국춤 문화에 미친 제양상
『문예연감』 1995 집필	1996	글: "공연량은 많았으나 창작은 부족했던 한 해"
'96년도 국립국악원 학예연구사 특별채용 시험문제 출제위원		
무용한국 창간 29주년 기념 대공연		〈화랑무〉 안무 /서울교육문화회관 대극장
한국현대춤작가 12인전 10주년 기념 초청공연		〈새다림〉 /호암아트홀
제12회 한국무용제전 전야제 초청공연		〈태평무〉 /문예회관 대극장
국립국악원 대극장 예악당 개관 기념 초청공연		〈마음꽃〉 /국립국악원 예악당
임학선무용단 경기지역 순회공연		〈마음꽃〉, 〈태평무〉, 〈천년의 잠〉, 〈태평무〉 /안양문화예술관, 부천시민회관
(재)경기문화재단 이사(1997~1999)	1997	
『경기도의 문화와 예술』 공동집필		글 : "경기도의 춤" /경기도 발행
청소년을 위한 춤의 한마당 초청공연		〈화랑무〉 안무
방송통신대학 TV(CH 47) OUN 학술중계석 진행		
한양대학교 체육과학논문집 제17집 논문 게재		논문: 한성준류 태평무 연구
(사)한국무용연구회 논문집 『한국무용연구』 제15집 논문 게재		논문: 한국 민속춤의 구조 연구
한양대학교 이학박사학위 취득 및 〈태극구조기본춤〉 고안	1998	박사논문: 名舞 한성준의 춤구조 연구 "호흡표기법"을 고안하여 한국춤동작을 분석, 태극구조의 한국춤기본틀을 규명하고, 이를 토대로 〈태극구조기본춤〉을 고안함
성균관대학교 무용학과 교수(1998~)		
(사)창무예술원 주최 우리춤 뿌리 찾기 창작무용 1세대 5인전 초청공연		〈새다림〉 안무 /포스트극장
(사)대한무용학회 논문집 제23호 논문 게재		논문: 춤 표기법에 관한 연구 Ⅰ - 호흡표기법을 중심으로
국립국악원 주최 동양학 국제학술회의 논문 발표		〈태극구조기본춤〉 주제발표 및 시연 /국립국악원 우면당

활동 사항	연도	작품·논문
임학선 춤작가 데뷔 20주년 기념공연	1998	〈태극구조기본춤〉, 〈마음꽃〉, 〈인다리〉, 〈민들레 왕국〉, 〈우리, 둘〉, 〈도르래〉, 〈새다림〉 출연: 임학선, 임현선, 김용복, 최성아, 김재득, 최태선, 조대식, 박종삼, 전혜정, 이지은, 이현옥, 정명화, 김혜윤, 심현주, 류연희, 김애니, 김혜경, 강선미, 이정희, 이혁, 김보건, 임애란, 김사라, 이현경, 박연주, 전민정, 박연주, 이현경, 한태경, 김영신, 정소연, 변민화, 김미영, 양화정, 김현아, 손인동, 김영은, 김현애, 손예니, 박숙영, 김민정, 장혜정 /문예회관 대극장
(사)한국무용연구회 논문집 『한국무용연구』 제16집 논문 게재		논문: 한국춤 동작의 기본구조와 원리 – 한성준류 춤에 근거한 태극구조의 기본춤 고안
국가무형문화재 제85호 "석전대제" 현장조사 (1998~2001)		성균관 석전대제와 문묘일무 현장조사 및 자료수집
임학선 춤작가 데뷔 20주년 기념 작품집 『여유와 극복의 춤새김질』(임학선 저)	1999	임학선의 안무론 "굿에서 태극에 이르기까지" 발표 /현대미학사
일본 아오모리시 제정 100주년 기념 한·일 합동 무용·음악 초청공연		〈탄생〉 한일 공동안무, 〈태평무〉 출연 /일본 아오모리 문화회관
라반노테이션, 키네토그라피학회 주최 스페인 21ST ICKL CONFERENCE 참가 및 독일 라반센터 방문 간담회		INSTITUT DEL TEATRE IN BARCELONA /스페인 바르셀로나
(사)대한무용학회 이사(1999~2007)		
(재)서울시무용단 단장(1999~2001)		
국제교류재단 지원사업 서울시무용단 중남미 순회공연		〈천도〉, 〈강강술래〉, 〈살풀이〉, 〈부채춤〉, 〈태평무〉 등 멕시코, 아르헨티나, 우르과이, 브라질 공연
남플로리다대학 Gretchen Ward Warren 교수 성균관대 방문 〈태극구조기본춤〉 워크숍		성균관대학교 무용실
서울시무용단 '99 사직대제		〈종묘일무〉
(사)한국무용연구회 논문집 『한국무용연구』 제18집 논문 게재	2000	논문: 호흡표기법을 이용한 한국춤 분석 – 분석사례 I 〈태극구조의 기본춤〉
미국 남플로리다대학 초청 〈태극구조기본춤〉 워크숍 및 아시아 축제 참가		〈태극구조기본춤〉 워크숍 /남플로리다 대학 무용과 홀 〈태평무〉 공연 /남플로리다대학 극장
서울시무용단 '전통과 만나는 창작춤 명작시리즈 I'		〈하늘길〉, 〈마음꽃〉 /세종문화회관 소극장
서울시무용단 '전통과 만나는 창작춤 명작시리즈 II'		〈도르래〉, 〈민들레 왕국〉 /세종문화회관 소극장
서울시무용단 대만 2000 아시아 태평양 문화시장 회의 초청공연		〈태평무〉, 〈도르래〉, 〈민들레 왕국〉, 〈삼고무〉, 〈춤본〉, 〈천도〉 /대만 대북시(타이베이시) 시청 대극장

활동 사항	연도	작품·논문
서울시무용단 '전통과 만나는 창작춤 명작시리즈 Ⅲ'	2000	〈태극구조기본춤〉, 〈인다리〉 /세종문화회관 소극장
제1회 "치우" 국제학술대회 주제 발표 "한국 상고사와 치우천황"		주제: 밝산 – 그 영원한 생명의 터 /세종문화회관 컨퍼런스 홀
서울시무용단 2000 정기공연 〈밝산 – 그 영원한 생명의 터〉 안무		안무: 임학선 출연: 한상근, 배상복, 최효선, 하경숙, 박영순, 전진희, 장혜숭, 이숙종, 김재득, 이종덕, 김진원, 조경아, 박수진, 정지현, 한수문, 강환규, 장미희, 조대식, 이진영, 최태선, 송미혜, 강계영, 최주희, 홍연지, 김격애, 한문영, 어소임, 박현의, 김보건, 김혜숙, 전민정, 이현경, 변민화, 이유진, 강선미, 이세라, 정다운, 김현주, 조성윤, (객원/최성아, 정난숙, 심현주, 김혜윤, 김애니, 이정희, 김나나, 정향숙, 김미영, 김현아, 이재용) /세종문화회관 대극장(초연)
국제교류재단 지원사업 서울시무용단 동남아 순회공연		〈민들레왕국〉, 〈춤본〉 〈태평무〉 외 /네팔, 미얀마, 스리랑카, 라오스 순회공연
서울시무용단 한·일 문화엑스포 초청공연		〈기원무〉, 〈천지의 소리〉 /일본 도쿄 대한무역투자진흥공사
한국미래춤학회 부회장(2001~2006)	2001	
서울시무용단 2001 정기공연		〈밝산 – 그 영원한 생명의 터〉 /세종문화회관 대극장
한·일 비교문화교류사업		〈천도〉 /일본 히로시마
창무회 25주년 기념공연		〈도르래〉 안무 및 출연 /문예회관 대극장
(사)한국무용연구회 논문집 『한국무용연구』 제19집 논문 게재		논문: 화성재인청류의 춤특성 연구(재인청춤 최초 논문)
(사)대한무용학회 논문집 제31호 논문 게재		논문: 화성재인청류 춤의 전승양상 및 무용사적 가치 연구
(사)서울오페라단 39회 정기공연 안무	2002	오페라 〈사랑하는 내 아들아〉 /예술의전당 오페라극장
성균관대학교 삼성학술연구비 지원 과제 "문묘일무" 연구		문묘일무의 집중적인 연구가 시작됨
성균관대학교 예술학부장(2002~2004)		
(사)한국무용연구회 논문집 『한국무용연구』 제20집 논문 게재		논문: 호흡표기법을 이용한 한국춤 구조분석 – 〈태극구조의 기본춤〉 중 "숨 고르기"를 중심으로
중국 곡부사범대·성균관대 특별간담회		공자문화 교류를 위한 간담회 및 만찬 /서울 신라호텔
(사)대한무용학회 논문집 제33호 논문 게재		논문: 안무노트 작성법의 이론과 실제
한·일 비교문화교류사업 "전통예능의 예술화"		〈붉은 부적〉 안무 /성균관대 경영관 소극장
임학선 교수와 함께하는 우리춤 속으로 – "전통에서 현대까지" 공연		〈문묘일무〉, 〈설장고의 변주〉, 〈붉은 부적〉, 〈춤본〉, 〈태평무〉 /성균관대 600주년기념관 새천년홀
제17회 한국무용제전 개막 초청공연		〈태극구조기본춤〉 /국립국악원 예악당

활동 사항	연도	작품·논문
문화재청 문화재위원(2003~2005)	2003	
한·중 공자문화예술교류 협약		곡부사범대·성균관대 국제교류협약 /중국 곡부사범대학교
성균관 석전대제보존회 이사(2003~2017)		
“임학선 교수와 함께하는 우리춤 속으로” 공연 및 피나 바우쉬 성균관대 방문 간담회		〈문묘일무〉, 〈붉은 부적〉, 〈우리, 둘〉, 〈천도〉, 〈천지의 소리〉 /성균관대 600주년기념관 새천년홀
2002 한·일 월드컵 1주년 기념공연		장예모 연출 오페라 〈투란도트〉 협력안무 /상암월드컵경기장
한·일 월드컵 1주년 기념공연 2003 한·일 무용제		〈붉은 부적〉 안무 /수원 성내 화성행궁
(사)대한무용학회 논문집 제35호 논문 게재		논문: 한국춤의 호흡구조에 따른 호흡유형 및 특성 연구
2003 대구하계유니버시아드대회 성균관 성화채화 안무		〈성무〉 안무 /성균관대 금잔디광장
피나 바우쉬 초청, 독일 아다극장 특별공연 한국의 음악과 춤		출연: 임학선, 임현선, 신혜영 /독일 부퍼탈 아다극장
(사)대한무용학회 논문집 제36호 논문 게재		논문: 「반궁예악소」의 문묘일무 춤사위 분석(문묘일무 최초 논문)
일본 비세이쵸 주최 한·일 비교문화교류사업 “전통예능의 예술화”		〈임학선의 단오굿〉 안무 /일본 오카야마 비세이쵸 중세몽 초원
중국 곡부 국제공자문화절 초청공연		한국창작춤 〈공자〉 중 “학문” 안무(초연) /중국 곡부(취푸) 공묘대성전, 행단극장
(사)한국여성문화예술인총연합 초청공연 “치마로 본 한국 여인의 삶”		〈마음꽃〉 /국립극장 하늘극장
대만 불광대학 주최 공자문화 국제학술대회 논문발표 및 2004 한국대회 유치		논문: 한국의 성균관 문묘일무 /대만 불광대
문묘 성균관 유네스코 등재를 위한 『문묘일원과 석전대제』 공동 집필		“문묘일무의 춤사위 비교 분석을 통한 원형 복원 방안 –『남옹지』·『반궁예악전서』·현행 일무를 중심으로” /종로구청 발행
성균관대학교 동아시아학술원 지원사업 **제1차 문묘일무의 원형 복원을 위한 학술시연 및** **성균관대 팔일무단 창단**		논문: 문묘일무의 춤사위 비교 분석 –『반궁예악전서』와 현행 문묘일무를 중심으로 시연: 『반궁예악전서』의 문묘일무 춤사위 원형 재현 /성균관대 600주년기념관 조병두국제홀
(사)한국무용연구회 논문집 『한국무용연구』 제21집 논문 게재		논문: 『남옹지』의 문묘일무 춤사위 분석
공자 탄신 2555주년 기념 성균관 춘추기 석전대제 〈문묘일무〉 시행	2004	성균관대 팔일무단이 석전대제에서 문묘일무를 처음 추게 됨 /성균관 대성전
2004년 서울시 무대공연 지원선정작 임학선댄스위, 한국창작춤 〈공자〉 전막 공연		안무: 임학선 출연: 조형준, 전민정, 김영은, 정보경, 송필남, 송영미, 정향숙, 박연주, 김유진, 김미영, 유혜진, 최희나, 연혜진, 전현진, 김경인, 이보름, 고재선, 김성욱, 심세인, 김준영, 박병철, 김민정, 김수정, 노한나,

활동 사항	연도	작품·논문
2004년 서울시 무대공연 지원선정작 임학선댄스위, 한국창작춤 〈공자〉 전막 공연	2004	박지선, 왕윤나, 김지영 김이나, 마리아, 조미연, 제정례, 오아름, 채주희, 한지혜, 강공지, 김경은, 김민희, 김현정, 남예림, 박보민, 안정은, 우현주, 이승혜, 권지혜, 박완주, 박미나, 이엄지, 박한희, 제갈숙영, 김보라, 이주희, 최나경, 조윤주, 우경옥, 송지영 /예술의전당 오페라극장(전막 초연) ※임학선무용단을 "임학선댄스위"로 단체명 개명
국제유교문화축제 및 국제학술대회 "문묘와 유학사상" 논문 발표		논문: 명대의 문묘일무 춤사위에 대한 고찰 /성균관대
종로구청 주최 성균관(문묘일원) 세계문화유산 등록을 위한 학술토론회 논문 발표		논문: 문묘일무의 춤사위 비교 분석-『반궁예악전서』와 현행 문묘일무를 중심으로 /성균관대
(사)한국미래춤학회 선정 "안무대상" 수상		수상작: 한국창작춤 〈공자〉 안무
성균관대학교 유교문화연구소 논문집 『유교문화연구』 제8호 논문 게재		논문: 명대의 문묘일무 춤사위에 대한 고찰
중국 곡부사범대 주최 2004 한·중 공자문화논단 논문 발표		논문: 문묘일무의 역사와 무원편제의 변화 /중국 곡부사범대
공자 탄신 2555주년 기념 중국 국제공자문화절 개막식 조정 한·중 합동공연		〈치엔구 콩쯔(千古 孔子)〉 /중국 곡부 행단극장
제7회 서울세계무용축제 초청공연 "우리춤 빛깔 찾기"		〈공자〉 /예술의전당 토월극장
제9회 한·일 비교문화교류 사업 "신화적 제의의 예능과 재현" 논문 발표 및 공연		논문: 단오굿 제의와 그 무대화 공연: 〈임학선의 단오굿〉 안무 /성균관대 경영관 원형극장
한국무용사학회 부회장(2005~2012)	2005	
한국석전학회 부회장(2005~2009)		
제2회 한국예술발전협의회 선정 "한국예술발전상" 수상		수상작: 한국창작춤 〈공자〉
태국정부 공식 초청 람캄행대왕 탄신 기념공연		〈붉은 부적〉, 〈천도〉, 〈천지의 소리〉, 〈설장고의 변주〉 /람캄행 그레이트홀
공자 탄신 2556주년 기념 성균관 춘추기 석전대제 〈문묘일무〉 지도		성균관대 팔일무단 /성균관 대성전
동아시아특성화 우수대학사업단 국고지원사업 제2차 문묘일무의 원형 복원을 위한 학술시연		논문: 문묘일무의 유형 분석 및 『반궁예악소』의 문묘일무 춤사위 분석 시연: 『반궁예악소』에 근거한 문묘일무 원형 재현 /성균관대 조병두국제홀
동아시아특성화 우수대학사업단 국고지원사업 제3차 문묘일무의 원형 복원을 위한 학술시연		논문: 문묘일무 춤사위의 구조분석 및 의미성과 상징성 연구 시연: 『남옹지』에 근거한 문묘일무 춤사위 원형 재현 /성균관대 조병두국제홀
독일 피나 바우쉬 무용단 한국춤 워크숍		〈태평무〉 워크숍 /LG아트센터 연습실

활동 사항	연도	작품·논문
(사)대한무용학회 논문집 제43호 논문 게재 한국석전학회	2005	논문: 문묘일무의 춤사위구조 및 의미성과 상징성
『석전학논총』 논문 게재		논문: 문묘일무의 역사와 춤사위구조 분석
제18회 부산국제여름무용축제 초청공연		〈춤과 호흡〉 워크숍 및 〈천도〉 안무 /부산 해운대 해수욕장 특설무대
성균관대 삼성학술연구비 지원연구 도서 **『문묘일무보 도해』(임학선 편저)**		2006 대한민국학술원 선정 우수학술도서 /성균관대학교 출판부
제20회 한국무용제전 초청공연		〈태극구조기본춤〉 /성균관대 600주년기념관 새천년홀
"임학선 교수와 함께하는 우리춤 속으로" 공연		〈천도〉, 〈붉은 부적〉, 〈설장고의 변주〉, 〈새다림〉 /성균관대 600주년기념관 새천년홀
독일 프랑크푸르트 국제도서전 참가		『문묘일무보 도해』 전시 및 〈문묘일무〉 워크숍
피나 바우쉬 초청 독일 부퍼탈 아다페스티벌 개막제 공연		〈천도〉, 〈붉은부적〉, 〈학문〉, 〈우리, 둘〉, 〈새다림〉 /독일 부퍼탈 아다극장
동아시아 특성화 우수사업단 국고지원사업 제4차 문묘일무의 원형 복원을 위한 학술시연		논문: 문묘일무의 어제와 오늘 시연: 「반궁예약전서」에 근거한 문묘일무 춤사위 원형 재현 /성균관대 조병두국제홀
2006 창무 한국창작춤 메소드 초청공연 "임학선의 춤메소드"	2006	〈태극구조기본춤〉, 〈새다림〉, 〈학문〉 /포스트극장
공자 탄신 2557주년 기념 성균관 춘기 석전대제 〈문묘일무〉 지도		성균관대 팔일무단 /성균관 대성전
성균관대 삼성학술연구비 지원연구 도서 **『문묘일무의 이해』(임학선 저)**		문묘일무에 관한 최초의 이론서 /성균관대학교 출판부
한국석전학회 『석전학논총』 제2호 논문 게재		논문: 문묘일무의 어제와 오늘
한국석전학회 주최 한국·대만 공동학술회의 논문 발표 "한·중 문묘석전의 현황과 전개"		논문: 문묘일무의 원형 복원을 위한 문헌 고찰 /성균관 명륜당
동아시아특성화 우수대학사업단 국고지원사업 제5차 문묘일무의 원형 복원을 위한 학술시연		논문: 문묘일무 춤사위 원형 복원 시연: 문무 – 『춘관통고』에 근거한 춤사위 복원 무무 – 『악률전서』에 근거한 춤사위 복원 /성균관 대성전
공자 탄신 2557주년 기념 성균관 추기 석전대제 **임학선 복원 〈문묘일무〉 시행**		성균관대 팔일무단 /성균관 대성전
중국 곡부 국제공자문화절 국제학술대회 논문 발표		논문: 문묘일무의 유래 및 철학적 배경 /중국 곡부대학교

활동 사항	연도	작품·논문
한·불 수교 120주년 기념 프랑스 파리 유네스코 공연	2006	〈공자〉 전막공연 /프랑스 파리 유네스코
프랑스 호아요몽 문화재단 초청 〈문묘일무〉 레퍼토리 워크숍 및 공연	2006	유럽지역 안무가 대상 문묘일무 워크숍(이론 및 실기) /프랑스 Royaumont Abbey
오스트리아 빈대학 주최 국제학술심포지엄 논문 발표	2006	논문: 석전대제의 일무 /빈대학
김현주 박사학위논문 지도	2006	『모티프(Motif)를 활용한 예술 통합형 창의적 움직임 교육에 관한 질적 연구 : 초등학교에서의 적용 사례를 중심으로』(2007)
석전일무연구원 창립 및 초대원장 취임(2007~)	2007	
공자 탄신 2558주년 기념 성균관 춘추기 석전대제 〈문묘일무〉 지도	2007	성균관대 팔일무단 /성균관 대성전
한국무용사학회 춘계학술세미나 "한국 고대무용의 재조명 2" 논문 발표	2007	논문: 일무의 유래 /한국예술종합학교 무용원
제2회 성남국제무용제 초청공연	2007	〈공자〉 /성남아트센터 앙상블시어터
중국 산동대 주최 3개국 연합국제학술대회 "세계를 향한 동양사상" 논문 발표	2007	논문: 문묘일무의 내용과 표현형식 /중국 산동대
한국무용사학회 논문집 제7호 논문 게재	2007	논문: 약적무와 간척무의 유래
중국 무한대 주최 국제학술대회 "18세기 동아시아 유학사상 비교연구" 논문 발표	2007	논문: 문묘일무보 분석 /중국 무한대
종로구청 주최 성균관(문묘일원) 세계문화유산 등록을 위한 학술토론회 논문 발표	2007	논문: 문묘일무의 춤사위 비교 분석 – 『반궁예악전서』와 현행문묘일무를 중심으로 /성균관대
한국석전학회·성균관석전교육원· 석전일무연구원 공동주최 2007 석전학 국제학술회의 논문 발표 및 모의석전 총연출	2007	논문: 송대 이후 일무의 역사적 고찰 모의석전: 성균관 의례팀, 성균관대 팔일무단 /성균관대 조병두국제홀
임학선댄스위 제1회 창작무대 Creative Stage 예술감독	2007	〈巫〉 전민정 안무, 〈틈〉 박연주 안무, 〈당겨진 화살〉 정향숙 안무 /M극장
2007년 문화관광부 전통예술 복원 및 재현사업 1호 충무공 이순신 장군 둑제(纛祭) 고증연구 및 재현 행사	2007	이순신 장군 제례무 〈둑제의 춤〉 복원 /여수 이충무공 진남관
(사)무용문화포럼 선정 "기업인이 주는 NICE 예술가상"(NICE 그룹) 수상	2007	수상작: 〈공자〉 안무 /하야트호텔
청주향교 주최 청주 모의석전 〈문묘일무〉 지도	2007	청주대 한문학과 학생, 성균관대 팔일무단 /청주시 올림픽기념국민생활관
박자은 박사학위논문 지도	2007	『무용비평가 강이문의 예술관과 비평적 특성에 관한 연구』(2008)
한국국제교류재단 자문위원(2008~2011)	2008	

활동 사항	연도	작품·논문
한·일 비교문화교류 사업	2008	논문: 단오굿 제의와 그 무대화 공연: 〈임학선의 단오굿〉 안무 /성균관대 경영관 원형극장
공자 탄신 2559주년 기념 성균관 춘추기 석전대제 〈문묘일무〉 지도		성균관대 팔일무단 /성균관 대성전
한국석전학회 주최 2008 춘계학술회의 "문묘석전의 원형과 고증" 논문 발표		논문: 사료를 통해 본 문묘일무 /성균관대 600주년기념관 첨단강의실
서울문화재단 무대공연작품 제작지원 사업 임학선 춤작가 데뷔 30주년 기념 위대한 스승 〈공자〉 공연		안무: 임학선 출연: 김용복, 전민정, 김주빈, 조인호, 정향숙, 박연주, 김미영, 정보경, 이보름, 노한나, 김수정, 박지선, 김경은, 박보민, 안정은, 우현주, 박완주, 이엄지, 이보휘, 이정민, 전수진, 홍지인, 전진홍, 전건우, 구성아, 박윤지, 박혜연, 백은진, 신경아, 안초롱, 이혜민, 임정아, 허윤정, 강륜경, 김동민, 긴세정, 박지영, 박현미, 성민경, 성은혜, 심지원, 이동은, 이민진, 이현주, 조민아 /성균관대 600주년기념관 새천년홀
(사)한국종교지도자협의회 주최 제12회 종교문화축제		〈문묘일무〉 특별공연 및 일무 체험 행사 /국립중앙박물관 광장
성균관대 교육부 수도권대학 특성화 지원사업 석전일무연구원 주최 2008 움직이는 석전 총연출		성균관 의례팀·성균관대 팔일무단 /성균관대 600주년기념관 새천년홀
한국석전학회 주최 2008 석전학 국제학술회의 "문묘석전의 정립과 전망" 논문 발표		논문: 일무의 역학적 구조 /성균관대 600주년기념관 새천년홀
임학선댄스위 제2회 창작무대 Creative Stage 예술감독		〈윙이자랑〉 정향숙 안무, 〈기어서 온몸으로〉 김미영 안무, 〈버릴 心〉 유혜진 안무, 〈내 안의 돛〉 김수정 안무 /M극장
임학선댄스위 서울시 지정 전문예술단체(2008-03호)		
NIF 남해섬 공연예술제 특별초청공연		〈공자〉 전막공연 /남해군 공설운동장 내 실내체육관
제7회 공연과 리뷰 "PAF 예술상" 수상		수상 내용: 한국창작춤 활동 30년(〈거미줄〉~〈무용 공자〉)
제7회 공연과 리뷰 "PAF 주목할 만한 단체상" 수상		수상 내용: 임학선댄스위
김지영 박사학위논문 지도		「시나위적 안무법이 적용된 창무춤의 창작성향」(2009)
한국춤평론가회 선정 제14회 춤평론가상 "특별상" 수상	2009	수상작: 작품 〈공자〉 한·중 문화교류 확산 기여
한국석전학회장 취임(2009~)		
(사)한국무용연구회 논문집 『한국무용연구』 제27권 1호 논문 게재		논문: 사료를 통해 본 송대 이후의 문묘일무
2009 스승의 날 기념공연		〈공자〉 전막공연 /성균관대 600주년기념관 새천년홀
공자 탄신 2560주년 기념 성균관 춘추기 석전대제 일무 지도		성균관대 팔일무단 /성균관 대성전

활동 사항	연도	작품·논문
한국석전학회 주최 2009 석전학 국제학술회의 "문묘석전의 역사적 조명" 논문 발표	2009	논문: 석전무위의 역사적 추이에 관한 小考 /성균관대 600주년기념관 첨단강의실
임학선댄스위 제3회 창작무대 Creative Stage 예술감독		〈만남〉 김유진 안무, 〈소통〉 전민정 안무, 〈공감〉 이보름 안무, 〈길위의 사람들〉 정보경 안무 /M극장
공자 탄신 2560주년 기념 국제학술연토회 및 제4회 국제유학연합회원 대회 논문 발표		논문: 문묘석전일무의 철학적 분석 /중국공자연구원
ASEM 종교간 대화회의 정부관계자 성균관 방문		성균관대 팔일무단 〈문묘일무〉 공연 /성균관 대성전
공자 탄신 2560주년 중국 국제공자문화절 개막제 초청공연		〈The Great Teacher 공자〉 전막공연 /중국 곡부 공자문화회전중심
중화인민공화국 문화부·산동성 인민정부 주최 제2회 세계유학대회 논문 발표		논문: 석전무위의 역사적 변천 /중국 곡부 공자연구원
(사)한국종교지도자협의회 주최 제13회 대한민국 종교문화축제		성균관대 팔일무단 〈문묘일무〉 특별공연 및 일무 체험 행사 /국립중앙박물관 광장
(사)한국무용연구회 논문집 『한국무용연구』 제27권 2호 논문 게재		논문: 문묘석전 일무의 위치 연구
두리춤터 재개관 공연 임학선댄스위 레퍼토리 공연		〈지금 여기〉 유혜진 안무, 〈공감〉 이보름 안무, 〈길 위의 사람들〉 정보경 안무 /두리춤터 BLACK BOX 극장
중국 고급간부 삼성연수단 성균관대 방문행사		성균관대 팔일무단 〈문묘일무〉 공연 /성균관 대성전
성균관·(사)석전대제보존회 공동주최 2009 움직이는 석전 개최 및 총연출		성균관 의례팀·성균관대 팔일무단 /성균관대 600주년기념관 조병두국제홀
문화체육관광부 지원사업 석전일무연구원 주최 해설이 있는 〈문묘일무〉 공연		성균관대 팔일무단 /성균관대 600주년기념관 조병두국제홀
제13회 성균가족상 교수부문 "대상" 수상		수상내용: 문묘일무 연구 및 무용 〈공자〉 안무 활동 기여
중요무형문화재 제85호 석전대제 〈문묘일무〉 이수 (제1회)		성균관 석전대제보존회
(사)무용문화포럼 제2대 공동회장 취임(2010~2014)	2010	공동회장: 김동호, 임학선 /두리춤터
한국석전학회 공로패 수상		
국제석전학회 창립 및 초대회장 취임(2010~)		
제1회 석전학국제학술회의 "스승 공자와 문묘석전" 개최 및 논문 발표		논문: 문묘일무의 예악사상 /성균관대
성균관대학교 전통입학식 재현		성균관대 팔일무단 〈문묘일무〉 /성균관대 자연과학캠퍼스 수성관
공자 탄신 2561주년 기념 성균관 춘추기 석전대제 〈문묘일무〉 위치 복원 시행		문묘일무를 동·서로 배치함 /성균관 대성전

활동 사항	연도	작품·논문
성균관대 유교문화연구소 유교문화연구 한글판 제16집 논문 게재	2010	논문: 문묘일무 춤사위의 역학적 원리와 구조
대만 대북시 초청 춘계 석전대제 참가 일무교류 공연 및 논문 발표		성균관대 팔일무단 〈문묘일무〉 /대만공묘대성전 논문: 한국 문묘석전 일무의 춤사위 /대만 대북시 복화문교회관
대만 대북시·불광사·불광대학 초청 〈공자〉 순회공연		〈舞出孔子〉 안무 /대만 불광사(이란 란양별원, 고웅 남병별원)
스승의 날 기념 특별공연		〈The Great Teacher 공자〉 전막공연 /성균관대 600주년기념관 새천년홀
임학선댄스위 제4회 창작무대 Creative Stage 예술감독		〈순간〉 노한나 안무, 〈시간의 춤〉 김경은 안무, 〈물고기처럼〉 안정은 안무 /두리춤터 BLACK BOX 극장
중국 스승의 날 기념 한국 성균관대·중국 북경대 문화교류 공연		〈The Great Teacher 공자〉 전막공연 /중국 북경대 100주년기념관
중화인민공화국 문화부·산동성 인민정부 주최 제3회 세계유학대회 논문 발표		논문: 송·명대 문묘일무 춤사위의 관계성 /중국 곡부 공자연구원
(사)한국종교지도자협의회 주최 제14회 대한민국 종교문화축제		성균관대 팔일무단 〈문묘일무〉 공연 /국립중앙박물관 광장
G20 정상회의 성공 기원 경주향교 헌작례 〈문묘일무〉 지도		성균관대 팔일무단 /경주향교 대성전
중국 고급간부 삼성연수단 성균관대 방문행사		성균관대 팔일무단 〈문묘일무〉 공연 /성균관 대성전
2010 국제유학연토회 세계유학자대회 기념공연		〈The Great Teacher 공자〉 전막공연 /성균관대 600주년기념관 새천년홀
제14회 성균가족상 학생부문 "대상" 수상 (성균관대 팔일무단)		수상 내용: 팔일무로 인의예지 실천, 성균관대학의 전통성 글로벌화
김기화 박사학위논문 지도		「한국전통무용 양식화에 대한 미학적 연구–이동안류 살풀이춤을 중심으로」(2011)
제3회 한국궁중문화연구원 학술심포지엄 논문 발표 "관왕묘 의례 재현과 공연예술 무대화 방안"	2011	논문: 관왕묘 의례와 일무 /청계천문화관(현 청계천박물관) 강당
성균관대 전통졸업식 재현		성균관대 팔일무단 〈문묘일무〉 /성균관 대성전
성균관대 삼성학술연구비 지원사업 **『문묘일무의 예악사상』 (임학선 저)**		2012 대한민국학술원 선정 우수학술도서 선정 /성균관대학교 출판부
제1회 고·무·신 춤축제		〈문묘일무〉 /한국체육대학교
임학선댄스위 제5회 창작무대 Creative Stage 예술감독		〈관계자출입금지〉 김미영·유혜진 안무, 〈두 번은 없다〉 김수정 안무, 〈지금, 그렇게 조급할 필요는 없다〉 이혜민 안무 /두리춤터 BLACK BOX 극장

활동 사항	연도	작품·논문
(사)한국춤협회 주최 제25회 한국무용제전 초청공연	2011	〈The Great Teacher 공자〉 공연 /아르코예술극장 대극장
공자 탄신 2562주년 기념 성균관 춘추기 석전대제 〈문묘일무〉 지도		성균관대 팔일무단 /성균관 대성전
국제석전학회 주최, 제2회 문화예술과 함께하는 석전학 국제학술대회 "석전학 연구의 다양성과 통합성"		논문: 문묘일무의 춤사위 중 三進三退의 유래와 의미 /성균관대 600주년기념관 첨단강의실
두리춤터 개관 21주년 기념공연		융복합공연 〈Bird's Eye View〉 안무 /두리춤터 BLACK BOX 극장(초연)
서울문화재단 공간활성화지원사업, 2011 문화체육관광부 보조사업 임학선댄스위와 Foyer Productions이 함께하는 '두리춤터 Foyer 융복합공연'		〈Bird's Eye View〉 시리즈 공연 /두리춤터 BLACK BOX 극장
성균관대학교 유가예술문화콘텐츠연구소 **창립 및 초대소장 취임**(2011~)		
안동 하회마을 유네스코 지정 1주년 기념행사		성균관대 팔일무단 〈문묘일무〉 /안동향교
(사)한국무용연구회 논문집 『한국무용연구』 제29권 2호 논문 게재		논문: 한국창작춤 〈마음꽃〉의 표현기법 분석(임학선, 김기화)
한양대학교우리춤연구소 논문집 『우리춤연구』 제15집 논문 게재		논문: 문묘일무의 춤사위 '진퇴'에 담긴 교육철학적 가치 (임학선, 김기화)
임학선댄스위 제6회 창작무대 Creative Stage 예술감독		〈누가 살던 방〉 정향숙 안무, 〈빈자리〉 김영은 안무, 〈그들의 시선〉 박지선 안무 /두리춤터 BLACK BOX 극장
문화체육관광부 지원사업, 성균관 주최 "석전대제 악무 및 해설이 있는 문묘일무 상시공연"		〈석전대제〉, 〈태평무〉, 〈천지의 소리〉, 〈학문〉 /성균관 명륜당, 성균관대 조병두국제홀
중국 고급간부 삼성연수단 방문행사		성균관대 팔일무단 〈문묘일무〉 공연 /성균관 대성전
대만 불광대 주최 제2차 중국 음악사학 국제학술연구 토론회 기조강연		기조강연: 전통의 창조적 계승 /대만 불광대
두리춤터 무용예술상, 임학선 무용예술상 제정 및 시상		
제31회 한국예술평론가협의회 선정 "올해의 최우수예술가상" 수상		수상 내용: 무용 〈공자〉 안무 및 문묘일무 원형 복원
두리춤터의 테마가 있는 한국춤 시리즈 예술감독	2012	한국춤 "12개월 12테마" 기획공연 /두리춤터 BLACK BOX 극장
성균관대 전통졸업식		성균관대 팔일무단 〈문묘일무〉 /성균관 대성전
공자 탄신 2563주년 기념 성균관 춘추기 석전대제 〈문묘일무〉 지도		성균관대 팔일무단 /성균관 대성전

활동 사항	연도	작품·논문
한국공연예술센터 우수레퍼토리 시리즈 선정 한·중 수교 20주년 기념 〈공자〉 특별공연	2012	임학선댄스위 /아르코예술극장 대극장
두리춤터의 테마가 있는 한국춤 시리즈 예술감독 제1테마 "기본춤으로 보는 한국춤의 흐름" 제2테마 "춤의 갈래로 보는 한국춤의 흐름" 공연		제1테마: 〈태극구조기본춤〉 제2테마: 〈문묘일무〉 /두리춤터 BLACK BOX 극장
임학선댄스위 제7회 창작무대 Creative Stage 예술감독		〈부케〉 노한나 안무, 〈중심〉 조인호 안무, 〈동화, 너를 담다〉 김동민 안무, 〈처음 그날〉 조민아 안무 /두리춤터 BLACK BOX 극장
성균관대학교 유가예술문화콘텐츠연구소 주최 제3회 문화예술과 함께하는 석전학 국제학술대회 "석전학과 인문예술"		논문: 문묘일무 무보해(舞譜解) 동작의 형식을 활용한 춤사위 분석체계 제안(임학선, 김기화) /성균관대
중국 산동대학교 무도학과 〈문묘일무〉 워크숍		산동대학교 무도학과 학생 문묘일무 교육 /중국 산동대 무용학과
문화체육관광부 지원 사업 중국 산동대 주최 한·중수교 20주년 기념 "석전악무" 한·중 합동공연		〈문묘일무〉 한·중 합동공연 및 〈학문〉 공연 /중국 산동대
문화체육관광부 지원사업, 석전일무연구원 주최 "석전대제 악무 및 해설이 있는 문묘일무 상시공연" 예술감독		성균관대 팔일무단 /성균관 명륜당, 성균관대학교 600주년기념관 조병두홀
두리춤터 "젊은 춤꾼 展… 21C 전설을 꿈꾸다!" 예술감독		20~30대 젊은 춤꾼전 /두리춤터
(사)한국종교지도자협의회 주최 제16회 대한민국 종교문화축제		성균관대 팔일무단 〈문묘일무〉 공연 /광화문광장
(사)한국무용연구회 논문집 『한국무용연구』 제30권 2호 논문 게재		논문: 문묘일무 무보해 동작의 형식을 활용한 춤사위 분석체계 연구 (임학선, 김기화)
두리춤터 FOYER 극장 개관기념공연 임학선댄스위 융복합공연시리즈		한국문화예술위원회 사후지원 심사작 〈Bird's Eye View〉 안무 /두리춤터 FOYER 극장
임학선댄스위 제8회 창작무대 Creative Stage 예술감독		〈이 또한 기억이 된다〉 이혜민 안무, 〈느리게 걷기〉 김세정 안무, 〈스물, 그리고 여섯〉 김라희 안무, 〈더미〉 김주빈 안무 /두리춤터 BLACK BOX 극장
중국 고급간부 삼성연수단 성균관대 방문행사		성균관대 팔일무단 〈문묘일무〉 공연 /성균관 대성전
(재)농어촌희망재단과 함께하는 문화순회사업 공연		〈Bird's Eye View〉 /홍천, 영월, 창녕
두리춤터 무용예술상, 임학선 무용예술상 시상		
유가예술문화콘텐츠연구소 주최 국내학술대회 개최 및 논문 발표		논문: 신윤복의 〈쌍검대무〉를 통해 본 조선 후기 검무(임학선, 노한나) /두리춤터 FOYER 극장

활동 사항	연도	작품·논문
제2회 고·무·신 춤축제	2012	〈설장고의 변주〉/중앙대학교 아트센터대강당
김해금 박사학위논문 지도	2012	「'조선민족무용기본'과 '태극구조의 기본춤'의 성격과 훈련체계 연구」(2013)
두리춤터 테마가 있는 한국춤 시리즈 예술감독 제1테마 "기본춤으로 보는 한국춤의 흐름" 제2테마 "춤의 갈래로 보는 한국춤의 흐름"	2013	제1테마: 〈태극구조기본춤〉 제2테마: 〈문묘일무〉 /두리춤터 FOYER 극장
성균관대 전통졸업식	2013	성균관대 팔일무단 〈문묘일무〉/성균관 대성전
임학선댄스위 제9회 창작무대 Creative Stage 예술감독	2013	〈Beautiful Hangover〉 박완주 안무, 〈Alone Again〉 김라희 안무, 〈웃어요〉 김세정 안무, 〈시간이 지나간 자리〉 조민아 안무 /두리춤터 FOYER 극장
국제석전학회 주최 제4회 2013 문화예술과 함께하는 석전학 국제학술대회 "석전학과 문화유산" 개최 및 논문 발표	2013	논문: 현행 성균관 석전대제의 일무 /성균관대 600주년기념관 첨단강의실
공자 탄신 2564주년 기념 성균관 춘추기 석전대제 〈문묘일무〉 지도	2013	성균관대 팔일무단 /성균관 대성전
제3회 고·무·신 춤축제	2013	〈태평무〉 재구성 안무 /한양대학교 ERICA캠퍼스 야외특설무대
한국공연예술센터 공공지원시리즈 및 한국문화예술위원회 사후지원작 공연 임학선댄스위 2013 융복합공연	2013	〈Bird's Eye View〉 안무 /아르코예술극장 대극장
임학선댄스위 차세대 안무가전(제1회) 예술감독	2013	〈Living a Lie〉 김유진 안무, 〈고인물〉 정보경 안무 /두리춤터 FOYER 극장
두리춤터의 테마가 있는 한국춤 시리즈 제11테마 "무용단으로 보는 한국 춤의 흐름" 임학선댄스위 공연	2013	〈태극구조기본춤〉, 〈학문〉/두리춤터 FOYER 극장
QS-APPLE CONFERENCE 개막식 초청공연	2013	성균관대 팔일무단 〈문묘일무〉/성균관대 새천년홀
중국 고급간부 삼성연수단 성균관대 방문행사	2013	성균관대 팔일무단 〈문묘일무〉 공연 /성균관 대성전
임학선댄스위 차세대 안무가전(제2회) 예술감독	2013	〈축제〉 정향숙 안무, 〈장마〉 김영은 안무, 〈지금 가고 있어요〉 유혜진 안무 /두리춤터 FOYER 극장
두리춤터의 테마가 있는 한국춤 시리즈 제12테마 "아카이브로 보는 한국춤의 흐름 - 혜원蕙園 신윤복, 콜라보레이션"	2013	논문: 신윤복의 〈쌍검대무〉를 통해 본 조선 후기 검무와 현존 검무 시연: 〈밀양검무〉, 〈경기검무〉 외 /두리춤터 FOYER 극장
두리춤터의 테마가 있는 한국춤 시리즈 제12테마 "아카이브로 보는 한국춤의 흐름" 공연	2013	〈Bird's Eye View〉 Ⅱ /두리춤터 FOYER 극장

활동 사항	연도	작품·논문
두리춤터 무용예술상, 임학선 무용예술상 시상	2013	
홍은주 박사학위논문 지도	2013	「박병천류 진도북춤의 춤사위분석을 통한 미적 특성연구」(2014)
중국 북경무도대학 학술지『북경무도학원학보』 01기 논문 게재	2014	논문: 일무시원고(考), 중국인민대학 최우수 논문으로 선정 《무대예술(舞台艺术)》 2014. 3기 논문 게재
임학선댄스위 제10회 창작무대 Creative Stage 예술감독	2014	〈행복한 사건〉 이보름 안무, 〈미안해 고마워 사랑해〉 노한나 안무, 〈하루〉 박지선 안무, 〈그림자〉 김수정 안무 /두리춤터 FOYER 극장
성균관대 전통졸업식	2014	성균관대 팔일무단 〈문묘일무〉 /성균관 대성전
국립남도국악원 개원 10주년 "국악 산수화" 명인 명무전 초청공연	2014	임학선 복원 〈문묘일무〉 출연 /국립남도국악원
두리춤터·한국창작춤예술원 공동주최 "차세대안무가페스티벌" 예술감독	2014	차세대 안무가 육성사업 /두리춤터 FOYER 극장, BLACK BOX 극장
두리춤터·한국창작춤예술원 공동주최 "대학생 춤축제" 예술감독	2014	각 대학 무용학과 재학생들의 전통 및 창작공연 /두리춤터
두리춤터의 테마가 있는 한국춤 시리즈 예술감독 제3테마 "레퍼토리로 보는 한국춤의 흐름" 2014 임학선댄스위 레퍼토리 공연	2014	박지선 안무 〈하루〉, 김수정 안무 〈그림자〉 /두리춤터 FOYER 극장
두리춤터의 테마가 있는 한국춤 시리즈 제4테마 "지역중심 유파별로 보는 한국춤의 흐름" 공연	2014	〈문묘일무〉 출연 /두리춤터 FOYER 극장
임학선댄스위 차세대 안무가전(제3회) 예술감독	2014	〈The Witches〉 정향숙 안무, 〈One Act〉 김미영 안무, 〈뛰는 사람들〉 유혜진 안무 /두리춤터 FOYER 극장
국제석전학회 주최 제5회 2014 문화예술과 함께하는 석전학 국제학술대회 "석전학과 문묘문화" 개최	2014	성균관대 600주년기념관 첨단강의실
성균관대학교 SAAH 성균인문동양학아카데미 지도교수(2014~)	2014	
성균관대학교 SAAH 성균인문동양학아카데미 예술공연 총연출	2014	"산화청향" 절제와 자유로움을 넘나드는 우리춤과 음악의 향기를 듣다 /두리춤터 FOYER 극장
성균관대학교 SAAH 성균인문동양학아카데미 임학선댄스위 공연	2014	〈The Great Teacher 공자〉 /성균관대 600주년기념관 새천년홀
임학선댄스위 제11회 창작무대 Creative Stage 예술감독	2014	〈정류장〉 박완주 안무, 〈형체불명〉 김주빈 안무, 〈바른생활〉 김동민 안무, 〈낯선 곳〉 임혜지 안무 /두리춤터 FOYER 극장
제11회 스페인 빌바오 액트 페스티벌 **국제 두리무용예술상(DURI-ACT Prize) 제정 및 시상**	2014	제1회 "DURI-ACT Prize" 수상자: 베티콤보 무용단(프랑스) 〈Al cubo〉 /스페인 빌바오

활동 사항	연도	작품·논문
임학선댄스위 차세대 안무가전(제4회) 예술감독	2014	〈보〉 김유진 안무, 〈소문의 벽〉 박연주 안무, 〈우리는, 하나로 이어져 있다〉 정보경 안무 /두리춤터 BLACK BOX 극장
제4회 고·무·신 춤축제 공연		〈이동안류 태평무〉 재구성 안무 /동덕여대 공연예술센터 코튼홀
신라 국학 1332주년 기념행사 〈문묘일무〉 지도		성균관대 팔일무단 /경주향교 대성전
서울문화재단 예술작품지원 사업 임학선 춤 50년·임학선댄스위 30년 기념 〈Bird's Eye View〉 공연		안무: 임학선 연출: 강낙현 출연 : 정보경(협동안무), 김수정, 조인호, 이정민, 김주빈, 이혜민, 김라희, 김세정, 김동민, 조민아, 임혜지, 이한울, 이혜준, 최윤정, 선은지, 김지우, 함채원, 양한비, 송윤주, 김현우, 김시원, 최종인 /아르코예술극장 대극장
성균학술연구비 지원 유가예술문화연구소 주최 "한·중 문묘일무 비교 세미나" 개최		두리춤터 FOYER 극장
임학선 춤 50년 학술심포지엄		임학선 안무론: "굿에서 태극, 그리고 문묘일무" 임학선 작가론: 이상일, 김태원, 임태승, 장석용, 성기숙, 김기화, 박자은 /두리춤터 FOYER 극장
국립현대미술관·독일 데사우재단 공동주최 바우하우스 100수년 기념 워크숍 및 융복합공연 〈Play Bauhaus〉		춤연출: 강낙현 안무 및 출연: 임학선댄스위 /국립현대미술관 서울관
제34회 한국예술평론가협의회 선정 "2014 예술공헌상" 수상		수상 내역: 춤 50년 〈공자〉 안무 및 문묘일무 복원 /서울프레스센터
유혜진 박사학위논문 지도		「한국문묘일무 춤사위의 원형고찰 및 그 타당성 연구」(2015)
노한나 박사학위논문 지도		「밀양검무의 춤사위 분석체계에 따른 미학적 성격 연구」(2015)
(사)한국춤협회 · 한국무용연구학회 선정 "제1회 학술대상" 수상	2015	수상 내역: 문묘일무 원형 복원 및 연구
2014 이데일리 문화예술상 무용부문 "최우수상" 수상		수상작: 융복합공연 〈Bird's Eye View〉 안무
2014 "두리무용예술상" 시상		
동아무용콩쿠르 자문위원(2015~)		
제29회 한국무용제전 "임학선무용예술상" 제정 및 시상		제1회 "임학선무용예술상" 수상작: 〈독도며느리〉 김기화 안무
두리춤터의 테마가 있는 한국춤 시리즈 예술감독 제1테마 "기본춤으로 보는 한국춤의 흐름" 공연		〈태극구조기본춤〉 /두리춤터 BLACK BOX 극장
성균관대 전통졸업식		성균관대 팔일무단 〈문묘일무〉 /성균관대 금잔디광장
두리춤터의 테마가 있는 한국춤 시리즈 제3테마 "레퍼토리로 보는 한국춤의 흐름" 공연		이야기가 있는 춤 〈인다리〉 /두리춤터 BLACK BOX 극장

활동 사항	연도	작품·논문
제6회 이화여대 동문 배꽃춤판 공연	2015	〈문묘일무〉 출연 /강동아트센터 대극장 한강
제12회 스페인 빌바오 액트 페스티벌 국제 두리무용예술상(DURI-ACT Prize) 시상		제2회 "DURI-ACT Prize" 수상자: 마우라 모랄레스(쿠바) /스페인 빌바오
제5회 고·무·신 춤축제		〈승전〉 상명대학교 아트센터 계당홀
2015 서울문화재단 예술작품지원작 문화체육관광부, 한국문화예술위원회 주최 사업 광복 70주년 기념 임학선 신작 문묘일무 프로젝트 〈영웅 이순신〉 공연		안무: 임학선 출연: 정향숙, 김미영, 정보경, 유혜진, 노한나, 김수정, 조인호, 박완주, 이정민, 김라희, 이혜민, 김동민, 조민아, 이한울, 선은지, 박정훈, 함채원, 조하경, 김지우, 김민경, 최미래, 송윤주, 양한비, 조혜린, 허윤경, 이원지, 설자영, 허여진, 김지은, 김시원, 김현우, 최종인, 이수현, 강지선, 김혜준, 양세원, 윤신아, 박지현, 이민혜, 조민경, 이솔, 최은진, 황경미, 이지예, 최우현, 김근비, 조혜선, 한지혜, 이연수, 윤민정, 김민정, 정지수, 이소연, 정영은, 박혜리, 김효준, (객원/ 박병철, 박동찬) /아르코예술극장 대극장(초연)
(사)한국무용연구학회 논문집 「한국무용연구」 제33권 2호 논문 게재		논문: 근대 이후 한·중 문묘일무의 성격과 현황 비교연구 (성균학술연구비 지원과제)
임학선댄스위 차세대 안무가전(제5회) 예술감독		〈1975〉 정향숙 안무, 〈순환〉 김미영 안무, 〈위대한 하루〉 유혜진 안무, 〈나는 나와 직면했다〉 정보경 안무, 〈있는 그대로의〉 김수정·박지선 안무 /두리춤터 BLACK BOX 극장
문화체육관광부후원 한국전통예술진흥재단 지원사업 2015 신진국악실험무대 "청춘대로 덩더쿵!" 총예술감독		한국창작춤 안무가 공연 / 두리춤터 BLACK BOX, FOYER 극장
임학선댄스위 제12회 창작무대 Creative stage 예술감독		〈comma〉 이정민 안무, 〈꼬리 놓기〉 이혜민 안무, 〈동행〉 이한울 안무
국제교류재단·주멕시코한국대사관 공동주최 멕시코 한인 이주 110주년 기념 2015 코리아페스티벌 in MIKTA 초청공연 및 K-CULTURE SUPPORTERS 포럼		임학선댄스위 한국창작춤 공연 〈학문〉, 〈태평무〉, 〈천도〉, 〈품바〉, 〈장고춤〉 /멕시코시티 메트로폴리탄 극장 포럼 주제발표: 임학선댄스위 한국창작춤 /멕시코시티 쉐라톤워커힐호텔
2015 공연과 리뷰 "PAF 예술상" 수상		수상 내역: 한국창작춤 활동 37년(〈거미줄〉~〈영웅 이순신〉)
2015 "두리무용예술상" 시상		
정보경 박사학위논문 지도		「태동기 한국창작춤의 표현형식에 나타난 예술철학적 성격연구」(2016)
이보름 박사학위논문 지도		「한국문묘일무의 연원과 역사적 변천에 관한 연구」(2016)
박지선 박사학위논문 지도		「문묘일무의 실천철학적 성격과 미학적 특징연구」(2016)
백로 박사학위논문 지도		「한·중문묘일무의 역사적 전승과 철학적 의미」(2016)

활동 사항	연도	작품·논문
김동민 박사학위논문 지도 이성결 박사학위논문 지도	2015	「아트마켓 사례분석을 통한 무용공연 활성화 방안 연구」(2016) 「중국 문묘일무의 역사적 전개와 1949년 해방 이후 춤사위 복원에 관한 연구」(2016)
성균관대 전통졸업식	2016	성균관대 팔일무단 〈문묘일무〉 /성균관대 금잔디광장
두리춤터의 테마가 있는 한국춤 시리즈 예술감독		〈태극구조기본춤〉 /두리춤터 BLACK BOX 극장
성균관대 정년퇴임 **대통령상 근정포장 수상** **성균관대 문행석좌교수**(2016~)		
문묘일무보존회 이사장 취임		"석전일무연구원"을 "문묘일무보존회"로 단체명 변경
제30회 한국무용제전 개막초청공연 및 "임학선무용예술상" 시상		〈문묘일무〉 출연 /아르코예술극장 대극장
		제2회 "임학선무용예술상" 수상작: 〈샤먼〉 (윤명화 안무)
임학선댄스위 (제13회) 창작무대 Creative Stage 예술감독		〈기억-앙진〉 김주빈 안무, 〈벙어리의 침묵〉 김라희 안무, 〈백조인생〉 선은지 안무 /두리춤터 BLACK BOX 극장
제13회 스페인 빌바오 액트 페스티벌 국제 두리무용예술상(DURI ACT Prize) 시상		제3회 "DURI-ACT Prize" 수상자: 쿠엔타인 리로우(네덜란드) 〈But that could never happen〉, 찰리 드나(프랑스) 〈Le main dans le sac〉 /스페인 빌바오
두리춤터의 테마가 있는 한국춤 시리즈 "수수지례의 춤"		수수지례로 이어가는 사제 간의 춤 〈문묘일무〉 출연 /두리춤터 BLACK BOX 극장
임학선댄스위 차세대 안무가전(제6회) 예술감독		〈각시〉 정보경 안무, 〈진화의 시간〉 박지선 안무, 〈War-ter〉 김수정 안무 /두리춤터 BLACK BOX 극장
문화체육관광부·한국문화예술위원회 후원 전통예술진흥재단 지원사업 2016 신진국악실험무대 "청춘대로 덩더쿵" 예술감독		한국창작춤 안무가 공연 /두리춤터 BLACKBOX 극장
김미영 박사학위논문 지도		「태극구조기본춤 무도공간의 기호체계와 철학성에 관한 연구」(2017)
문묘일무 한국유래 900주년 기념공연 2016' 한국문화예술위원회 창작산실공연 선정작 임학선댄스위 〈문·무·꿈·춤〉 공연	2017	안무·총연출: 임학선 출연: 정향숙, 김유진, 박연주, 김미영, 정보경, 조인호, 박지선, 김수정, 박완주, 이정민, 김라희, 이혜민, 김동민, 조민아, 김주빈, 선은지, 이해준, 김시원, 김현우, 박정훈, 양한비, 송윤주, 허여진, 조혜린, 이원지, 허윤경, 양세인, 박혜리, 백로, 이성결, 이망서. (객원/ 강연진, 이숙영, 김현진, 이지은, 조유미, 이상세, 김기민, 이진택, 최지환) /아르코예술극장 대극장
2016 두리무용예술상 시상		
성균관대 전통졸업식		성균관대 팔일무단 〈문묘일무〉 /성균관대 금잔디광장
두리춤터의 테마가 있는 한국춤시리즈 예술감독 "수수지례의 춤"		성균관대 유가예술문화콘텐츠연구소 〈문묘일무〉 /두리춤터 BLACK BOX 극장

활동 사항	연도	작품·논문
임학선댄스위 제14회 창작무대 Creative Stage 예술감독	2017	〈Roaming 〉 김주빈 안무, 〈息〉 이혜민 안무, 〈꽃잠〉 조민아 안무
'한미 문화교류의 밤'		문묘일무보존회 팔일무단 /쉐라톤 워커힐
제31회 한국무용제전 "임학선무용예술상 시상"		제3회 임학선무용예술상 수상작: 〈기억의 조각〉 김호은 안무
한국문화예술위원회 국제교류 지원 사업 "스페인 빌바오 액트 페스티벌" 리서치 및 "두리 액트 페스티벌" 개최		스페인 빌바오 액트 페스티벌 수상자 및 우수안무가 초청공연
성균관·(사)석전대제보존회 주최 국가무형문화재 기획행사 "기장 교궁중수 고유작헌례" 〈문묘일무〉 지도		문묘일무보존회 팔일무단 /기장향교 대성전
공자탄신 2568년 기념 성균관 추기석전대제 〈문묘일무〉 지도		문묘일무보존회 팔일무단 /성균관 대성전
문화체육관광부·한국문화예술위원회 후원 전통예술진흥재단 지원사업 2017 신진국악실험무대 "청춘대로 덩더쿵" 예술감독		한국창작춤 안무가 공연 /두리춤터 BLACK BOX 극장
제14회 스페인 빌바오 액트 페스티벌 두리춤터 국제무용예술상(Duri-Act Prize) 시상		제4회 Duri-Act Prize 수상자 Angela Y Koldo(스페인) /스페인 빌바오
한국문화예술위원회 특성화 극장 지원 사업 두리춤터의 테마가 있는 한국춤 시리즈 예술감독 "이 시대의 명무전"		출연: 임학선, 임관규, 윤덕경, 백정희, 임현선, 채향순, 최영숙, 배주옥, 백현순, 신명숙, 최미나, 차명희, 김미나 /두리춤터 BLACK BOX 극장
"차세대안무가 페스티벌"		두리춤터 신진안무가 육성사업
"두리춤터 레지던시 작가전"		두리춤터 연수단원 지원사업
문화체육관광부 · 한국문화예술위원회 후원 전통예술진흥재단 지원사업 2017 신진국악실험무대 "청춘대로 덩더쿵" 예술감독		한국창작춤 안무가 공연 /두리춤터 BLACK BOX 극장
2017 두리무용예술상 시상		
임학선 춤50년 작품집 『임학선 안무론』(임학선 저) 임학선 춤50년 작품집 『임학선 안무노트』(임학선 저) 임학선 춤50년 작품집 『임학선 작가론』(임학선 편저) 임학선 춤50년 작품집 『임학선 춤평론』(임학선 편저)		성균관대 유가예술문화콘텐츠 연구소 "무용학 연구" 총서 /성균관대 출판부

임학선 작가론

초판 1쇄 인쇄 2017년 11월 24일
초판 1쇄 발행 2017년 11월 30일

엮은이 임학선
펴낸이 정규상
펴낸곳 성균관대학교 출판부
책임편집 신철호
편 집 현상철·구남희
외주디자인 주홍디자인
마케팅 박정수·김지현

등록 1975년 5월 21일 제1975-9호
주소 03063 서울특별시 종로구 성균관로 25-2
대표전화 02)760-1252~4
팩스밀리 02)762-7452
홈페이지 press.skku.edu

ISBN 979-11-5550-260-0 93680
ISBN 979-11-5550-257-0(세트)